資本と貧困

頭川　博

高知大学経済学会研究叢書　第7号

八朔社

はしがき

　本書は，マルクス（1818-83年）が資本主義社会の経済的な運動法則を分析した畢生の大作『資本論』全3巻のうち，唯一生前に出版した第I巻「資本の生産過程」の基本線を浮き彫りにすることをこころみたものである。

　『資本論』第I巻刊行（1867年）後すでに140年をへた今日，社会科学の古典中の古典へのみちのりは，いまだはるかにとおいようにおもわれる。というのも，『資本論』のだいご味は，なによりも発想の転換をせまる資本主義分析の重厚な独創性にあるのに，その経済理論がスミス（1723-90年）やリカード（1772-1823年）に代表される古典派経済学のどこを超克したかが明確になっていないからである。マルクスをしることは，古典派との相違をしることである。

　私見によれば，先行研究の一部において，『資本論』の存在理由は，その分析のたぐいまれな独自性にあるという認識にうすいばかりか，古典派とかわらない基本命題を『資本論』のなかに確認する主張がみうけられる。たとえば，『資本論』の最大の発見は，商品に表現される労働の二重性と剰余価値の秘密の二つにあるが，ともに事実上古典派の考え方をもって『資本論』の二大発見と理解される不思議な現状にある。一方の労働の二重性にかんしては，商品が生産物の特殊歴史的な形態であるのに，その二要因に表現される具体的有用労働と抽象的人間労働とがともに労働のもつ超歴史的な二面とみなされる。他方，剰余価値の生成にかんしては，その実体である剰余労働をもって蓄積財源をうみだす労働支出と同一視する古典派とおなじ立場にたつ結果，剰余価値が資本の本質としての生産関係の固有な産物としてとかれる解決方法がみのがされる。マルクスにあって，労働の唯一の超歴史的な姿態は，具体的有用労働をなし，商品交換のなかではじめて価値にあらわされる抽象的人間労働がなりたつ。また，『資本論』にあっては，賃労働者の前身をなす独立生産者のばあい，蓄積財源をうみだす労働は，生産規模拡大も生産条件を所有する労働者の再生産の条件にふくまれる事情から，必要労働

を構成する。そこで，古典派とはことなって，独立生産者が賃労働者へ転化するのに対応して，いかに本源的に剰余価値をうみだすのかが，生産条件の排他的所有としての資本からとかれる。ようするに，抽象的人間労働と剰余労働の二つの特殊歴史説は，古典派をこえた『資本論』がなりたつ車の両輪である。マルクス自身があげる『資本論』の最良の二つの点も，抽象的人間労働と剰余労働の二つの特殊歴史説にかかわる。

それでは，マルクスはどうして古典派を飛躍的にのりこえることができたのであろうか。あるいは，古典派とマルクスとの根本的な相違はどこに起因するのだろうか。一言にしていえば，古典派にくらべたマルクスの発想の転換は，資本主義にたいする特殊歴史的な見方にもとづく。生産様式にたいする相対的で一時的な観点こそ，古典派とマルクスとのあいだにある発想の不連続性の根因である。マルクスにとって資本主義分析とは，その特定の生産形態がもつ歴史的な差別性をつかみとることである。古典派は，資本主義的生産を社会的生産の唯一の絶対的な形態として固定的に認識した。これにたいして，マルクスは，歴史上一時的にのみなりたつ特定の生産形態とみなすことで，理論的な革命をなしえた。だから，特殊歴史的な資本主義認識は，『資本論』に結晶した画期的な創造性の母胎である。独自な資本主義認識をもって，マルクスは，まえの発見をつぎのふみ石として，『資本論』という巨大な構築物をつくりあげた。『資本論』は，古典派をこえた独創性がつかまれたときはじめて，その生命を発現する。

本書のライトモチーフは，資本主義のもつ特殊歴史性認識を筋金とした『資本論』の比類のない斬新さをひきだすことにある。そのさい，『資本論』全3巻と同様，本書の中核は，剰余価値論にある。第7篇の資本蓄積にともなう労働者サイドでの貧困の蓄積は，『資本論』体系を代表する基本命題の一つであるが，貧困の蓄積とはなにかが未解決の究極の原因は，剰余価値論の未消化にある。資本蓄積のはんめんでの貧困の深化拡大は，貧困の概念規定を前提になりたつという基本認識にたてば，資本主義における貧困は，資本家にとっての富である剰余価値の反対側の産物だということになる。マルクスは，古典派が提起しなかった絶対的剰余価値論で，剰余価値が歴史的

はしがき

に特有な生産関係からいかにして本源的に生成するかを解明することによって，富にたいする労働者の貧困の形成をといた。本書の一番かなめの大動脈は，剰余価値の本源的な生成メカニズムを中心にして貧困の概念規定をあたえ，その基礎のうえに貧困の蓄積を重層的にとく展開にある。がいして，第Ⅰ巻を対象にする本書は，資本主義の基礎をなす単純流通を起点にして剰余価値形成の秘密をとき，そこから貧困の蓄積をみちびき，最後に資本主義的所有の否定にもとづく個人的所有の再建つまり搾取の廃絶を帰結する完結的な内容をもつ。

まず第1篇では，剰余価値をうむ価値というもっとも簡単な資本の概念規定に依拠し，資本主義が単純流通と剰余価値生産との統一からなるゆえんによって，第Ⅰ巻が単純流通のもっとも基本的な要素である商品からはじまる理由をとく。それを前提にして，マルクスの発見した独自な労働の二重性をバネに，価値の必然的な現象形態である価値形態を展開し，商品から貨幣が発生するしくみを説明する（商品W→貨幣G）。第2篇では，一般的等価物としての貨幣は，おなじ単純流通上で，価値変化する可能性をもつ資本へと転化することをとく（貨幣G→資本K）。第2篇「貨幣の資本への転化」のテーマは，第3篇以降の論理的前提として，剰余価値がうまれる生産過程にさきだって資本がなりたつゆえんをとくことにある。第3篇では，資本主義の対立的な生産関係は，生産条件と労働者との分離という基底的な一面とそれを前提になりたつ少数の資本家のもとでの生産条件の大規模な集積という追加的な一面との統一からなりたつ内面に着目し，絶対的剰余価値と相対的剰余価値の二つの生産の関係にあらたな光をあてる。まず，労働者が生産条件の喪失によってどのように本源的に剰余価値を創出するかを考察し，資本家にとっての富の形成は，労働者にとっての貧困の形成を刻印する事実を主張する（資本K→剰余価値M）。さらに，絶対的剰余価値と相対的剰余価値との関係を生産関係のもつ二面性からとき，第3篇と第4篇の章別構成のきわだった相違がその二面性にゆらいすることをあきらかにする。第4篇では，前篇で概念規定した貧困をうけ，資本蓄積に対応する貧困の蓄積とは，労働者が労働成果をすべて取得する搾取のないばあいの物質的状態から，

v

搾取によって生じるその落ちこみの増大をさすことを分析する（剰余価値M→資本K）。マルクスのいう貧困の蓄積は，搾取の不可避的な結果をなし，労働者の状態の改善と両立し，いわゆる絶対的貧困化とは根本的に異質な性格をもつ。本篇では，最後に，自己労働にもとづく所有の転化形態である資本主義的所有は，より高次の社会的所有への止揚によって，全労働成果の取得という個人的所有のもつ本質的要素を再建するすじみちをみちびき，本書をしめくくる。

　『資本論』は，本書の不動の座標軸をなし，先行研究を評価するさいの試金石である。『資本論』という定点をめぐるみぞをうめることができれば，研究のすそののひろがりに対応して，高いいただきをきづける。そうじて，『資本論』は，平易な解説が仕事としてのこされた既知の前提ではなく，天空にむかってそびえたつ前人未踏の高峰として，あおぎみながらこれからよじのぼるべき対象である。

　わかりやすい説明とは，たんなる叙述の問題ではなく，思索の根源性にゆらいするといわれる。書物を消化しきれていないばあい，オウム返しにそれをなぞるだけの説明になる。ぎゃくに，脳みそに汗をかきそのシワをふかくして『資本論』の真髄にせまれば，説明はわかりやすいものになる。本書がなるにあたって，以前の拙稿をふくめた先行研究に，たんに研究論文というにとどまらない難解さを痛感した。論文のあつかう対象領域の専門性と未消化ゆえの歯ぎれのわるさとが無意識のうちに混同される。あるいは，学界での議論は，問題をその主軸にそって解決するまえに派生的な部分を論じ，礎石をすえて建物をきずくまえに調度品をそなえるたぐいのなりゆきをしめすばあいもある。研究者のはしくれであるはずのじぶんが，論文をよんで十分にそしゃくできない経験が一再ならずあった。以前の拙稿をよみなおして，部分的に理解できない箇所をみいだすだけでなく，首をかしげる論旨のため，本書にとりこめないたんなる試作品がいくつもある冷厳な事実に気がついた。そこで，本書は，専門論文にありがちなまわりくどさをはいすると同時にマイナーな部分をそぎおとし，ひきだしえた『資本論』のおおきなすじみちを，初心者とおなじ目線にたち，「おのれをいつわらず，ひとをあざむかず」の

はしがき

こころもちで執筆した。学生をまえにしてはなせるテーマがおおきな価値をもち，社会科学最大の古典である『資本論』が対象であっても，その解説には，授業ではなすさいの説明のシンプルさがもとめられるという問題意識にたって，できあがったのが本書である。民芸運動は余分の装飾をそいだ日常雑器に「用の美」をみいだしたが，『資本論』研究が根っこをはったつよさをもつには，一般読者にじかにむかいあうかまえが不可欠だとおもわれる。もし小著が機縁になって『資本論』の読者が一人でもふえることになれば，無上のよろこびである。

　なお，拙著の上梓にあたって，出版助成をあたえていただいた高知大学経済学会のご高配にこころから感謝したい。

凡　例

(1) 『資本論』からの引用は，『マルクス・エンゲルス全集』第23-25巻　大月書店により，たとえば *Kapital*, I, S. 231 のように，原書ページでしめす．
(2) 『経済学批判要綱』からの引用は，『資本論草稿集』[1-2] 大月書店により，たとえば *Grundrisse* [1] S.332 のように，原書ページでしめす．
(3) 『経済学批判』からの引用は，国民文庫，杉本俊朗訳　により，たとえば *Kritik*, S.100 のように，原書ページでしめす．
(4) 『剰余価値学説史』からの引用は，『資本論草稿集』[5-8] 大月書店により，たとえば *Mehrwert* [5] S.123 のように，原書ページでしめす．
(5) 『直接的生産過程の諸結果』からの引用は，国民文庫，岡崎次郎訳によってしめす．
(6) フランス語版『資本論』からの引用は，『フランス語版資本論』[上巻・下巻] 法政大学出版局，江夏美千穂・上杉聡彦訳　により，原書ページでしめす．
(7) 『経済学批判要綱』と『剰余価値学説史』以外の『資本論草稿集』[3-9] 大月書店からの引用は，たとえば *MEGA*, II /3.1 [4] S.332 のように，原書の巻数・訳本の巻数・原書ページでしめす．
(8) 上記以外の文献については，引用のつど，適宜文中にしめした．ただし，おなじ文献について，初回にしるした出版社や訳者は，2回目以降，割愛した．同一文献についての初出の情報は，巻末の参考文献に掲載してある．すべての文献につき，訳文は，変更したばあいがある．

目　次

はしがき

凡　例

第1篇　商品と貨幣

第1章　資本と単純流通 ……………………………………………………… 2
　第1節　価値による剰余価値の創造 …………………………………… 5
　第2節　資本主義の基礎としての単純流通 …………………………… 7
　第3節　単純流通における資本家と労働者 …………………………… 10
　むすび …………………………………………………………………… 14

第2章　商品からの貨幣の生成 ……………………………………………… 15
　第1節　商品の二要因 …………………………………………………… 15
　　1　労働生産物の商品への転化　15
　　2　交換価値と価値　16
　　3　社会的必要労働時間　20
　第2節　労働の二重性 …………………………………………………… 22
　　1　現実的労働としての具体的有用労働の二重化　23
　　2　労働生産性と労働の二重性　26
　　3　古典派とマルクスの決定的相違　28
　第3節　価値形態の生成 ………………………………………………… 31
　　1　価値表現の必然的根拠　32
　　2　価値形態の秘密　33
　　3　一般的価値形態の成立　38

第4節　商品の呪物的性格とその秘密………………………………………41
　　1　商品の呪物的な性格　41
　　2　呪物的性格の発生根拠　43

第5節　全面的な商品交換に内在する矛盾……………………………………48
　　1　商品に内在する矛盾　49
　　2　全面的交換に内在する矛盾の具体化　50
　　3　商品と貨幣とへの商品の二重化　54
　　4　価値と価格の背離の可能性　57
　　5　恐慌の抽象的な可能性　59

第6節　物質的財貨と価値形成………………………………………………61

第2篇　貨幣の資本への転化

第3章　貨幣の資本への転化……………………………………………………69

　第1節　資本の一般的定式…………………………………………………69
　　1　単純流通の特殊的形態 G—W—G′　69
　　2　G—W—G′と資本の生成　71

　第2節　一般的定式にひそむ矛盾…………………………………………75
　　1　商品交換と剰余価値の不可能性　75
　　2　独立生産者と付加価値形成　77
　　3　G—W—G′のはらむ矛盾　80

　第3節　単純流通における資本の生成……………………………………81
　　1　G—W—G′にひそむ矛盾の解決　81
　　2　貨幣と生産関係　86

　むすび………………………………………………………………………89

目　次

第3篇　資本による剰余価値の生産

第4章　富と貧困の成立 …………………………………………… 95
第1節　剰余価値の生成 ……………………………………… 95
1　資本主義的生産関係の二面性　95
2　貨幣の資本への現実的な転化　98
3　強制労働としての剰余労働　102

第2節　富と貧困 ……………………………………………… 105
1　貧困とその蓄積　105
2　資本主義特有な富と貧困　106

第3節　不変資本と可変資本 ………………………………… 111
1　具体的有用労働による価値移転の媒介　111
2　不変資本の独自な役割　113
3　シーニアの最終1時間説　116

第4節　労働力商品と標準労働日 …………………………… 117
1　商品交換法則に内在する二律背反の権利　118
2　標準労働日の成立　121

第5章　資本主義と高度な生産力 ……………………………… 128
第1節　高度な生産力の根拠 ………………………………… 130
1　資本主義のもとでの労働過程の社会的結合　130
2　相対的剰余価値の概念　135
3　相対的剰余価値と生産様式　139
4　資本による労働の形式的包摂と実質的包摂　143
5　相対的剰余価値と「資本自身の生成」　145
6　第3篇と第4篇の章別構成の相違　147

第2節　社会的分業と工場内分業の区別 …………………… 148
1　二つの分業の相異なる社会的基礎　149

xi

　　　　2　スミスによる二つの私有の混同　153
　　　　3　二つの私有の混同理由　159
　　　　まとめ　160
　　第3節　資本と機械──道具と機械の社会的区別　161
　　　　1　死んだ労働による生きた労働の支配　162
　　　　2　道具と機械の区別に必要な歴史的要素　163
　　　　3　作業機と主客転倒　167
　　　　まとめ　177
　　第4節　労働強化と相対的剰余価値　178
　　　　1　標準労働日と労働強化──いわゆる交差点規定　179
　　　　2　労働強化の基本性格　181
　　　　まとめ　184
　　第5節　資本主義と生産的労働　185
　　　　1　資本主義における生産的労働概念　186
　　　　2　スミスによる生産的労働の二つの規定　189
　　　　3　二つの規定の混同理由　191
　　むすび──『資本論』の核としての剰余価値論　192

第6章　労働力の価値の労賃への転化　198
　　第1節　物質的財貨の商品化と労働の商品化　199
　　第2節　第17章での本源的根拠と補強要因　203
　　むすび　205

　　　　　　第4篇　剰余価値の資本への再転化

第7章　富の蓄積と貧困の蓄積　210
　　第1節　資本蓄積による富の蓄積の推進　210

xii

　　　　　　　　　　　　　　　　　　　　　　　　　目　　次

　　　1　資本蓄積と労働生産性増進の利益　210
　　　2　貧困の蓄積の二つの構成要素　212
　第2節　生産力発展と就業者の貧困の蓄積 ……………………………… 217
　　　1　剰余価値増大と実質賃金上昇　218
　　　2　生活苦と労働苦の深化　220
　第3節　相対的過剰人口と貧困の蓄積 …………………………………… 221
　　　1　労働者人口増大の想定　222
　　　2　有機的構成不変のもとでの労働力需要の増加　224
　　　3　資本蓄積と可変資本の増加率の低下　226
　第4節　相対的過剰人口の生活苦と労働苦 ……………………………… 230
　　　1　生活苦と労働苦の正の相関　230
　　　2　反比例説の問題点　232
　　　まとめ　235

第8章　資本の前史としての本源的蓄積 ……………………………………… 237
　第1節　第24章「いわゆる本源的蓄積」の位置 ………………………… 237
　第2節　本源的蓄積の展開 ………………………………………………… 239
　　　1　第1次囲いこみ運動と第2次囲いこみ運動
　　　　　　――近代的土地所有と賃労働　240
　　　2　産業資本の生成　244

第9章　資本主義的所有と個人的所有の再建 ……………………………… 251
　第1節　資本家と個人的所有 ……………………………………………… 253
　第2節　他人労働の搾取にもとづく生産物の所有 ……………………… 257
　第3節　資本主義的所有と否定の否定 …………………………………… 260
　　　1　全労働成果の取得の再生　261
　　　2　社会的所有と個人的所有の再建　265
　　　3　剰余価値論との関係　266

むすび……………………………………………………………………………… 267

あとがき

主要参考文献
人名索引
事項索引

第1篇　商品と貨幣

第1章　資本と単純流通

　資本は，社会存立の基礎である生産活動をにない，その全体をゆりうごかす回転軸であるため，「近代の経済学の基本概念」(Grundrisse [1], S.246) を構成する。資本の規定的な目的は，その自己増殖すなわち剰余価値の生産である。だから，「資本主義的生産は本質的に剰余価値の生産である。」(『直接的生産過程の諸結果』128 ページ，圏点―マルクス) ところが，資本は，商品としての生産手段と労働力の購入によって剰余価値をうみだすから，資本による剰余価値の生産は，単純流通での商品の購買を基礎にしてなりたつ。換言すれば，資本主義は，労働力商品の売買をふくむ単純流通とその基礎上になりたつ剰余価値生産との立体的な統一から形成される。ちなみに，『資本論』第Ⅲ巻[1]において，資本主義の二大特色は，商品であることが生産物の支配的な形態である一面とそれを基礎にした資本の目的としての剰余価値生産という別の一面にあると説明される (Kapital, Ⅲ, S.886f.)。単純流通では，同量の労働をふくむ商品どうしの等価交換がおこなわれ，資本家と労働者とは，対立的な性格をもたない対等な商品所有者として相対する。これにたいして，生産部面では，労働力が資本の一成分として剰余価値をうみだし，資本家と労働者とのあいだの支配従属関係があらわれる。資本主義[2]の二重性格にかんするマルクスの考え方は，全面的な商品流通である単純流通と剰余価値生産との統一に明示される。

　ところが，資本主義の重層性は，じつは，剰余価値をうむ価値という資本の概念に発する。まさに，価値そのものによる剰余価値の創造という因子が，剰余価値をうむ価値と定義される資本概念の中心的な要素である。つまり，剰余価値をうむ価値としての資本は，価値が商品流通でのみ固有になりたつため，単純流通をつうじてのみ剰余価値を創出する。剰余価値をうむ価値という資本の概念によって，単純流通と剰余価値生産の二つの要素による資本

第 1 章　資本と単純流通

主義の重層性がなりたつ。だから、資本の自己増殖を分析するさいの第一の着眼点は、剰余価値をもたらす主体としての価値のほうにある。剰余価値は、生産要素が商品として投入されるばあいにのみ、前貸しされた価値の超過分として商品のなかになりたつからである。価値は、それが前貸しされるばあいにだけ、その自己増殖分として剰余価値をうみだす。だから、資本主義の重層性は、その基軸である資本のうちにひそむ二つの契機のうつし絵である。ところが、資本主義の重層性のよってたつ根拠いかんは、先行研究からぬけおちた『資本論』の基本問題にほかならない。

それゆえ、本章の課題は、資本概念から資本主義の重層性をひきだし、『資本論』における単純流通の性格をうちだすことにある。W─G─W は、商品とその転化形態としての貨幣から構成されるから、単純流通 W─G─W が資本の価値増殖にしめる位置づけがさだまれば、『資本論』が単純流通の基本的な要素である商品からはじまるのはなぜかという根本問題も氷解する[3]。剰余価値をうむ価値としての資本は、商品を基本的なにない手とする価値からなりたつため、『資本論』は、商品の分析からはじまる。また、資本概念にたいして単純流通がもつ有機的な関連がひきだせれば、資本は流通でなりたつという命題が同時にとける。『資本論』のある部分が別の部分とふかく連動している事情は、精密機械のそれとおなじである。単純流通の位置づけは、『資本論』研究にあっては、チョッキの第一ボタンに相当する。

1)　『資本論』第Ⅰ巻は、1849 年にロンドンに亡命したマルクス自身の手で、1867 年 9 月に 1000 部発行された。第Ⅱ巻（1885 年）と第Ⅲ巻（1894 年）は、マルクスの死後、「第二バイオリン」（『マルクス・エンゲルス全集』第 36 巻、218［原］ページ）をひいたエンゲルス（1820-95 年）の手で出版された。
2)　資本主義は、イギリスで 16 世紀ごろに成立した（*Kapital*, Ⅰ, S.161, S.743）が、その前後の 100 年間におよぶ大航海時代と資本主義の誕生とのあいだには、密接な関連がある。すなわち、中世には、ヨーロッパとアジアとをむすぶ東方貿易やイベリア半島とバルト海沿岸とをむすぶバルト海貿易（ハンザ貿易）が、国際商業のうえで二つの大動脈をなした。とりわけ、東方貿易（イタリア─地中海─アレキサンドリア─アラビア横断─インド洋）では、「アドリア海の女王」とうたわれるイタリアの都市ヴェネチアやジェノヴァが最大拠点となり、アラビア商人を仲介し、おもに肉の防腐剤としてつかわれる胡椒をはじめとす

3

る香辛料が，南ドイツ産の銀と取引された。香辛料は，ジャワ・ボルネオ・香料諸島などの特産物である。当時，冬期の牧草不足のため，家畜は秋に屠殺によって塩漬け保存され，冬期の食料として消費された。胡椒は，塩にかわる防腐剤としてもちいられ，食肉の味を格段に向上させたため，珍重された。

ところが，15世紀後半からはじまる大航海時代は，東方貿易やバルト海貿易に大転換をせまり，資本主義は，大航海時代にきびすをせっしてあらわれた。イタリア人コロンブスによるアメリカ大陸への到達（1492年）やポルトガル人ヴァスコ・ダ・ガマによる喜望峰まわりでのインド航路の開拓（1498年）などに代表される地理上の認識は，市場を顧慮しない大量生産を本性としてもつ資本主義に世界市場を用意する役割をになったからである。あたらしい世界市場の開拓は，工業製品にたいする大量の需要を資本にもたらし，生産規模拡大への動因をくわえた。「世界貿易と世界市場とは，16世紀に資本の近代的生活史を開くのである。」（Ibid., S.161）「15世紀末以来の世界市場革命」（Ibid., S.744）は，大西洋にめんする国々（ポルトガル・スペイン・オランダ・フランス・イギリスなど）による東インド貿易と新大陸貿易を二本柱としてなりたつ。商業革命による地中海商業圏から三大陸をふくむ世界的商業圏への拡大は，商人資本の発展をうながし，封建制の資本主義への移行を促進した。アダム・スミスは，アメリカ大陸への到達とインド航路の開拓とを「人類の歴史に記録されたもっとも偉大でもっとも重要な二つの事件」（『諸国民の富』Ⅱ，岩波書店，大内兵衛・松川七郎訳，125［原］ページ，アメリカ独立宣言発布とおなじ1776年刊行）とよぶ。16世紀に，世界商業は，おもにリスボンを拠点として東インド航路をつうじ，インドや中国に販路をのばしたポルトガルと，アメリカ大陸に植民地をひろげたスペインによってになわれた。

市場の世界的なひろがりは，オランダやイギリスにおける毛織物工業の発展に火をつけた。二つの大動脈をもつ世界貿易で，毛織物がとくに重要な商品として取引された。17世紀にはアムステルダムを中心都市としたオランダが，毛織物工業の興隆とともに，世界貿易のなかでの毛織物の販路拡大のため，繁栄をきわめた。「オランダは17世紀の典型的な資本主義国だった。」（Kapital, Ⅰ, S.779, おなじ趣旨の文言は Ibid., Ⅲ, S.616 にある）さらに，毛織物工業の発展に起因した原料の羊毛需要増大は，資本の本源的蓄積の基底をしめ，耕地を牧場にかえる土地の囲いこみ運動（エンクロージャー・ムーブメント）につながった。

3)「われわれはブルジョア的生産の最も一般的なカテゴリーとしての商品から出発したのであった。」（MEGA, Ⅱ/3.1［4］S.265）『資本論』の構成は，資本主義のしくみによって規定され，基礎的な契機からより具体的な契機へとうわづみされる展開によってなりたつ。「抽象的なものから具体的なものへ上向する方法は，具体的なものを自己のものとし，それを一つの精神的に具体的なものとして再生産するための，ただ思考にとっての方式であるにすぎない。しかしそれは，具体的なものそれ自体の成立過程ではけっしてないのである。」

第1章　資本と単純流通

(*Grundrisse*〔1〕S.36)

第1節　価値による剰余価値の創造

『資本論』は，なぜ商品と貨幣の二つを構成要素とする単純流通の分析からはじまる必然性があるのだろうか。資本主義が単純流通と剰余価値生産の二つからなるゆえんをとくヒントは，単純流通が資本主義の一般的基礎をなすという命題[1]にある。単純流通が資本主義の根本前提をなすとは，いいかえれば資本主義が交換価値にもとづく生産形態だということに帰着する。マルクスは，資本主義的生産をもって「交換価値を土台とする生産」(*Ibid.*,〔2〕S.582) とか「交換価値と発展した流通とが前提されている近代的生産」(*Ibid.*,〔1〕S.179) とか表現している。「資本主義的生産では，生産全体が交換価値つまり流通に基づいている。」(*MEGA*, Ⅱ/3.5〔8〕S.1577)

それでは，資本主義が交換価値にもとづく生産形態であるとは，どういうことであろうか。それは，資本が価値であることによって剰余価値を創造することにほかならない。剰余価値は，価値という特殊歴史的な要素がもたらす固有な産物だというのが，マルクスの根本思想である。

すなわち，資本主義が交換価値にもとづく生産形態である事実をときほぐすさい，「剰余価値を生産する価値」(*Kapital*, Ⅱ, S.35) とか「資本とは自己を増殖する価値である」(*MEGA*, Ⅱ/3.6〔9〕S.2319, 圏点—マルクス) という資本のもっとも簡単な定義に着目する必要がある。そうすれば，そこには，資本の構成要素をなす価値がそのおおきさをかえて剰余価値をうみだすという資本の本質的な性格がうめこまれている。「資本主義的生産は交換価値の増加とりわけ剰余価値の増加をめざす生産である。」(*Ibid.*, S.2263, 圏点—頭川) 資本は，価値からなりたち，その価値が自己増殖分として剰余価値をうみだす主体にほかならない。価値そのものが自己増殖して剰余価値をうみだすから，「価値は資本の基礎をなす」(*Grundrisse*〔2〕S.334)。「ブルジョア社会においては交換価値こそが支配的な形態としてとらえられなければなら

ない」(MEGA, Ⅱ/2 [3] S.52) のは，価値そのものが剰余価値を創造する主体だからである。そもそも「剰余価値—資本家が前貸しした価値の等価をこえる価値—」(Kapital, Ⅱ, S.385) というとおり，剰余価値は，前貸しされた価値にたいする回収された価値のうちの超過分だから，剰余価値をうむのは，前貸しされた価値である。つまり，剰余価値は，価値そのものの特殊名称であるから，価値の自己増殖分としてだけなりたつ。剰余価値が価値からのみうまれる因果関係は，ノーマルな条件のもとでは，生命は生命から発生し，細胞は細胞からうまれるという生物学のとく原理とおなじである。「自́分́を́増́殖́す́る́価́値́…こ́の́価́値́は́，そ́れ́が́価́値́で́あ́る́ということによって価́値́を́創́造́し́，価́値́と́し́て́増́大́し́，ある増加分を得る。」(『直接的生産過程の諸結果』136 ページ，圏点—マルクス)「価́値́の́自́己́増́殖́」(MEGA, Ⅱ/3.1 [4] S.75, 圏点—マルクス) という表現がしめすように，剰余価値は，主体である価値そのものの変化だけからうまれる。

　マルクスにあっては，前貸価値の増加分としてダイレクトに剰余価値がとかれたうえで，その剰余価値が剰余労働と剰余生産物に還元されるという分析方法がとられる。剰余価値は第Ⅰ巻第 4 章に登場するのに，剰余労働は第 7 章第 1 節になって剰余価値の実体としてとかれ，おなじ章の第 4 節で剰余生産物が「生産物のうち剰余価値を表わしている部分」(Kapital, S.243) として説明される。「剰́余́生́産́物́ (すなわち剰余価値が表現されている使用価値)」(Mehrwert [6] S.1110, 圏点—マルクス) というように，マルクスにあっては，剰余生産物は，剰余価値の成立に後続してなりたつ概念をなす。剰余という概念は，資本主義にあっては，投下された価値という主体の自己増殖分にたいする関係として本源的になりたつからである。資本にとっての剰余とは，あくまでも，それをうみだす価値との関連ではかられる。それだから，資本の独自な運動をとくには，価値から出発しなければならない。価値の固有な存在形態として商品と貨幣がなりたち，両者の形態転換が流通部面で実現されるから，価値と流通とは，おなじコインの表と裏の関係にたち，流通部面を前提するというのも価値からの出発というのも，概念上おなじことである。「資本の概念を展開するためには，労́働́からではなく，価́値́から出発

第 1 章　資本と単純流通

すること，しかも流通の運動のなかですでに発展した交換価値から出発することが必要である[2]。」(*MEGA*, Ⅱ/3.1 [4] S.28, 圏点―マルクス)「資本の展開にさいしては，唯一の前提は，商品流通および貨幣流通である。」(*Ibid.*)

以上，本節で，資本のもつ独特な属性として，価値が母胎となって剰余価値をうみだす関係を抽出した。価値が剰余価値を発生させる資本の独特の属性は，「剰余価値の秘密[3]」(*Kapital*, Ⅲ, S.57) をとくテコである。剰余価値をうみだすのは価値だという発見に，『資本論』が風雪にもくちることのないうもれた斬新さがある。

1) 「なによりもまず商品流通したがって貨幣流通をその基礎として前提する資本主義的生産様式」(*Ibid.*, S.336)。
2) 「理論においては，価値の概念が資本の概念に先行する。」(*Grundrisse* [1] S.174) 理論的には価値が資本に先行するとすれば，価値とはなにかを労働にさかのぼって説明する必要性がうまれる。「ブルジョア体制の生理学の基礎・出発点は，労働時間による価値の規定である。」(*Mehrwert* [6] S.817, 圏点―マルクス)
3) 「剰余価値はいかにして発生するかということの研究が，重農学派から最近時にいたるまで，経済学の最も重要な問題をなしてきた。」(*MEGA*, Ⅱ/3.1 [4] S.23)

第 2 節　資本主義の基礎としての単純流通

前節で，マルクスの資本概念に立脚し，価値こそ剰余価値を創造する母胎である事実をといた。ところが，資本が価値からなりたつという事柄には，じつは，単純流通の本来的な性格がふくまれている。そこで，本節では，価値による剰余価値の創造という特有な関係から，剰余価値生産の基礎としての「単純な商品流通」(*Kapital*, Ⅰ, S.162) の性格をひきだす。

資本の運動は，価値が剰余価値をうみだす因果関係だから，資本の自己増殖は，生産要素がすべて商品として買われることを前提する。すなわち，資本主義とは，商品によって商品がつくられる社会をなし，一言にしていえば，資本は，その全体が商品を構成要素にしてなりたつ存在である。資本主義で，

生産物が一般的に商品形態をとるという事実は，商品が生産要素として投入されることと不可分の関係にたつ。「生産物の要素はすべて，流通から商品として生産行為のなかにはいる[1]。」(MEGA, Ⅱ /3.6 [9] S.2143, 圏点—マルクス) けだし，「商品生産の絶対的形態である資本主義的生産」(Kapital, Ⅲ, S.650) という表現がしめすように，商品が生産物の一般的な形態だ[2] ということは，生産物が商品として購入される事態とおなじである[3]。だから，生産物が一般的に商品形態をとるとすれば，そこには必然的に生産要素がすべて商品として買われる事態が内包されている[4]。

　いうまでもなく，生産手段と労働は，生産形態のいかんに関係なく，二つの本質的な生産要因である。だから，商品をつくるための生産要素が商品によってまかなわれるとは，たんに生産手段だけではなく，労働のみなもとの労働力もまた，商品として購入されることをふくむ。商品をつくる生産要素が商品形態をとるとは，生産手段と労働力がともに商品として買われることである。「生産物が一般的に商品という形態をとるのはただ，労働能力そのものがそれの所有者にとっての商品に，それゆえ労働者が賃労働者に，そして貨幣が資本になっている場合だけである。」(MEGA, Ⅱ /3.1 [4] S.289) そもそも，商品が生産物の一般的形態になるのは，歴史的にみれば，独立生産者が生産条件（生産手段プラス生活手段）の喪失によって賃労働者へ転化するのと手をたずさえ，自家使用のための生産手段や生活手段が資本によって商品として製造されることによってである。まさに，独立生産者を賃労働者に転落させ，その生産条件を資本の物質的要素に転化させる事件は，資本のための市場の創造とおなじである。だから，生産物が一般的に商品形態をとる関係は，暗黙のうちに労働力の商品への転化とリンクしている。

　だから，剰余価値を創造する主体としての価値がなりたつ単純流通は，労働力までも商品として売買される全面的な商品流通に帰着する。「生産過程はまったく流通にもとづいている」(Kapital, Ⅲ, S.340) というのは，剰余価値が労働力からうまれるため，資本主義が，労働力までも商品として売買される単純流通を前提するためである。「労働能力それ自身が交換されないあいだは，生産の基礎はまだ交換に立脚していない。」(Grundrisse [2] S.555)

8

第 1 章　資本と単純流通

資本主義が交換価値にもとづくという命題は，それが労働力をふくむ単純流通を基礎にするというのとおなじである。また，マルクスが，つぎのように，資本の自己増殖の基礎としての「交換」をかたるばあい，それは，労働力商品をふくむ単純流通をさす。「交換がなければ，資本の生産それ自体が存在しないであろう。というのは，交換なしには価値増殖それ自体が存在しないからである。」(Ibid., S.357, 圏点—マルクス) 労働力をふくむ単純流通を根本前提にしてはじめて，生産要素としての商品の投入すなわち剰余価値をうみだす母胎としての価値の前貸がなりたつ。単純流通が資本主義の基礎をなすとは，単純流通が剰余価値をうみだす価値という特有な要素の独自な運動領域であるのとおなじである。

以上，本節で，価値が剰余価値をうみだす独特な社会関係に着目して，剰余価値を創造する前提条件としての単純流通は，すべての生産要素が商品として買われる全面的な商品流通であることを主張した。だから，剰余価値をうむ価値と規定される資本概念は，剰余価値生産の基礎としての単純流通とはいかなる性格をもつかをふくむ。『資本論』での単純流通を基礎にした資本主義の重層性[5]は，剰余価値をうむ価値と規定される資本概念にぞくする。マルクスの強調する「資本の歴史的性格」(Kapital, I, S.12) は，剰余価値生産だけでなく，その基礎としての単純流通にすでにひそんでいる。

1) 資本の再生産過程では，ばあいによっては，生産物が流通に商品としてはいらず，ふたたびおなじ生産過程に生産手段としてはいりこみ，現物で自己補填されることがある。たとえば，農業で，収穫された小麦がその翌年の種子を自己補填する関係や採掘された石炭がおなじ鉱山の蒸気機関に燃料として消費されるようなばあいがそれである。マルクスによれば，農業や牧畜などで，生産物が種子・肥料・家畜などの生産要素を再生産する関係を，生産物の経済的な再生産とその自然的な再生産との一致とよぶ (Kapital, II, S.359)。
2) 「生産物は以前の諸生産段階では部分的に商品の形態をとる。これに反して，資本は，その生産物を必然的に商品として生産する。」(『直接的生産過程の諸結果』154 ページ, 圏点—マルクス)「資本主義的生産は生産の一般的形態としての商品生産なのである。」(Kapital, II, S.119)
3) 「この生産様式のもとでは商品がすべての生産物とすべての生産用具との一般的な形態になる。」(Ibid., III, S.820)
4) 資本主義にあって，生産物と生産要素がともに商品形態をとり，資本が現物

で自己補填されない事態を別の観点からみれば，資本の再生産は，現物でではなくその価値の面でのみおこなわれる関係にひとしい。「資本は同一の現物形態では再生産されない。しかしこれもまた，価値——価値もまた同じく生産物である——が考察されるかぎりでは，再生産である。」(MEGA, II /3.6 [9] S.2246, 圏点——マルクス)

5) マルクスは，「僕の本のなかの最良の点はつぎの 2 点だ」として，「使用価値で表わされるか交換価値で表わされるかに従っての労働の二重性」と「剰余価値を利潤や利子や地代などというその特殊な諸形態から独立に取り扱っているということ」(以上，『資本論書簡』2, 国民文庫, 岡崎次郎訳, 56 ページ, 圏点——マルクス) をあげている。労働の二重性と剰余価値の秘密にかんする知見は，資本主義を構成する二層の契機に対応する。両者は，ともに古典派経済学の超克によってえられたマルクス独自の発見である。

第 3 節　単純流通における資本家と労働者

　前節で，価値による剰余価値の創造という資本概念に着目し，単純流通とは，労働力の売買をふくむ全面的な商品流通であることをといた。
　ところで，単純流通の根本前提には，生産条件の労働者からの分離すなわち生産条件の資本家による排他的な所有がよこたわる。資本家と労働者とは，剰余価値が創造される生産過程では支配従属関係にたつにもかかわらず，単純流通上では，おなじ対等な商品所有者として相対する。つまり，単純流通では，資本家と労働者とは，生産条件の所有の有無にもとづく両者の支配従属関係がしりぞき，たんなる商品所有者としてあらわれる。単純流通で両者がたんなる商品所有者として相対する関係が客観的になりたつため，それが逆転して，単純流通は，生産条件を個人的に所有する労働者すなわち独立生産者による商品交換関係だというとりちがえがうまれる。しかし，『資本論』第 I 巻最初の単純流通は，あくまでも資本家と労働者とが相対する市場をなし，第二義的に，歴史上存在した商品売買にもあてはまるにすぎない。「単純な商品流通は資本主義的でない生産の基礎の上でも行なわれうる。」(Kapital, II, S.354) 単純流通での商品所有者をもって独立生産者とみなす櫛の歯をひくように主張された旧来の想定は，資本家と労働者が流通部面でた

第 1 章　資本と単純流通

んなる商品所有者としてあらわれるのはなぜかととうべき本来の問題が転倒したものである。そこで，本節で，資本家と労働者とは，単純流通上で，生産条件の対立的な所有関係が度外視された同等な商品所有者としてあらわれるのはなぜかというプリミティブな問題を解決する。

　資本主義の歴史的な生成をいみする資本の本源的蓄積によって，独立生産者から分離し排他的に所有された社会全体の生産条件は資本へと転化をとげ，生産条件をうばわれた独立生産者は，賃労働者に転落する。資本家は，生産条件の排他的な所有に起因して，交換で入手した労働力を資本の一成分として生産的に消費し，剰余労働を対価なしで取得する。だから，資本家と労働者とのあいだには，生産条件の排他的な所有に起因する支配と従属の階級関係がある。等価なしでの剰余労働の取得は，おなじ分量の労働の交換からなる単純流通での対等な関係とは正反対の性格をもつ。ところが，単純流通の基礎上では，生産条件の対立的な所有関係が消えうせ，資本家と労働者とは，平等な商品所有者として相対する。「労働力の所持者と貨幣所持者とは，市場で出会って互いに対等な商品所持者として関係を結ぶ。」(Ibid., I, S.182)「資本家と労働者とは，ただ買い手すなわち貨幣と売り手すなわち商品としてのみ市場で相対する[1]。」(『直接的生産過程の諸結果』72 ページ，圏点―マルクス) 資本主義とは，「諸個人が相互にはいる最も基礎的な関連が商品所有者の関連である，ということを自己の基礎とする生産様式」(MEGA, II /3.1 [4] S.93) である。

　それでは，資本家と労働者とは，本質的には，社会的富を排他的に所有する前者がそれから排除された後者から無償で剰余価値を取得する支配従属関係にあるのに，なぜ，市場では，所有の面からみて無差別一様な商品所有者として相対するのであろうか。それをとくカギは，資本家と労働者とが市場で相対するさいの基本条件にある。資本家や労働者が市場でであうための必須要件は，おのおのが私的所有を代表することである。商品交換とは，自分の商品を譲渡して相手の商品を手にいれる関係である。だから，交換の両方の当事者は，交換行為のなりたつ前提条件として，商品の私的な所有者としてみとめあう立場になければならない。まさに，譲渡にもとづく交換の条件

11

は，商品の所有にある。「私的所有が流通の前提である。」(Ibid., II /2 [3] S.48) 自分の商品とひきかえに相手の商品を取得できる関係の根底には，交換主体の双方における私的所有の存在がある。交換の両方の当事者は，市場にあって，商品の私的所有を代表することによってのみ，自分の商品とひきかえに相手の商品を取得できるという論理的な先後関係にたつ。そこで，商品交換は，両当事者による商品の私的所有だけを論理的な前提にしてなりたち，交換される商品は，たがいに相異なる使用価値の姿態をまとったおなじおおきさの労働として相対する。だから，取引対象のたんなる商品としての売買によって，単純流通では，資本価値プラス剰余価値からなる商品の価値構成や資本をあらわすか所得をあらわすかという貨幣のもつ高次の規定は，あらわれない。市場で，交換対象は，私的に所有される商品として単純に相対するため，資本家も労働者もともに，商品所有者としてのみあらわれる。たとえば，資本家は，工場で雇用する労働者に商品を販売するばあいでも，商品所有者として貨幣所有者に相対する関係にたつ。「商品が労働者に直接に売られる場合でさえ，商品は労働者としての彼らにではなくて貨幣所有者としての彼らに売られる。」(『資本の流通過程』中峯照悦・大谷禎之介他訳，大月書店，62ページ) 資本家と労働者は，社会的富の対立的な所有関係にありながら，単純流通では商品所有者としてむきあう。「諸個人は，交換価値の所有者としてのみ対応しあう。」(MEGA, II /2 [3] S.53)

　ついでにいえば，市場で，交換の当事者は，商品の本源的な所有者として相対するため，それぞれがその商品をつくった自己労働のにない手としてあらわれる。けだし，単純流通の基礎上では，譲渡にもとづく交換をのぞけば，商品の取得方法は，唯一自己労働によるその生産にかぎられるからである。単純流通での自己労働にもとづく所有法則は，譲渡にもとづく交換の内面にふくまれた必然的な帰結である。

　ちなみに，資本家と労働者との市場での関係は，資本主義社会で自由と平等がなりたつ客観的な基礎である。「自由と平等とは交換価値の過程の産物なのである。つまり交換価値の過程こそが自由と平等の実質的な土台なのである。」(Ibid., S.60) 単純流通では，商品の売り手も買い手も，その内発的な

第 1 章　資本と単純流通

意思にもとづいてのみ，交換取引の契約をむすぶにすぎないからである（自由）。しかも，その交換取引では，売り手も買い手も，対等な人格としてであい，おなじおおきさの労働をふくむ商品どうしのとりかえがおこなわれる（平等）。商品交換は，正常な品質をもつ商品のひきわたしや貨幣の支払いなどの取引の性質からうまれる条件以外には，いかなる従属関係もふくんでいない。資本主義以前の奴隷制や封建制の階級社会では，支配者と被支配者とは，形式上も対等平等な関係にはなく，身分的な支配従属の関係にあった。たとえば，封建制の領主と農奴との関係にあっては，農奴が土地を保有する半面，領主は土地とそれに付属する農奴とにたいする支配権をもった。農奴は，領主が上級所有権をもつ「土地の付属物」（*Kapital*, Ⅲ, S.799）をなし，領主と農奴とは，人身的な支配隷属関係にたつ。農奴は，領主のもつ土地に緊縛された付属物だから，農奴として終生おなじ土地ですごす。階級関係が人身的な支配従属関係であるか否かは，資本主義以前の階級社会と資本主義とを区別する基本標識の一つである。労働者からの生産条件の分離が同時に土地の付属物からの解放（＝身分的な支配隷属関係からの脱却）でもある面に，資本主義の進歩的な要素がよこたわる（*Ibid*., S.630）。労働者は，土地の付属物から「資本の生きている付属物」（*Ibid*., Ⅰ, S.799）になり，支配者への従属関係の性格に変化がうまれる。そのいみで，土地所有が支配の軸点である封建制から資本の支配する体制への移行は，身分から契約への社会関係の一大転換をふくむ。単純流通が自由と平等の思想を規定する面に，経済的な土台が法や思想などの上部構造を左右する見本のような例がある[2]。唯物論がとくように，意識が人間の存在の仕方を規定するのではなく，社会的な存在条件が意識を支配する（*Kritik*, S.9）[3]。

　以上，本節で，生産条件の所有の対立的な性格にはんして，単純流通での交換行為の基礎に商品の私的所有があるため，資本家と労働者とは，たがいに商品所有者としてのみ相対する関係にたつ事実をあきらかにした。

1) 単純流通では，資本家どうしも，商品所有者として相対する。「資本家的生産者たちは互いにただ商品所有者として相対するだけである。」（*Kapital*, Ⅲ, S.887）

13

2)「交換が，あらゆる面からみて諸主体の平等を措定するものとすれば，交換をうながす内容すなわち個人的でもあれば物象的でもある素材は，自由を措定する。したがって，平等と自由とが交換価値に立脚する交換で重んじられるばかりでなく，交換価値の交換が，あらゆる平等および自由の生産的で実質的な基礎である。」(*Grundrisse* [1] S.168, 圏点―マルクス)
3)「観念的なものは，物質的なものが人間の頭のなかで転換され翻訳されたものにほかならない。」(*Kapital*, I, S.27)

むすび

　本章で，剰余価値をうむ価値と規定される資本概念に依拠し，剰余価値生産の基礎をなす単純流通の性格をといた。マルクスの資本概念には，ひきしぼった弓にたくわえられたエネルギーのように，濃密な思考がつまっている。『資本論』の扇のかなめである資本概念は，宇宙の生成をなすビッグバンに相当する。

第2章　商品からの貨幣の生成

『資本論』第Ⅰ巻が商品の分析からはじまるのは，資本の本質的な機能である剰余価値生産が，商品を基本要素とする単純流通に立脚してなりたつからである。単純流通を構成するもう一つの要素の貨幣は，商品そのものの転化形態—「商品の必然的な形態」（Mehrwert［7］S.1522）—としてうまれる。本章では，資本主義における富の基本形態である商品を生産物の歴史的な形態として考察し，商品から貨幣をみちびきだし，単純流通を再構成する。

第1節　商品の二要因

1　労働生産物の商品への転化

人間の生命は，物質的財貨を消費して維持されるから，社会は，物質的財貨の生産によってはじめてなりたつ。労働生産物は，人間欲望をみたす使用価値（＝使用のための価値）として，どの社会でも富の基本形態をなし，それをつくる生産活動は，人間の基本的な生存条件である。「生産物すなわち使用価値そのもの」（Kapital, Ⅱ, S.141）というように，労働生産物は，それ自体としては，特定の欲望を充足するたんなる使用価値である。これにはんして，資本が生産活動を支配する資本主義では，生産物の特殊な社会的形態である商品こそ，富の基本形態である。商品は，資本の規定的な目的である剰余価値のもっとも基本的なにない手をなす点で，資本主義における富の基本形態である。商品は，「独自に社会的な生産物形態」（『直接的生産過程の諸結果』151ページ）をなし，労働生産物は，交換部面のなかではじめて商品に転化する[1]。

商品は，たんなる使用価値としての労働生産物とちがって，二つの要因からなりたつ。まず，商品は，労働生産物の転化形態であるから，特定の使用

価値からなりたつ。商品は,生産手段としてか生活手段としてかをとわず,なんらかの特定の欲望をみたす有用性をもつ使用価値として存在する。このばあい,使用価値は,労働生産物だから,自然素材と労働という二つの要素の結合物である。また,使用価値は,労働に媒介されていても,人間欲望とのあいだの自然的な関係をあらわす。「使用価値である上着やリンネルなど簡単に言えばいろいろな商品体」(*Kapital*, I, S.57) と表現されるとおり,市場に登場する商品は,それ自体,労働生産物がもつ特定の有用性としての使用価値である。つまり,鉄や小麦などの使用価値そのものが,市場では鉄や小麦という商品である[2]。

　商品にひそむ使用価値の存在とその実証とは概念的に区別されねばならない。リンゴには,固有な食欲をみたす物質的な属性がそなわり,その消費によって有用な属性をじっさいに証明する。「綿花の有用な属性を実証するためには綿花が紡がれるかどうかして利用されなければならないということは,綿花の綿花としての使用価値を解消しない。」(*Mehrwert* [7] S.1489) 商品には,消費による有用性の実証以前に使用価値がそなわっている。

　　1)　「生産物が流通にはいるときはじめてそれは商品になる。」(*Ibid.*, [7] S.1424)
　　2)　ここで,分析対象の商品は,死後にみいだされた田中一村(1908-77年)の日本画や日本人ではじめて大英博物館で個展がひらかれた沢田痴陶人(1902-77年)のやきものではなく,おなじ製品をつくろうとすればいつでも再生産可能な労働生産物である。資本主義では,再生産可能な商品こそ,剰余価値を内包する富の基本形態である。

2　交換価値と価値

　一方,使用価値は,商品のもう一つの要因である交換価値(=交換のための価値)の素材的なにない手でもある。交換価値は,まずもって,ある使用価値が別の使用価値と交換される量的な割合としてあらわれる。たとえば,1キログラムの小麦粉が1本の鉛筆と市場で交換されるとすれば,1キログラムの小麦粉の交換価値は,1本の鉛筆である。ぎゃくに,1本の鉛筆の交換価値は,1キログラムの小麦粉である。じつは,交換価値は,価値という

第2章　商品からの貨幣の生成

本質の現象形態をなし，厳密にいえば，商品の二要因は，使用価値と価値である。価値は，使用価値とは正反対に，商品どうしのあいだの社会的な関係をあらわす。そこで，まず商品のもう一つの要因の価値の必然的な表現様式である交換価値から出発して，交換価値のうちにあらわれる共通物は，抽象的人間労働を唯一の構成要素としてなりたつ価値であることをつきとめる。

　小麦粉と鉛筆とは，相異なる使用価値なのに，両者の交換関係では，どうして一方が他方にたいして交換価値という社会的な契機をあらわすのであろうか。それは，二つの相異なる使用価値が，商品としては，等価物としてのみかかわるためである。一方の商品の交換価値が他方の商品の使用価値であらわれる論理的前提は，両者がその現物形態のまま価値として質的な同一性をもつ関係にある。「同一の労働時間をふくんでいる二つの商品の使用価値は，同一の交換価値をあらわしている。」（Kritik, S.22，圏点—マルクス）すなわち，相異なる事物の量的な比較は，両者が質的に同等な存在とみなされてはじめてなりたつ。だから，ここで，交換される小麦粉と鉛筆とが量的な関係にたつのは，交換取引のなかで，両者がその現物形態のままで価値としての質的な同一性をもつためである。「もし1オンスの金・1トンの鉄・1クォーターの小麦・20エレの絹が等しい大きさの交換価値つまり等価物であるとすれば，…」（Ibid., S.17）というように，小麦粉＝鉛筆　という交換取引をあらわす等式では，小麦粉と鉛筆とは，ともに同一の交換価値つまり等価物である。市場での交換取引では，すべての使用価値は，現物形態の相違にかかわりなくそのすがたのままで，交換価値としての同一性をもつ。「交換価値という形態においては，諸商品は互いに諸価値として現われて，互いに諸価値として関係し合う。」（『資本論第1巻初版』28［原］ページ，圏点—マルクス）相異なる商品は，市場では，ともに有用物としての性格をうしない，価値物としてのみ同等性をもつ。商品が有用物であるのは，一方の商品と他方の商品所有者との関係のなかだけである。「商品にたいする商品の関係，たとえば脱靴器にたいする長靴の関係においては，脱靴器の使用価値は，つまりそれの現実の物的な諸属性は，長靴にとってはどうでもよいことである。ただそれ自身の価値の現象形態としてのみ，長靴という商品は脱靴器に

17

関心をもたされるのである。」(同上, 43［原］ページ, 圏点—マルクス)

そこで, 異種の商品は, 使用価値としては, 千差万別である一方, 交換価値としては, その現物形態に関係なく, すべて質的に同一であるため, その必然的な結果として, 一方の商品の交換価値は, 他方の商品の使用価値であらわされる。交換される小麦と鉛筆という相異なる使用価値は, その現物形態のままで価値として質的な同一性をもつため, 小麦粉の交換価値は, 鉛筆であらわされる。だから, さしあたり, 商品の二要因は, 労働生産物との同一性をなす使用価値とその差別性をなす交換価値である。「労働生産物の商品への転化」(Kapital, I, S.102) というとおり, 商品は, 労働生産物として本来的にもつ使用価値にくわえ, 特殊な歴史的な交換価値をあわせもつ。ちなみに, 1キログラムの小麦粉は, 1本の鉛筆とだけでなく, 1丁の豆腐や$\frac{1}{2}$リットルの牛乳など無数の使用価値と交換される。だから, 一商品は, それ以外の無数の使用価値で表現されるさまざまな交換価値をもつ。小麦粉以外の無数の使用価値は, おなじ1キログラムの小麦粉の交換価値であるから, 無数の使用価値であらわされる小麦の交換価値は, 同一のものでしかもその小麦粉とは違った実質の表現形態であることをいみする。そこで, 無数の交換取引の総代として, 小麦粉と鉛筆という二商品の交換をとりあげれば, 小麦粉＝鉛筆　という等式は, 交換のさいに, 小麦粉と鉛筆というちがった財貨のうちに, 一方でもなければ他方でもない共通の第三者がなりたつことをしめす。だから, 市場において, 交換価値としておなじ小麦粉と鉛筆には, 一方でも他方でもない共通の第三者がひそむ。その両者に共通の第三者こそ, 交換価値を現象形態としてとる本質である。それでは, おなじ交換価値の内部にひそむ共通の第三者とはなんであろうか。

　有用な物質的属性は, 相異なる商品を交換させる動因にすぎないから, 諸商品に共通の第三者は, 自然的な属性ではありえない。諸商品は, 交換価値としては, 一分子の使用価値もふくんでいない。そこで, 交換される相異なる商品から, 使用価値を問題にしないことにすれば, 諸商品には労働生産物という属性だけがのこる。しかし, 諸商品から相異なる使用価値を捨象することは, 労働生産物の有用性とともに労働の具体的な形態をも消しさること

第2章　商品からの貨幣の生成

である。諸商品から相異なる使用価値を度外視すれば，同時に労働のもつ具体的な形態も消えさり，質的な区別のない性格の労働すなわち抽象的人間労働だけがのこる。ようするに，交換関係にたつ諸商品からちがった使用価値を捨象して最終的にのこる共通の第三者は，労働支出の形態にかかわりのない無差別一様な性格をもつ抽象的人間労働にほかならない。共通の第三者は，交換関係のなかではじめてなりたち，相異なる使用価値に質的な同等性をあたえる特有な要素である。抽象的人間労働は，交換される労働生産物に凝固した状態で存在するから，対象的な形態にある抽象的人間労働が商品価値をなし[1]，価値こそ，諸商品の交換関係にはじめてあらわれる共通物である。だから，交換取引で，相異なる使用価値がそのまま交換価値として同等性をもつのは，そこにひそむ抽象的人間労働のためである。抽象的人間労働の生成のため，異質な物質的財貨は，交換取引にかぎって，ともにおなじ等価物としてあらわれる。「同一の労働時間が対象化されているいろいろな使用価値の相関的な諸量は等価物である。」(*Kritik*, S.18) 抽象的人間労働が「社会的実体」(*Kapital*, I, S.52) とよばれるのは，それが相異なる商品の交換のなかでなりたつ特有な存在様式をもつところにある。抽象的人間労働は，異質な商品どうしに同等性をもたせるという意味で，社会的な実体である。社会的という概念は，生産様式の特有な関係と不可分の独自な含意をつつみこむ（『資本論第1巻初版』32［原］ページ）。

商品に対象化された労働は，死んだ労働（過去の労働）と生きた労働との総計からなりたつ。死んだ労働とは，労働力の発揮のさいつかわれる生産手段（道具や機械に代表される労働手段プラス原料に代表される労働対象）がふくむ労働をさし，生きた労働は，生産手段をつかって労働力から支出される。商品価値が二種の相異なる労働からなるのは，労働力の発揮が生産手段をつかってはじめてなりたつ事実に起因する[2]。別の表現をすれば，商品価値は，生産手段からの移転価値（旧価値）と生きた労働による付加価値（新価値）の総計である。

1)　使用価値とは，人間の欲望充足にとって有用な属性だから，商品のもつ使用

価値が物質的にみて変化がない運輸業などのばあいも，空間的な移動によって使用価値がつくられるかぎり，労働の対象化がなりたち，価値が付加される。たとえば，山奥できりたおされた木材は，消費地にはこばれてはじめて，使用価値になる。運輸業は，「追加的な生産過程」(Kapital, Ⅱ, S.151) をになう，製造業とおなじ生産資本にぞくする。スミスやリカードを代表者とする古典派経済学者には，商品の販売（＝商品所有権の移転）に専門的に従事する商業資本と運輸業などの生産活動をになう産業資本との混同がみられる (Ibid., Ⅲ, S.278)。たとえば，スミスにあっては，製造品の地方間での輸送が卸売り業務と同一視される（『諸国民の富』第2編第5章）。

2) 労働力の発揮が生産目的にかなった労働手段によってはじめてなりたつ関係をふまえれば，その意義は，決定的におおきい。「労働は，道具の製造とともに始まる。」（エンゲルス『猿が人間になるについての労働の役割』国民文庫，15ページ） 人間を「道具をつくる動物」と定義したのは，アメリカ独立宣言の起草委員の一人で，雷の本体が電気である事実を発見し，避雷針の発明でもしられるフランクリン（1706-90年）である。「時は金なり」ということわざは，フランクリンにゆらいする。

3 社会的必要労働時間

商品価値は，生産物にふくまれる抽象的人間労働の分量できまる。おなじ種類の商品でも，生産者がちがえば生産条件はさまざまに相違なるから，商品がふくむ労働の分量はちがっている。ある生産者の商品がおおきな分量の労働をふくむとしても，その個別的な労働分量は，そのまま市場では通用しない。商品の価値は，おなじ種類の使用価値であれば，ふくまれる労働分量の相違に関係なく，市場では，おなじおおきさのものとみなされる（いわゆる一物一価の法則[1]）。つまり，商品価値は，現存の社会的に平均的な生産条件のもとで使用価値の生産に必要な労働時間（＝社会的必要労働時間）によって規定される[1]。たとえば，イギリスで蒸気織機が採用されたとき，織布に以前に比して半分の労働ですむようになったとすれば，以前とおなじ労働時間をようした手織工の織物は，その半分の社会的労働時間しかあらわさなくなる。「価値は，社会的必要労働時間によって規定されるのであって，個々の生産者が要する労働時間によって規定されるのではない[2]。」(Mehrwert [5] S.555) 商品価値が社会的必要労働時間にきまるのは，価格をひきさげる作用をもつ売り手どうしの競争やぎゃくにひきあげる作用をも

第2章　商品からの貨幣の生成

つ買い手どうしの競争を前提にして，最終的に価格を一点につりあわせる売り手と買い手の競争からなる三面的な市場でのそれにもとづく（『賃労働と資本』国民文庫，村田陽一訳，34-35ページ）。

ところで，各商品は，その生産部面でつくられる全商品の一構成要素にすぎない。だから，大局的にみれば，商品の価値は，その生産部面にぞくする商品総量を生産するのに必要な労働分量の全体によってあらかじめ規定されている。ある生産部面の商品総量に必要な労働分量とは，個々の生産部面へつりあいのとれた社会的総労働の配分がなされるばあいのそれである。各生産部面でつくられる一種類の商品のふくむ労働総量とそれにたいする需要総額との比率がおのおのひとしいばあいに，社会全体の労働は各生産部面に均衡的に配分されていると想定される。各部面での労働総量と需要総量との比率がおなじばあい，各商品種類にたいする需要と供給は，すべて一致している（Kapital, Ⅲ, S.648f.）。需要と供給とが一致しているばあい，おなじ種類の商品生産に支出される労働総量とその支払いにあてられる労働総量とはひとしい。だから，商品価値は，おなじ商品種類がふくむ労働全体によってあらかじめ規定され，それをふまえたうえで，おなじ種類の商品全体がふくむ平均的な労働分量すなわち社会的必要労働時間にきまる。社会的な総労働の均衡的な配分がなりたつさいのある生産部面の商品総量に必要な労働分量は，別の意味での社会的必要労働時間とよばれる。一商品の生産に平均的に必要な労働分量は，別の意味の社会的必要労働時間を内包している[3]。もし，ある生産部面に別の部面との関連からみた均衡をやぶって，おおすぎる労働分量が投入されたと仮定すれば，過大な労働分量は，そのとおりにはカウントされない。過大な労働投入は，社会的な欲望をこえる生産物をうみだし，使用価値のない不用品の生産をいみするからである。かりに個々の生産者の生産条件がおしなべて均一のため，各商品がおなじ生産条件を代表する要素として平均的労働分量をふくむとしても，一部面全体の商品がふくむ労働総量がその部面への均衡的な労働配分を超過しているばあいには，過剰な使用価値の生産をあらわし，その平均的労働分量はそのまま通用しない。労働配分が不均衡なばあい，商品価格は，その価値から背離する結果，需要供給関係

21

が調節され，価格変動の中心としての価値が求心力を発揮するよう作用する。

あらためていえば，使用価値は，価値がなりたつための素材的なにない手をなし，労働による商品価値の規定は，その生産物が使用価値をもつという前提のもとになりたつ。価値は，生産物が別のひとにとって特定の欲望をみたす使用価値をもつかぎりでなりたつ。具体的有用労働は，それの凝固した生産物が市場で使用価値をあらわす前提上でのみ，具体的な形態を捨象され抽象的人間労働に還元される。だから，労働生産物であっても，それに使用価値のないばあいには，価値は存在しない。「使用価値が交換価値として表示されるためには，それは具体的な労働の生産物でなければならない。ただこの前提のもとでのみ，この具体的な労働はそれ自身また社会的労働，価値として表示されることができる。」(Mehrwert [7] S.1516f., 圏点—マルクス) といっても，商品の使用価値は，その有用性がどうであろうと，価値のおおきさを規定しない。価値のおおきさは，もっぱら使用価値をつくるのにようする労働分量によってきまる。「使用価値は一般に交換価値のにないてではあるが，交換価値の原因ではないのである。」(Kapital, Ⅲ, S.660) 使用価値が自然素材と労働との結合物であるのは，労働生産物のばあいにかぎられる。「労働の生産物でない使用価値は価値をもつことはできない。」(Mehrwert [7] S.1515)

1) 「二つの違った市場価格が同時に同じ市場に存在することはありえない，あるいは，同じときには，市場にある同じ種類の生産物は同じ価格をもつ，あるいは…同じ市場価値をもつ。」(Ibid., [6] S.853, 圏点—マルクス)
2) 「リカードは古典派経済学の完成者として，労働時間による交換価値の規定を最も純粋に定式化し展開した。」(Kritik, S.46)
3) 「必要労働時間はここではまた別な意味を含んでいる…。つまり，社会的労働時間のうちただこれだけの分量が社会的欲望の充足のために必要だということである。」 (Kapital, Ⅲ, S.649)

第2節　労働の二重性

「商品に含まれている労働の二面的な性質は，私がはじめて批判的に指摘

した」(*Kapital*, Ⅰ, S.56) とマルクスが自負するとおり，労働の二重性は，『資本論』が古典派をこえた一つの根本的にあたらしい要素である。それでは，なぜ労働の二重性の分析が「経済学の理解にとって決定的な跳躍点」(*Ibid.*) なのであろうか。ここに，『資本論』研究における最大の問題の一つがある。さきまわりすれば，価値とは抽象的人間労働の結晶だから，「商品の価値対象性は純粋に社会的である」(*Ibid.*, Ⅰ, S.62) ゆえんは，その唯一の構成要素である抽象的人間労働の独特の存在様式にある。だから，労働の二重性のもつ意義は，価値の純粋に社会的な性格が抽象的人間労働の独特の存在様式に起因する点にある。

1 現実的労働としての具体的有用労働の二重化

労働の二重性にかんする一部の理解によれば，二重的な労働は，使用価値と価値とに別々につながるものとしてのみ機械的にとらえられる。しかし，マルクスにとって，二重の形態にある労働は，同じ一つの労働が商品生産で独自にうけとる区別をなし，立体的な関連にたつ。つまり，使用価値に結実する具体的有用労働こそ，唯一の生きた現実的労働をなし，それが商品交換で異質性をたがいにうちけしあう結果，抽象的人間労働に還元される。二重的な形態にある労働の分析は，『資本論』第Ⅰ巻第1章第2節「商品に表わされる労働の二重性」の主題である。

すなわち，生産形態がどうであれ，特殊な使用価値の生産に必要な「一定の合目的的な生産活動」(*Ibid.*, Ⅰ, S.57) は，具体的有用労働をなしている。そして，商品生産の基礎上では，交換のなかで，生産物に対象化された具体的有用労働のもつ異質性が客観的に捨象され，価値実体としての抽象的人間労働がなりたつ。こうして，労働生産物としての特殊な使用価値は，同時に価値にあらわされる。交換のなかで，具体的有用労働を母胎として抽象的人間労働がうまれる関係について，つぎにようにいわれる。「裁縫や織布が上着価値やリンネル価値の実体であるのは，ただ，裁縫や織布の特殊な質が捨象されて両者が同じ質を，人間労働という質をもっているかぎりでのことである。」(*Ibid.*, Ⅰ, S.60)

抽象的人間労働の母胎が使用価値に結実する具体的有用労働であるのは，つぎのようなごく平明な事実にもとづく。生産活動の主体である人間の労働力支出は，筋肉・手足・脳などの肉体的器官の特定の合目的的な発揮からなりたつ。そのさい，労働力の発揮による生産活動は，特定の目的・手段・対象によって根源的に規定されている。労働力の合目的的な支出としての労働は，心像にえがいた特定の目的にそい，特定の労働手段を媒体にして特定の労働対象へのはたらきかけによってはじめてなりたつ。だから，労働力の発揮によってなりたつ唯一の実在的労働は，使用価値になる具体的有用労働以外にありえない。「人間労働は，ただ，それが特定の形態において支出されるときにはじめて，特定の労働として実現され，対象化されることができる。なぜならば，ただ特定の労働にたいしてのみ，自然素材すなわち労働がそれにおいて対象化される外的な物質は，相対するのだからである。」(『資本論第 1 巻初版』18［原］ページ，圏点―マルクス) ここで，特定の客体的な労働条件のもとでのみ，労働力の合目的的な発揮が可能だから，労働力は，特定の具体的な形態でのみ支出される道理がかたられている。「労働は，ただその特定な，具体的な，独自な形態，仕方，存在様式においてのみつけ加えられる。」(『直接的生産過程の諸結果』35 ページ) 第 1 章第 1 節で，その総体が社会的分業を形成し，千差万別の物質的財貨に結実する具体的有用労働は，つぎのようにのべられた。「どの商品の使用価値にも，一定の合目的的な生産活動または有用労働が含まれている。」(Kapital, Ⅰ, S.57) だから，使用価値にあらわされる具体的有用労働は，第 5 章第 1 節「労働過程」での自然素材を使用価値に加工するための「合目的的な活動または労働そのもの」(Ibid., Ⅰ, S.193) とおなじである。つぎの一文で，マルクスは，使用価値に結実する労働をダイレクトに「現実的労働」または「合目的的な生産活動」と表現している。「商品を二重の形態の労働に分析すること，使用価値を現実的労働または合目的的な生産的活動に，交換価値を労働時間または同等な社会的労働に分析することは，…古典派経済学の一世紀半以上にわたる諸研究の批判的最終成果である。」(Kritik, S.37, 圏点―頭川)

　それゆえ，使用価値にあらわされる具体的有用労働は，物質的財貨を獲得

第2章　商品からの貨幣の生成

するための特定の合目的的な生産活動をなし，それの対象化された生産物が市場でたがいにむかいあう。異質な生産物が交換で相対すれば，異種の具体的有用労働は，おのおのがもつ異質な形態をうちけしあい，両者に共通の第三者として抽象的人間労働を固有に生成させる。価値にあらわされる抽象的人間労働は，交換で相対する凝固した具体的有用労働の関係のなかでなりたつ。「交換価値を創造するかぎりでの労働は，ただ，労働の規定された社会的形態・一定の社会的定式（Formel）に還元された現実的労働にすぎない。」（*MEGA*, II /3.1 [4] S.70)「リカードの場合には，使用価値に表わされるかぎりでの労働と交換価値に表わされる労働との混同が一貫して見られる。もちろん，労働のあとのほうの形態は，前のほうの労働を抽象的な形態で把握したものにすぎない。」(*Mehrwert* [7] S.1325) ここでは，「交換価値に表わされる労働」＝抽象的人間労働が「使用価値に表わされるかぎりでの労働」＝具体的有用労働の「抽象的な形態」である関係が明示されている。まさに，第2節が「商品に表わされる労働の二重性」という表題をもつゆえんである。具体的有用労働という単一労働が，労働生産物の商品への転化にさいし，抽象的人間労働をふくむ労働の二重性として特殊歴史的にあらわされる。二重的な形態にある労働が具体的有用労働に帰一しなければ，それは二種類の労働のたんなる分立になる。

　ちなみに，「すべての労働は，一面では，生理学的意味での人間の労働力の支出である」(*Kapital*, I , S.61) という第1章第2節末尾の文言は，交換取引される物質的財貨に凝固した具体的有用労働を研究対象とするそれまでの考察の要約である。「すべての労働」からはじまる文言が第2節全体の要約であるため，「すべての労働」は，第1節からの一貫した考察対象である物質的財貨に結実する具体的有用労働をさす。ここで，具体的有用労働は，特定の目的・対象・手段にもとづく労働力支出のそれ以外にない唯一の存在形態であるため，具体的な属性をもたない人間労働は，筋肉や神経・脳などの生理的な器官からなりたつたんなる労働力の支出とおなじとみなされるというのである。「生理学的な意味での人間の労働力の支出[1]」という表現は，具体的有用労働が労働力支出の唯一の形態であるのにたいし，抽象的人間労

働が具体的な形態をもたないため,労働力の機能という面でのみつかみうる特色をあらわす。ようするに,第2節末尾の規定をよみとるさい,当の第2節で,市場での交換取引でじっさいに相対する対象化された労働こそ分析対象だという含意のほりさげが不可欠である。単純にあらゆる労働が二面的な属性をもつという主張であれば,第2節での特有な分析手法は無用の長物になる。

　以上,本項で,具体的有用労働が生産物をつくる唯一の現実的労働をなし,交換の基礎上で,抽象的人間労働が,相対する異質な具体的有用労働の客観的な関係のなかに独自に成立する事情をといた。マルクスのとく労働の二重性とは,商品生産で特殊歴史的にあらわされる具体的有用労働という単一不可分の労働のもつ対立的な性格である。商品生産にかぎって,超歴史的に支出され自然的な属性をもつ具体的有用労働から,抽象的人間労働という労働の独特な社会的な属性がわかれ,ここに労働の二重的性格がなりたつ。自然科学による労働の二重性の発見がないのは,抽象的人間労働が労働の自然的な属性ではないためである。自然科学者による価値の発見がないというマルクスの主張は,労働の二重性にそのままあてはまる。第2節をよむさい,流れのしずかなところは,底がふかいということわざがおもいだされる。

　　1)「商品の価値に表わされるかぎりでは労働はただ労働力の支出として認められる。」(*Ibid.*, S.61)「労働力の支出として価値をつくるかぎりでの労働」(*Ibid.*, II, S.377)。

2　労働生産性と労働の二重性

　使用価値としてみれば,商品は,どの部分もすべて生きた具体的有用労働によってうまれた新生産物である。「どの商品部分もその使用価値を見れば新生産物なのである。」(『資本の流通過程』214ページ,圏点―マルクス)新生産物は,生きた具体的有用労働によってはじめて,労働対象の素材が変化した結果つくりだされた使用価値だからである。そのため,一定期間にうまれる使用価値の分量をあらわす労働生産性は,具体的有用労働にぞくする概念である。具体的有用労働は,おなじ期間内にその労働生産性におうじた分量

第2章　商品からの貨幣の生成

の使用価値をつくりだす。たとえば，具体的有用労働がおなじ分量だけ支出される単位時間内に，生産物が以前に比して2倍の分量できれば，労働生産性は2倍に増加した勘定になる。だから，労働生産性の増加とは，「生きている労働が所定の期間に生産する使用価値量の増大」(MEGA, II /3.5 [8] S.1637) をいみする[1]。労働生産性は，労働が集団的な形態で実現されるか否か（労働の社会的条件）やどんな労働手段がつかわれるか（労働の技術的条件）さらに土壌の肥沃さや動力としての落流の利用などの労働の自然条件（耕作地の豊度）によって規定される (Mehrwert [6] S.901)。

これにたいして，商品は，価値としては，付加価値部分だけが新たな創造物である[2]。「年間生産物の総体は，その一年間に支出された有用労働の結果である。しかし，年間の生産物価値のほうは，ただその一部分だけがその一年間につくりだされたものである。」(Kapital, II, S.377, 圏点—マルクス) 労働者が1時間に支出する労働分量は，うまれる生産物の分量にかかわらず，おなじである。つまり，労働生産性が増大し，単位時間あたり使用価値量がいくらふえても，おなじ労働強度のもとで単位時間にうまれる新価値の分量は不変である。そのため，労働生産性の増加は，単位期間内にうまれる新価値（付加価値）には影響しないで，不変の付加価値がふくまれる生産物量だけをふやす結果，1単位あたりの商品がふくむ価値の分量をへらす。「生産力は，…生産される商品の交換価値を増加させるのではなく，ただその商品量を増加させるだけである。生産力［の増大］は，むしろ個々の商品の交換価値を減少させるが，他方，一定の時間に生産される商品の価値は同じままである。」(MEGA, II /3.5 [8] S.1663, 圏点—マルクス) だから，おなじ分量の生きた労働がうみだす生産物量と1単位あたりの生産物がふくむ生きた労働分量とは，反比例の関係にたつ。「労働の生産性と労働の価値創造とが反比例するということは，商品生産の一般的な法則である。」(Kapital, II, S.151)

1)「労働生産力の増大が意味するのは，増大する生産物をつくりだすのに必要な直接的労働が減少するということ…にほかならない。」(Grundrisse [2] S.697)

2) 社会的分業をになうすべての具体的有用労働が富をつくりだすとして，富を創造する労働の一般化をなしとげたのは，スミスである。「富を生む活動のいずれの規定性をすてさったのは，アダム・スミスの巨大な進歩であった。」(Ibid., [1] S.39) スミスは，「現実的労働から交換価値を生みだす労働すなわちブルジョア的労働の基本形態への移行を分業によってなしとげようと試み」(Kritik., S.45, 圏点―マルクス) た。スミスにさきだつ重商主義や重農主義にあっては，剰余価値が流通部面か農業部面でのみ発生するというかんがえに対応して，富をうみだす労働もせまい限定をうけた。『経済学批判要綱』「序説」におけるどの時代にもあてはまる「労働一般」(Grundrisse [1] S.38) とは，社会的分業をになう労働の総姿態をさす。

3 古典派とマルクスの決定的相違

マルクスの労働価値論は，スミスやリカードに代表される古典派のそれの発展であることはよく知られている。「私の価値，貨幣，資本の理論は，その大綱から見て，スミス=リカード学説の必然的発展である。」(Kapital, I, S.22) 一方，労働価値論の原点である価値概念にかんして，両者の相違が不分明な現状にある。おもうに，価値概念にかんする古典派とマルクスの相違のあいまいさは，労働の二重性が経済学理解の跳躍点であるゆえんの不明確さの反面である。本項では，価値概念にかんする古典派とマルクスとの決定的相違は，価値実体の特殊歴史的な存在様式の発見にあるという主張をとなえる。

まず第一に，マルクスの自負が示唆するように，古典派には労働の二重性の本格的な区別は存在しない。「価値をつくるものであり労働力の支出であるかぎりでの労働と，使用価値をつくるものであり有用な合目的的な形態で支出されるかぎりでの労働とをスミスが混同している。」(Ibid., II, S.383)「リカードもその前後のどの経済学者も労働の二つの面を正確に区別していない。」(Ibid., I, S.219) 第二に，古典派には，マルクスの提起した労働の二重性の本格的な分析はないが，事実上価値実体を具体的有用労働と並列的につかむ労働の二重性の機械的な把握は存在する。「価値一般について言えば，古典派経済学は，価値となって現われる労働を，その生産物の使用価値となって現われるかぎりでの同じ労働から，どこでも名文と明瞭な意識とをもっ

第 2 章　商品からの貨幣の生成

ては区別してはいない。古典派経済学は，もちろん，実際には区別している，というのは，それは労働をあるときには量的に，他のときには質的に，考察しているからである。」(Ibid., S.96) だからこそ，マルクスは，つぎのように明言するのである。「リカードは，労働のブルジョア的形態を社会的労働の永遠の自然形態だとみなしている。」(Kritik, S.46)

　ちなみに，労働の二重性の発見が古典派の批判的超克の成果であるのは，古典派による労働の二重性が超歴史的な通用性をもつためである[1]。古典派による労働の二重性の超歴史的な認識を，マルクスは，価値実体の特殊歴史的な存在様式によって，くつがえすこころみを提出した。古典派に二重的形態にある労働の機械的区分が存在するため，マルクスのいう労働の二重性は，古典派にたいする批判的な超克になる。古典派が事実上二重的形態にある労働の超歴史的な区分に満足したのは，資本主義を自然的な生産形態と誤認したことに起因する。古典派にとって，資本主義以前の歴史は，自然的な生産形態である資本主義が確立するまでの未成熟なすがたをなし，当時の資本主義は，その完成した絶対的な社会形態ととらえられた。古典派が，剰余価値はいかにして発生するかという問題意識をかき，その量的な変動のしくみにのみ目がうばわれたのは，資本主義の特殊歴史的な性格にたいする認識の欠如にゆらいする。「リカードにとっては，資本主義的生産様式は社会的生産の自然的かつ絶対的な形態である。」(『資本の流通過程』290 ページ) 超歴史的に存在する生産条件とその排他的所有からなる資本との混同から，生産活動と資本による生産のいとなみとがかさなりあい，より多くの労働成果をうみだす生産が資本の自己増殖と同一視されるため，資本主義が生産の自然的形態とみなされる。じっさい，リカードは，スミスのとく初期未開の社会での狩猟者が鳥獣をとるためにもちいる弓矢をもって，「資本」(『経済学および課税の原理』23 [原] ページ，『リカードウ全集』第Ⅰ巻，雄松堂書店，堀経夫訳，原著 1817 年刊) とよんでいる。資本主義が生産の永久的な自然形態とみなされれば，商品生産の絶対化に対応して，質量両面から暗黙のうちに区別された二重的形態にある労働は，それにはじめからそなわる自然的な二面として固定化される。とりわけ，価値実体として観念された無差別一様

な労働は，使用価値をつくる労働とともに，労働支出に絶対的にともなう別の自然的な一面に解消される。資本主義の自然的な生産形態としての絶対化は，使用価値と価値という商品の二要因をともに自然的な要素へと還元する。古典派による生産物と商品との混同は，使用価値に結実する唯一の現実的な労働が具体的有用労働だという認識の欠如をあらわす。古典派は，生産物と商品との区別をかくことで，労働の唯一の現実的形態が具体的有用労働だという認識をもちえなかったため，商品に凝固した二種の労働をともに自然的な契機ととりちがえた。リカードが，「生産物にとって商品の形態はどうでもよいことだと考え」(Mehrwert [6] S.1148, 圏点—マルクス)，「貨幣はたんに交換を果たすための媒介物にすぎない」(『経済学および課税の原理』292 [原] ページ) と主張し，貨幣を単純に生産物どうしの交換の一時的な媒介物として把握したように，古典派にとって，使用価値と価値との対立をふくむ特殊歴史的な商品は，生産物のたんなる別名にすぎない。商品流通は，物々交換と形式的にのみ相異なる社会的物質代謝の自然形態であった。だから，資本主義の絶対的な生産形態としての固定化は，価値実体としての無差別一様な労働の自然的要素への解消とおなじである。

　したがって，価値概念にかんして，古典派とマルクスとは，ともに価値を一元的に労働に還元帰着させる点ではおなじであるが，無差別一様な労働を超歴史的な要素とみなす古典派にたいして，マルクスは，交換のなかでのみ成立する特殊歴史的な契機と規定する面で，決定的に相異なる。古典派の価値概念にたいするマルクスの前進は，価値実体をもって，交換のなかでのみなりたつ特殊歴史的な労働と規定した点にある。価値実体たる無差別一様な労働が，生きた労働にそなわる自然的な属性とみなされれば，古典派の価値概念からうまれる唯一の論理的な帰結は，価値が無差別一様な労働をその自然的な一面としてふくむ労働の継続時間で直接にあらわれることである。すべての労働種類が単純労働からなる社会的総労働の均衡的な部門間配分を簡単化仮定としておけば，古典派にとって，価値実体としての無差別一様な労働は，流動状態にある労働の一面として実在するから，価値は，労働の継続時間で直接に計測可能だからである。リカード理論にあっては，「絶対価値」

(同上，21［原］ページ）と「相対価値」（同上，20［原］ページ）とのあいだには，橋わたししがたい断絶がある。じっさい，古典派に価値形態論がないのは，価値実体である無差別一様な労働の特有な存在様式にかんする認識の欠如に起因する。価値実体である無差別一様な労働が労働そのものの自然的な属性とみなされれば，価値（＝「絶対価値」）が交換価値（＝「相対価値」）としてのみ現象する根拠はなくなる。さかのぼっていえば，価値表現の必要性以前に，古典派にとって生きた労働がなぜ価値にあらわされるのかという問題は存在しない。だから，価値実体である無差別一様な労働が計測できるかぎり，「相対価値」の必然性はもちろん，「絶対価値」の成立も説明がつかない。

1) 労働の二重性の確立は，1857-58年の手稿『経済学批判要綱』から1859年刊行の『経済学批判』のころと推論される。『経済学批判』では，二重的形態にある労働分析がはじめて明確に，古典派の超克の成果としてのべられている。1859年は，自然科学の歴史を永遠にかえたダーウィン（1809-82年）の代表作『種の起源』（1844年起稿，発売日に1250部完売）が刊行されるなど，世界史的にみて特異な年である。

第3節　価値形態の生成

商品の価値とは，対象化された抽象的人間労働である。ところが，抽象的人間労働という価値実体の特有な存在様式のため，価値は，商品にふくまれた労働の分量ではあらわれない。価値は，市場でなりたつ交換価値または価値形態という特有な姿態をとってのみあらわれる。価値形態の完成形態である貨幣形態は，ある商品の使用価値と貨幣金との量的な交換割合であるから，商品の価値関係に内包された簡単な価値形態は，貨幣形態の萌芽である[1]。本項では，交換での商品の価値関係を対象にして，本質としての価値が交換価値または価値形態という必然的な現象形態をとってあらわれるしくみを解析する。価値が価値形態として現象するメカニズムによって，古典派とちがい，価値実体が市場での交換のなかでのみなりたつマルクスの価値概念の正当性が，回帰的に検証される。価値と価値形態との内面的な連関は，抽象的

人間労働＝特殊歴史説に固有な説明原理である。

    1) 二つの異質な使用価値の交換割合としての交換価値が，貨幣形態の細胞としての簡単な価値形態である事実の発見は，「古代の最大の思想家」(*Kapital*, Ⅰ, S.430) で「万学の祖」といわれるアリストテレス (B.C.384-22年) の功績にぞくする (*Ibid*., S.73f.)。

1　価値表現の必然的根拠

　ある使用価値が市場で別の使用価値と交換される量的割合である交換価値または価値形態は，「価値の必然的な表現様式または現象形態」(*Ibid*., S.53) である。交換価値または価値形態では，抽象的人間労働という社会的なものが使用価値という自然的な属性で表現される。1キロの小麦粉の交換価値が1本の鉛筆だとすれば，鉛筆という使用価値が小麦粉にひそむ価値の現象形態である[1]。抽象的人間労働は，交換のなかでのみなりたつ純粋に社会的なものであるのに，その現象形態の使用価値は，正反対に自然的な属性をもつ。

　それでは，なぜある商品の価値は，市場で交換される別の商品の使用価値という自然的な姿態でしかあらわれないのであろうか。たんなる生産物のばあい，それにふくまれる労働は，直接その分量であらわされるのに，商品にあっては，投下された労働からなりたつ価値は，どうして労働分量であらわせないのであろうか。抽象的人間労働が具体的有用労働と同時並行的に支出されるとすれば，価値は，時間であらわされるはずである。マルクスによれば，価値が価値形態をとる理由は，それが一分子の自然素材もふくまない純粋に社会的なものであるところにある。

　一商品の価値は，その実体である労働分量では表現不可能な性格をもつ。労働力の支出は，具体的有用労働という形態をとる一方，価値実体は，交換での相異なる具体的有用労働どうしの関係のなかでのみなりたつ社会的な属性だからである。価値表現の根拠をたんに抽象的人間労働がつかめない事情にもとめるのでは，商品の価値表現を物体の重量表現と同列におくことになる。「どんな棒砂糖からもその重量を見てとったり感じとったりすることはできない。」(*Ibid*., S.71) 物体の重量表現では，それにもともとひそむ自然的

第2章　商品からの貨幣の生成

な属性が問題であるのにたいして，商品の価値表現では，生産物の交換のさいにはじめてなりたつ抽象的人間労働という社会的な属性が問題になる。物体の重量表現では，その物体にそなわる自然的属性が，おなじ属性をもつ別の物体であらわされるのにたいして，商品の価値表現の特有な謎は，抽象的人間労働が，それを本来ふくまない使用価値という正反対の自然的な属性であらわれる因果にある。マルクスが価値形態の不思議さを発見したのは，価値実体を独自な社会的要素として定立した創見に起因する。価値形態に固有な謎の確定とその秘密の解決とは，不可分である。

> 1) 価値形態の完成形態は，商品の価値が貨幣商品金で価格として表現される貨幣形態である。したがって，眼前に存在する価値形態は，1キログラムの小麦粉＝xグラムの金という表現様式をとる貨幣形態である。貨幣形態の一歩前段階に一般的価値形態がなりたつが，両者のあいだには，金という特定の使用価値が等価形態をしめるか否かのちがいしかなく，一商品の使用価値を価値鏡としてほかのあらゆる商品価値があらわされる点で，価値表現上の本質的な変化は存在しない。一般的価値形態の前段階に全体的価値形態がなりたち，その全体的価値形態は，単純な価値形態に還元される。だから，貨幣形態からの抽象である簡単な価値形態は，価値形態の原型をなす。簡単な価値形態は，価値という社会的なものが正反対の使用価値という自然的な属性であらわれる価値形態の秘密を純粋にふくむ。

2　価値形態の秘密

価値形態の秘密をとくさいの基本前提は，交換価値と価値形態とがおなじであるという事実認識にある。つまり，市場で二つの使用価値が等価物の関係にある交換価値は，一方の価値が他方の使用価値であらわされる価値形態でもある。それは，以下のような理由からである。

すなわち，交換価値が異種の使用価値どうしの交換割合であるのは，交換関係にたつ商品にとっては特定の欲望をもつ人間とちがって，使用価値にたいして無頓着な性格をもつため，価値という属性だけが両者にとっての唯一の同等性だからである[1]。マルクスは，第1章第1節で交換価値の説明のさい，二つの使用価値どうしの交換割合は，両者の現物形態の価値としての同一性にもとづくというポイントを強調している。「交換関係のなかでは，

ある一つの使用価値は，それがただ適当な割合でそこにありさえすれば，ほかのどの使用価値ともちょうど同じだけのものと認められる。」(Ibid., S.52)まさに，おなじおおきさの交換価値をもつ異種の使用価値のあいだに，有用物としての区別は存在しない。質的に等置されたリンネルと上着の関係のなかで，「価値物としてのみ，上着はリンネルとおなじである」(Ibid., S.64) とは，両者が現物形態のままともに価値としておなじだということをいみする。労働生産物は，商品であるかぎり，有用物と価値物の二つの面をもつ必要があるが，交換される二商品は，おのおのにとって，相異なる現物形態のまま，ともに価値物として存在するため，質的には区別されない[2]。「ただ価値としてのみリンネルは等価物または自分と交換されうる物としての上着に関係することができる。」(Ibid., S.64)

交換関係の内部では，二商品が現物形態のまま価値として瓜ふたつの等価物であるのは，角砂糖と分銅とが，本来は相異なる物体であるのに，天秤のうえでは，たがいに現物形態のままおなじおもさとしてのみ同等な関係にたつのとおなじである。「両方を秤りの皿にのせてみれば，それらは重さとしては同じものである。」(Ibid., S.71) 角砂糖と分銅とが，天秤のうえで現物形態のままおもさとしておなじ存在であるため，角砂糖にとって，分銅が自分のおもさをあらわす。つまり，角砂糖と分銅とがおもさとして同一性をもつ関係にあっては，角砂糖を主体にすえてみれば，単独のすがたでは特定の使用価値をあらわす角砂糖にとって，分銅がおもさを代表する。それとおなじように，相異なる使用価値どうしの交換割合をあらわす交換価値は，等価物どうしの関係であるため，リンネルと上着との交換取引では，等価物どうしの両者のうち，リンネルにとって，それ自身が使用価値であるのにたいし，上着は，等置されたリンネルの価値をあらわすことになる。だから，二商品の等価物どうしの関係は，別の面からみれば，一方の商品にひそむ価値が，その等価物である他方の商品の使用価値であらわれる関係とおなじである。「一商品の価値は，その価値の等価物としての他の商品の使用価値で表わされる。」(Mehrwert [7] S.1315f.)「二つの商品の等価性の表現…は，相対的な価値の単純な形態である。」(『資本論第1巻初版』15［原］ページ，圏点―マ

ルクス）そこで，一方の商品は，おのおの，それ自身で使用価値を，等価物として同質な他方の商品の使用価値で価値をあらわし，自然形態と価値形態をもつ商品として社会的にみとめられる。一商品の価値は，それと別個の商品の使用価値であらわされるため，その商品は相対的価値形態にある。

　だから，第3節表題「価値形態または交換価値」がしめすとおり，交換価値は，価値形態と同義である。交換価値と価値形態とが同一だということは，価値表現が二商品の等価物としての同等性にもとづくことのみならず，価値形態が交換価値とおなじ市場のなかではじめてなりたつこともいみする[3]。天秤での二つの物質間でのおもさの表現が，両者の所有者の意識とは独立になりたつ関係であるのとおなじように，価値表現は，商品所有者の意識から独立した交換取引での客観的な関係である。角砂糖と分銅とを天秤にかけてはじめておもさの表現がなりたつのと同様，価値形態は，二商品が市場の交換関係にあってのみ客観的になりたつ。特定の関係のなかで，二つの事物が現物形態のまま同質なものとして相対するむすびつきは，重量表現と価値表現という正反対の性格をもつ関係に共通する内在的な媒介項である。

　それでは，社会的な契機である抽象的人間労働は，いかにして自然的な契機をもつ使用価値で表現されるのだろうか。ここからは，天秤のうえでの角砂糖と分銅という物体どうしの関係をこえる社会関係に特有な問題領域である。天秤のうえの角砂糖と分銅という物質どうしの関係は，質量がおのおのの自然物にはじめからそなわる属性であるため，特別な媒介項なしに直接的になりたつ。一方，価値実体は，物質的財貨にもともとそなわるおもさのような自然的な属性とはことなって，労働生産物にがんらい内在しない社会的な属性であるため，その現象形態の生成には，重量表現にはない特有な媒介項をようする[4]。すなわち，二つのちがった使用価値が等価物としてみとめあうのは，じつは，両者の使用価値を形成した二つの具体的有用労働が，現物形態のまま抽象的人間労働として同等性をみとめあう独特な関係に起因する。たとえば，交換されるシーツと上着の価値関係は，織布と裁縫という相異なる具体的有用労働が，その現物形態のままで価値実体としてみとめあう同等な関係を基礎になりたつ。そのばあい，裁縫は，織布にたいしては，そ

の現物形態のまま抽象的人間労働として相対する。つまり，織布と裁縫との関係では，両者が現物形態のまま価値実体として同等性をもつ結果，織布のもつ二重性格は，織布それ自身と裁縫という別々の形態で表現される。そして，抽象的人間労働は，対象的な形態ではじめて価値になるから，凝固した存在形態にあらわされてはじめて，価値としての完璧な表現様式を獲得する。結局，織布にとって，価値実体をあらわす裁縫の対象的な存在形態は，上着という使用価値だから，シーツの価値は，最終的には，裁縫の凝固した存在形態である上着の使用価値であらわれる。こうして，相対する異質な労働がその現物形態のまま価値実体として同等に存在する固有な社会関係の媒介[5]によって，価値は，使用価値というその正反対の現物形態で自己をあらわす。

　だから，織布と裁縫とのあいだで，両者がそのまま価値実体として相対し，織布にとって裁縫が価値実体をあらわす関係こそ，価値形態のかくされた秘密にほかならない。「相対的価値形態の内実（Gehalt）」（第3節A2a表題）とは，織布と裁縫との関係のなかで，後者が前者にたいして価値実体をあらわす独自なかかわりをさす。だから，「相対的価値形態の内実」は，同時に「価値形態の秘密」(*Kapital*, I, S.63) でもある。相異なる異種労働がその現物形態のまま価値実体として妥当する関係を媒介にしてはじめて，価値がまったくぎゃくの契機の使用価値をその現象形態となしうる。「価値関係の媒介によって，商品Bの現物形態は商品Aの価値形態になる」(*Ibid.*, S.67) というばあい，「価値関係の媒介」は，「相対的価値形態の内実」とおなじである。「決定的に重要なことは，観念的に表現すれば，価値形態は価値概念から発していることを論証するということだった。」（『資本論第1巻初版』34［原］ページ，圏点—マルクス）価値表現に特有な秘密は，重量表現のような自然的な事例には内包されていない社会的な媒介項である。価値形態の秘密は，価値実体の特殊な存在様式の高次の段階での発展的な具体化である[6]。

　こうして，価値が正反対の契機である使用価値であらわされる特有な関係を純粋に表現する簡単な価値形態は，理論的に再構成される。簡単な価値形態の考察は，おおきくみれば，第一に，二つの事物の特定の関係にあって，両者がそのまま同質性をもつ媒介項に立脚し，一方の属性が他方の事物であ

第 2 章　商品からの貨幣の生成

らわされる重量表現や価値表現という二つの異質な関係に共通な論点と，第二に，相異なる具体的有用労働が，そのままで抽象的人間労働として同一性をみとめあう媒介項にもとづいてのみ，一方の価値が他方の使用価値であらわされる価値表現に固有な論点　の二つからなりたつ。

1) 「使用価値は諸物と人間とのあいだの自然関係を表わしており，事実上，人間にとっての諸物の定在を表わしている。…交換価値は諸物の社会的定在である。」(*Mehrwert*〔7〕S.1432, 圏点―マルクス)

2) 「交換価値としては，すべての商品が，凝固した労働時間の特定の量にほかならない。」(*Kritik*, S.18, 圏点―マルクス) 交換される二商品は，ともに等価物としておなじ交換価値である一方，相対的価値形態にたつ商品は，それを単独で使用価値とみれば，等価形態にたつ商品とともにあらわす等価物としての性格が背後にしりぞいてしまう。だから，二商品の価値表現の関係にあって，等価形態にたつ商品を等価物というのは，相対的価値形態にたつ商品が使用価値としてあらわれるためである。

3) 「商品の価値は，…他の使用価値がその商品と交換される関係のなかに，現象する。」(*Mehrwert*〔7〕S.1315, 圏点―マルクス)「交換過程は，自分が貨幣に転化させる商品に，その価値を与えるのではなく，その独自な価値形態を与えるのである。」(*Kapital*, Ⅰ, S.105) 価値表現での交換取引の不要性の主張は，おもさを計量するさいの天秤の不要性のそれとおなじ論法である。おもさをはかるさいにつかう天秤は，価値形態での交換取引に匹敵する。

4) 　マルクスによれば，織布との等置は，裁縫を事実上抽象的人間労働に還元する「回り道」(*Ibid.*, S.65) によって，織布の抽象的人間労働としての性格をあらわす。そこで，「回り道」とはなにかが問題になる。「回り道」と正反対の近道とは，共同体でのように，ある労働がそれ自身で別の労働との同質性をなす社会的労働であるばあいである。これにたいして，商品の交換取引のなかでは，ある労働の社会的性格は裁縫という別の労働であらわされるため，「回り道」をとる（マルクスによる「回り道」の用法については，『資本論第 1 巻初版』20〔原〕ページ　も参照）。

5) 「目にみえる単に現象的な運動を内的な現実の運動に還元することが科学の仕事だ」(*Kapital*, Ⅲ, S.324)。

6) 　ある商品の価値は，それと実際に交換される別の商品の数量で表現されるという客観的事実に一面的に固執して，価値形態をもって価値とみなしリカード価値論批判をこころみたのは，サミュエル・ベーリ（1791-1870 年）であった。「一商品の価値は，ある他の商品の数量によってより外には，これを指示し，または表現することはできないのである。」(『リカアド価値論の批判』日本評論社，鈴木鴻一郎訳，22-3 ページ，原書 1825 年) リカード価値論のとくように，価

値を事実上超歴史的な人間労働に還元すれば，価値が交換価値として現象すべき必然的な理由が説明不能におちいるため，ベーリの批判は「リカード学説の急所に触れた」(*Kapital*, Ⅰ, S.77)。

3 一般的価値形態の成立

　簡単な価値形態は，一商品の価値がそれと交換関係にあるすべての商品の使用価値で表現される全体的価値形態の一構成要素である。全体的価値形態は，簡単な価値形態の一段階発展した価値表現である。ここでは，一商品の価値を形成する労働のもつ無差別一様な性格が，それ以外のすべての商品の使用価値であらわされる。しかし，どの商品を形成する労働も，おなじ価値実体からなるのに，一つの統一的な現象形態で表現されていない。これにたいして，一商品の使用価値がそれ以外のすべての商品にたいして価値鏡となる一般的価値形態は，全体的価値形態よりさらに一段階高次の価値表現をなし，貨幣形態の一歩手前の価値形態として存在する。たとえば，一般的等価形態にたつシーツという一商品の使用価値によって，それ以外のすべての商品価値があらわされる様式が一般的価値形態である。全体的価値形態は，相対的価値形態にたつどの一商品についてもなりたつかにみえるため，一見，相対的価値形態にたつ商品種類の数だけいわば無数に成立するかのような外観をていする。一方，一般的価値形態は，全体的価値形態の左辺と右辺にたつ商品をいれかえてなりたつ。だから，全体的価値形態が複数なりたてば，一般的価値形態は，ただ一つだけに収斂しないようにうつる。ここに，全体的価値形態の一般的価値形態への逆転をめぐる難問がたちはだかる。一般的価値形態と貨幣形態とのちがいは，等価形態の位置をしめる一商品が金であるか否かだけにあるから，一般的価値形態は，あくまでただ一つだけしか成立しないはずである。

　（1）**価値形態のぎゃくの関係**　　全体的価値形態が商品の種類だけなりたつかにみえるのは，価値形態のぎゃくの関係が同時成立しない事実の看過に起因する。すなわち，いまA商品＝B商品で表現される簡単な価値形態を対象にとりあげれば，A商品の価値は，B商品の使用価値で表現される。だから，A商品にたいして，B商品の使用価値そのものが価値の結晶という

第2章　商品からの貨幣の生成

意義をもつ。A商品の価値がB商品の使用価値であらわされることは，A商品にたいしてB商品の使用価値が貨幣商品金と原理的にはおなじ役割をはたすことをふくむ。ところが，そうだとすれば，A商品＝B商品とそのぎゃくの関係B商品＝A商品との二つは，同時成立しないことになる。A商品＝B商品が成立しているさい，そのぎゃくの関係　B商品＝A商品が成立し，B商品がその価値をA商品の使用価値で表現する必要性は存在しないからである。貨幣商品金がそれ以外のすべての商品の価値鏡の役目をえんじる基礎上で，それ自身が価値の絶対的形態と認知されるのに，金があらためてその価値を別の商品の使用価値で表現する理由は皆無である。貨幣商品金は，金の現物形態で，その使用価値と価値とを同時にあらわす。そのいみで，金の使用価値は，そのまま価値でもあるという二重の役割をはたす。金の使用価値が価値の結晶になることは，産金労働が抽象的人間労働をあらわし，貨幣商品金にとって，使用価値としての実現も価値としての実現も不要になることである。貨幣は，商品とちがって，それ自身富の社会的形態である。貨幣商品金は，「絶対的に譲渡されうる商品」(*Kapital*, Ⅰ, S.124, *Kritik*, S.74) をなし，社会的な普遍性をもつ。「貨幣形態にある商品は他のすべての商品にたいする絶対的な交換可能性をもっている。」(『資本の流通過程』88ページ) 貨幣としての金に過剰生産がないのは，使用価値が価値のかたまりだから，その有用性の実証がいらないからである。貨幣に妥当することは，その萌芽形態である等価物の商品にもそのままあてはまる。等価形態にたつ商品は，相対的価値形態にたつ商品にたいして，その現物形態が価値をあらわすから，価値そのものとして絶対的な社会性をもつ。

　もちろん，A商品＝B商品とそのぎゃくの関係であるB商品＝A商品は，同時成立しないといっても，二つの商品は両極の位置をいれかわることができる。しかし，二商品がその位置を交代したとすれば，A商品＝B商品のぎゃくの関係であるB商品＝A商品という価値表現だけがなりたち，B商品の価値は，A商品の使用価値で表現され，B商品にたいして，A商品の使用価値が価値そのものとしての意義をもつ。だから，A商品は，あらためてその価値をB商品の使用価値であらわす必要はなく，B商品＝A商品のぎゃ

くの関係であるA商品＝B商品という価値表現は成立しない。ようするに，全体的価値形態において，相対的価値形態にたつ一商品にたいして，等価形態にたつそれ以外のすべての商品は，その現物形態のまま価値をあらわすため，みずからの価値表現の必要がない。全体的価値形態は，商品世界全体において同一時点では，一つだけしか成立しない。

(2) **全体的価値形態の一般的価値形態への移行**　簡単な価値形態　A商品＝B商品において，二種類の商品は両極の位置をいれかわることはできるが，A商品＝B商品とそのぎゃくの関係B商品＝A商品は同時成立しない。そうであるとすれば，その一商品にかんして全体的価値形態がなりたてば，それ以外のすべての商品が等価形態にたって，一商品にたいして異種の現物形態のまま価値をあらわすから，全体的価値形態はその一商品の価値表現についてのみなりたつ。全体的価値形態が任意の一商品についてだけなりたてば，両極にたつ諸商品の位置のいれかえによって，一般的価値形態がなりたつ。一般的価値形態にあっては，一商品をのぞくすべての商品に結実した無数の異種労働は，価値実体としての無差別一様性を一つの商品の使用価値で統一的に表現する。価値形態は，抽象的人間労働の表現様式だから，人間労働としての普遍性が十全に表現されてはじめて，本質としての価値概念に照応する。価値は，価値形態がその本質的な要素である無差別一様性の表現様式になるまでその発展をやめない。「その・一・般・的・な・性・格・によってはじめて価値形態は価値概念に対応する。」(『資本論第1巻初版』779［原］ページ，圏点―マルクス)

　一般的価値形態は，価値形態の完成形態である貨幣形態にたいして，価値鏡になる商品が金であるか否かだけがちがい，価値の完璧な表現様式としては同等な意義をもつ。価値がその実体のもつ均一な性格によって発展させる価値形態は，一般的価値形態までである。価値鏡の位置を金がしめ，貨幣形態がなりたつには，商品に内在する矛盾という価値概念とは別個の契機をまたねばならない。商品のもつ使用価値と価値とのあいだの矛盾によって，一商品金が排他的に一般的等価形態の位置をしめ，一般的価値形態は貨幣形態へと移行する。

第 2 章　商品からの貨幣の生成

第 4 節　商品の呪物的性格とその秘密

　価値は，商品生産に固有な存在である。しかし，第 3 節までの分析では，交換価値の価値実体への還元と価値の価値形態としての表現様式のしくみが問題対象をなし，労働がなぜ価値にあらわされるかはとわれなかった。商品生産を所与の対象として，交換価値が価値実体としての抽象的人間労働に還元されたうえで，ぎゃくに価値から価値形態が展開されたが，商品生産をそれ以外の生産形態と対比して，なぜ労働が価値としてあらわれるのかは射程外におかれた。そこで，今度は，なぜ労働が価値にあらわされるのか，その特有な歴史的意義がとわれねばならない。生産活動が私的な形態をとらないばあい，個々の労働が直接別の労働と同等な社会的性格をもつため，労働が価値にあらわされる必然性は存在しない。商品生産では，生産活動が私的所有者にになわれるため，労働がほんらいもつ社会的な性格は，転倒して生産物がもつ社会的性格としてあらわれる。本節では，生産物からの転化にともなって発生する商品の呪物的な性格とはなにかとその発生根拠の二つを，労働が価値に表現される社会的根拠にもとづいて分析する。

1　商品の呪物的な性格

　生産物は，商品への転化によって，本来的にもつ使用価値にくわえ，価値というもう一つの要因を取得する。ところが，価値という要因は，商品にたいして，呪物的な性格をあたえる。そこで，本項では，第 1 章第 4 節を解読して，商品の呪物的な性格とはなにかを明確にする。

　商品は，使用価値または生産物としては，感覚的な存在である。商品は，使用価値の面では，人間欲望にたいする自然的な関係をあらわし，特定の欲望を満足させる物質的財貨として五官でとらえられる。これにはんして，商品は，価値としては，超感覚的な存在をなし，つかまえどころがない。けだし，商品は，価値としてみれば，物どうしがたがいにとりむすぶ交換関係という特有な社会的な関係であらわれ，物と物とのあいだの物理的な関係とは

無縁なすがたをとるからである。生産物が価値をもつことが，異質な使用価値を社会的に同等な存在にかえるため，使用価値としては感覚的な存在にすぎない生産物は，商品としては，超感覚的な存在となってあらわれる。

だから，机は，使用価値としては，自分の足で床のうえにたつ。生産物としての机は，欲望がみたされる人間との自然的な関係のなかで，あるがままに存在するからである。しかし，机が自分の足で床のうえにたつという事態は，商品としての机の半面にすぎない。机は，価値としては，ほかの商品にたいしてあたまでたっている。というのは，労働こそが，ほんらい社会的な同等性をもつのに，商品生産では，ぎゃくに，生産物のほうが価値という形態で社会的に同等な性格をもってあらわれるため，さかだちした性格をふくんでいるからである[1]。商品がほかの商品にあたまでたつというのは，価値という社会的な同等性がじつは労働の同等性に帰着するのに，生産物そのものが，労働にかわって同等性をもつ転倒性をあらわす。「たとえば商品というような最も単純な要素でさえも，すでに一つの転倒であって，すでに人々のあいだの諸関係を諸物の属性として現われさせ（る）。」(Mehrwert [7] S.150) 商品にあって，価値は，労働がほんらいもつ同等性をあらわすのに，使用価値としての生産物それ自身にそなわる社会的な属性であるかのようにさかだちしてあらわれる。「生産物についやされた労働が，この生産物の価値として，すなわちその生産物の有する物的特性としてあらわれる[2]。」(『ゴータ綱領批判』国民文庫，43ページ，圏点—マルクス，原著1875年執筆) たとえば，金は，硫酸や塩酸におかされないほど腐食につよく，紙のような金箔がしめすように，5円硬貨の分量の金で1平方メートルもの展延性をもち，電気伝導がよいなどすぐれた属性にみち，やまぶき色にかがやく光沢の魅力をもつ希少な金属である。

そこで，金は，ほかの金属にはない化学的にも物理的にもすぐれた物質的特性や美的な魅力のため，世のなかで一番価値のある金属のひとつとみなされる。だから，商品の呪物的な性格は，生産物の自然的な属性が商品のもつ価値という社会的な同等性の源泉であるかのようなとりちがえをあらわす。「諸物の関係という幻影的な形態」(Kapital, Ⅰ, S.86) という表現は，ほんら

い労働どうしがもつ同等性が，転倒して，生産物自体の自然的な属性にゆらいするかのようにあらわれる商品の神秘的な性格とおなじである。がんらい労働が社会性をもつのにはんして，それにかわって，生産物がその社会的性格を価値という形態であべこべにあらわすため，商品の呪物的な性格という特有な事態がうまれる。商品の呪物性とは，労働にかわって，生産物がその社会的性格を価値としてあらわすためにもつその転倒的な外観である。商品の価値が物質的な有用性にゆらいするかにみえる事態こそ，商品の呪物性である。生産物の価値性格が労働の社会的な性格にもとづくという科学的な認識も，商品のもつ超感覚的な性格を払拭しない。価値の科学的な認識は，呪物性の発生根拠の提出ではあっても，商品自身が主体のようにふるまってとりむすぶ生産物どうしの同等な関係という客観的な事実を解消しない。

1) 「交換価値を生み出す労働を特徴づけるものは，人と人との社会的関係が，いわば逆さまにつまり物と物との社会的関係としてあらわされることである。」(Kritik, S.21)
2) 「現象では事物が転倒されて現われることがよくあるということは，経済学以外では，どの科学でもかなりよく知られていることである。」(Kapital, I, S.559)

2 呪物的性格の発生根拠

それでは，生産物は，商品になれば，どうして現物形態自身が価値という社会的な同質性の源泉だとみなされ，超感覚的な存在に転化するのであろうか。商品の呪物的な性格の秘密は，抽象的人間労働という商品生産に特有な社会的労働の形態の生成にある。本項では，封建制のもとでの領主と農奴との関係や結合労働にもとづく共同的生産と対比して，商品生産にかぎって具体的有用労働から抽象的人間労働がうまれる社会的な根拠をかんがえる。商品の呪物的な性格の発生根拠の問題は，商品の価値性格に起因するため，「なぜ労働が価値に表わされるのか」(『資本論第1巻初版』41［原］ページ，圏点—マルクス）をとうこととおなじである。

まず，農奴が領主の所有する土地の付属物である封建制にあっては，両者

は，私的な個人としてかかわる関係にはない。農奴は，土地をはなれたり，仕事や身分をかえることができず，どんな生産物をどれだけの分量つくるか，いつごろ種まきして収穫するかは，領主を身分上の頂点とする共同体の社会的な規制をうけてきめられた。そこで，領主と農奴のあいだの身分的な支配隷属関係は，私的に独立した人間どうしの関係でないため，農奴の個別的労働が社会的に通用しない私的労働になることをさまたげる。したがって，生産活動の前提に，領主にたいする農奴の人格的依存関係がある封建制のもとでは，農奴の支出する労働は，具体的有用労働のままで通用する。だから，農奴の労働も生産物も，ともにその現物形態のまま，夫役や貢納として妥当し，領主のふところにおさまる。封建地代でむすばれた中世の領主と農奴との関係にかんして，マルクスは，つぎのようにいう。「労働の現物形態が，そして商品生産の基礎の上でのように労働の一般性がではなくその特殊性が，ここでは労働の直接に社会的な形態なのである。」(Kapital, Ⅰ, S.91) ここで「労働の現物形態」とは，労働力から支出されるままのすがたの具体的有用労働をさし，農奴と領主とのあいだで，具体的有用労働が「労働の直接に社会的な形態」とみとめられる。農奴の支出する具体的有用労働は，その現物形態が社会的労働の姿態だから，労働分量は，具体的有用労働の継続時間で直接にはかられる。

　自家需要のために生産活動をいとなむ農民家族による異種の労働支出のばあいも，事情はおなじである。同一家族を構成する共同的なしくみが生産活動のなりたつ根本前提にセットされているため，個々の労働と生産物とは，その家族内部で「社会的労働」と「社会的生産物」(以上, Kritik, S.20, 圏点―マルクス)という性格をもつ。家族労働にあっては，異種の具体的有用労働は，そのまま比較可能な同等性をもち，継続時間によってはかられる。「継続時間によって計られる個人的労働力の支出は，ここでははじめから労働そのものの社会的規定として現われる。」(Kapital, Ⅰ, S.92)「農耕や牧畜や紡績や織布や裁縫などがその現物形態のままで社会的諸機能である」(Ibid.) とは，各生産物に必要な労働分量が具体的有用労働の継続時間で直接につかめることをいみする。

第2章 商品からの貨幣の生成

　さらに,「商品生産とは正反対の生産形態」(Ibid., S.109) の典型である結合生産様式としての「社会的生産[1]」(Ibid., Ⅱ, S.358) つまり「共同の生産手段で労働し自分たちのたくさんの個人的労働力を自分で意識して一つの社会的労働力として支出する自由な人々の共同体」(Ibid., S.92) は,生産条件の共有を根本条件になりたち,所有と労働とが本源的に結合している。そこでは,個別的な労働力の全体が一つの社会的労働力を形成し,個々の労働力は,生産の前提をなす生産形態の共同的な性格によって,社会的な労働力の有機的な一器官として存在する。それがため,流動的な状態にある労働つまり具体的有用労働の現物形態は,個々の労働力とおなじように,そのまま「直接に社会化された労働」(Ibid.) すなわち同等な社会的労働時間である[2]。ここでは,「社会の労働時間にたいする社会の直接的な意識的な支配──これはただ共同所有の場合にのみ可能だ──」(『資本論書簡』2, 113ページ) が実現され,「直接に結合された諸個人の労働時間」=「共同体的な労働時間」(以上, Kritik, S.67) の関係がなりたつ。つまるところ,封建制や結合生産様式などでは,具体的有用労働は,生産物に対象化される以前に,異質な現物形態のまま労働としての同等性をもち,労働時間で直接計られる。

　これにたいして,商品生産における社会的労働の形態は,共同的生産や封建社会のばあいとは正反対である。商品生産は生産条件の私有を基礎になりたつため,全体としての所有と労働との結合は,生産者の数だけ寄せ木細工のように分断された各部分から構成される。つまり,商品生産では,特定の具体的有用労働にたいする個人の関係は,あらかじめ社会的に規定されていない。だから,私的にいとなまれる生産過程で,生産手段とならぶ生産要素である個々の労働力は,直接には社会的な労働力の一成分をなしていない。そのため,具体的有用労働は,私的労働の形態であるため,たがいに質的な同等性をもっていない。「諸商品は,直接には個別化された独立の私的労働の生産物であ（る）。」(Ibid.) つまり,商品生産では,各部面の生産が私的労働によってになわれる必然的な結果として,労働の具体的形態は,社会的な非同等性をあらわす。しかし,商品生産にあって,各部面での私的な具体的有用労働は,おのおの依存しあう社会的分業の一環として支出され,その生

産物は，別の部面で固有な機能をはたすという社会的な性格をもつ。たとえば，石炭は，機械工業で補助材料として機械製造にはいりこむ一方，そこでの産物の機械は，鉱山業で労働手段として石炭採掘のためにつかわれるように，両方の生産部面の生産物は，たがいに補塡しあう関係にたつ。各生産者が支出する労働は，おのおの独立にいとなまれる半面，生産物交換の媒介によって別の部面で有用に機能する依存関係にたつため，たがいに社会的な性格をもつ。だから，商品生産のばあい，結合生産様式などのばあいとは別個に，労働としての同等性がなりたつ社会的労働の独自な形態をもたなければ，種類のちがう労働どうしの依存関係を実現できない。

　それでは，私的労働である具体的有用労働は，いかにしてたがいに同等とみなされる社会的労働の形態をもちうるであろうか。

　商品生産では，個別的な労働がたがいにもつべき社会的なむすびつきは，労働どうしの直接的な関係に比して，迂回的な方法である生産物の交換によってはじめて実現される。まさに，「社会的労働の連関が個人的労働生産物の私的交換として実現される社会状態」（1868年7月11日づけクーゲルマンあて手紙，『資本論書簡』2，162ページ，圏点—マルクス）というとおり，商品生産では，特殊な具体的有用労働の社会的関連が生産物交換でつけられるとすれば，私的労働に独自な社会的な性格は，交換される生産物に対象化された形態でのみあらわされる。私的な具体的有用労働は，生産物交換でその特殊性の捨象によって，社会的な通用性を獲得する。結局，生産物の譲渡とは，労働の譲渡に還元されるため，社会的労働の独特な形態は，交換において，私的労働のなかからあたらしく別個にうみだされる[3]。「互いに独立な私的諸労働の独自な社会的性格はそれらの労働の人間労働としての同等性にある。」(Kapital, Ⅰ, S.88) こうして，具体的有用労働が凝固した状態で相対する交換部面で，私的労働とは別個の社会的労働の独自な形態として抽象的人間労働が生成し，価値になる。価値は，どの生産様式にも存在する労働の社会的な性格の特殊歴史的なあらわれ方である。「交換価値は，ある物に投ぜられた労働を表わす一定の社会的な仕方である。」(Ibid., S.97)

　ようするに，商品生産の基礎上では，具体的有用労働は，私的労働の形態

第 2 章　商品からの貨幣の生成

になるため，それが対象的な形態をとる交換のなかでむきあうさいにのみ，抽象的人間労働という社会的労働の独特な形態がうまれる[4]。その結果，交換でなりたつ生産物の価値としての同等性は，あたかも生産物がもつ自然的な属性にもとづくかのような転倒性を必然化する。「交換価値は，使用価値の社会的な自然規定性として，物としての使用価値に属する一つの規定性として現われる。」(Kritik, S.22) 生産物が主体として交換で同等な関係をとりむすぶ商品の神秘的な性格は，「労働の社会的性格の対象的外観」(Kapital, Ⅰ, S.88) である[5]。

だから，商品の神秘的な性格の発生根拠は，労働が価値にあらわされる社会的な根拠とおなじである。商品の呪物的性格は，相異なる私的労働が同等とみとめあう社会的労働の概念をふまえてはじめて提起される。そのいみで，商品の呪物的な性格は，抽象的人間労働が社会的労働の独特な形態として生成する歴史的な意義にかかわる。抽象的人間労働のもつ社会的な意義がほりさげられてのみ，生産物自身のもつ同等性としてあらわれる商品の呪物的性格は，その転倒性が浮き彫りになる。さきまわりしていえば，商品の呪物的性格も，物質的財貨をつくる労働だけが価値をうみだすという命題も，社会的労働の特有な形態がうまれるさいの労働の対象的な契機にかかわる。

1)　エンゲルスとの共著『共産党宣言』出版当時，「これまでのすべての社会の歴史は階級闘争の歴史である」という書きだしがしめすように，マルクスは，有史以前の社会状態については未知であった。その後の研究によって，対立する階級の存在が生産の特定の発展段階にのみあてはまる事実を発見し (Kritik, S.21)，原始共産制の歴史上の実在を確認した。歴史をうごかす階級対立の存在は，マルクス以前から，フランスの王政復古時代（1814-1830 年）の歴史家において既知であった（レーニン『カール・マルクス』国民文庫，25 ページ）。マルクスのあたらしい知見は，階級の特殊歴史性，社会主義での労働者による執権，それの共産主義社会にいたるまでの一時的性格　の三点である（『資本論書簡』1，岡崎次郎訳，142 ページ）。
2)　おもうに，抽象的人間労働＝超歴史説には，共同的な生産形態での具体的有用労働の社会的性格とは，特定の欲望を過不足のなく充足する有用性だとみなすとりちがえがある。また，超歴史説には，具体的有用労働の異質性そのものが量的な比較不可能性をあらわすという先入観がある。異質な具体的有用労働から直接的な比較可能性をうばうのは，生産活動の前提にかくされた生産条件

の私有である。
3) 「労働の譲渡または労働の社会的な形態への転化」(*MEGA*, II /2 [3] S.50, 圏点—マルクス)。
4) 「価値のすべての本質的な規定」(*Kapital*, I, S.91) というばあい，その主要な契機は，相異なる種類の労働がおのおのもつ同等な性格にある。ロビンソンの孤島での生産活動にもそれがあるのは，異種の労働どうしがたがいに同等な関係をもつためである。ロビンソンの生活がその活動時間の生産的な諸機能への直接的な配分によってなりたつのは，配分される異種の労働どうしの同等性による。また，「なぜ労働が価値に…表わされるのか」(*Ibid.*, S.95) とは，具体的有用労働の抽象的人間労働への還元と同義だから，ここでの「労働」は具体的有用労働をさす。
5) 第4節では，具体的有用労働が抽象的人間労働に還元されるべきゆえんが私的労働である性格にもとめられ，第1節の分析がほりさげられる。具体的有用労働が私的労働であるため，価値実体に還元される理由をといてはじめて，価値実体の生成根拠が社会的なつながりを欠落した労働の私的な性格にある事実が確定する。価値実体は，具体的有用労働の凝固した生産物の交換でのみなりたつため，商品の呪物的な性格を必然化する。だから，商品の呪物的な性格の説明は，歴史的に特有な労働の二重性と不可分の関係にたつ。労働の二重性は，商品の呪物的な性格の理解にとっても跳躍台である。ここに，マルクスの発見した労働の二重性が商品のもつ固有な性格であるという命題が検証される。

第5節　全面的な商品交換に内在する矛盾

　商品と貨幣とへの商品の二重化法則を論証するさい，第1章第3節「価値形態または交換価値」と第2章「交換過程」とはいかなる関連にあるかは，『資本論』研究のうえで屈指の一論点である。価値形態論と交換過程論の相違は，前者では，商品が主体をなすため，使用価値にたいする欲望をもつ商品所有者が捨象されたのに，後者では，商品所有者が登場し，使用価値としての実現が問題対象に追加される点にある[1]。商品は，商品所有者とはちがい，使用価値には無頓着な性格をもつから，価値形態論では，交換される異質な商品どうしは，その現物形態のまま価値としてみとめられる関係にたつ。交換過程論では，商品を市場にもちこむ商品所有者を分析の射程にひきいれ，商品の二要因の実証を考察にとりこむ。先行研究を大別すれば，全

第2章　商品からの貨幣の生成

体的価値形態の一般的価値形態への逆転に交換過程論をからませる主張と一般的価値形態の貨幣形態への移行にそれをかさねる主張とがある。本節では，全面的な交換関係のなかで商品の矛盾の展開をあとづけ，交換過程論の任務が一般的価値形態の貨幣形態への移行説明[2]にあることを考察する[3]。

1) 「商品所有者を特に商品から区別するものは，商品にとっては他のどの商品体もただ自分の価値の現象形態として認められるだけだという事情である。」(*Kapital*, I , S.100)
2) 全面的な商品交換の矛盾は，一般的価値形態の貨幣形態への移行にかかわるとみなす先駆的な見地は，久留間鮫造『価値形態論と交換過程論』岩波書店，1957年　にある。
3) 貨幣はほんらい商品だという性格は，すでに重農学派にしられた事実であった。「総ての貨幣は本質的に商品である。」(チュルゴオ［1727-81年］『富に関する省察』岩波文庫，永田　清訳，9ページ，原著1766年刊)貨幣が商品からいかにして発生するかという難問は，マルクスによってはじめて解決された。「商品と貨幣とへの商品の二重化は，生産物が商品として現われることの一法則である。」(*Kapital*, II, S.355)

1　商品に内在する矛盾

一般に，矛盾とは，二つの契機が同一の事物に所属しながら同時に排除しあうぬきさしならない関係をさす。ところが，生産物の歴史的な形態である商品には，使用価値という自然的属性と価値というその正反対の社会的属性とがともにぞくするから，「内在的な矛盾」(*Ibid.*, I , S.128) がある。「商品は，使用価値と交換価値との，したがって二つの対立物の，直接的な統一体である。それゆえ，商品は一つの直接的な矛盾である。」(『資本論第1巻初版』44［原］ページ，圏点―マルクス)そこで，一商品は，別種の商品と相対する交換過程のなかで，使用価値と価値とのあいだの矛盾を展開する。

商品は，その非所有者にとってのみ使用価値だから，そのもち手のとりかえを必要とする。そのさい，商品は二つの要因の統一だから，そのもち手変換において，使用価値としての実現と価値としての実現の二契機が同時に達成されねばならない。二商品の交換とは，おのおのの商品にとっての使用価値と価値との二重の実現が同時に達成される関係をいみする。さしづめ，交

換は，商品にとって，特定の欲望のもちぬしとして使用価値に関心をもつ商品所有者とちがい，それを価値としてたがいにかかわらせる価値表現の関係だから，商品は，使用価値としての実証以前に，価値としての表現様式を取得する必要がある[1]。商品は，生来，使用価値という現物形態をもつ一方，価値形態をもたないからである。「商品は，ただそれが二重形態すなわち現物形態と価値形態とをもつかぎりでのみ，商品として現われる。」(*Kapital,* I, S.62) 他方，一商品は，自分を価値として実現するまえに，使用価値としての有用性を市場で実証しなければならない。そもそも，価値実体の母胎が具体的有用労働である事情から，商品の一要因たる価値がなりたつ前提は，商品が使用価値として実現されることにあるからである。ところが，商品の使用価値のもつ社会的な有用性は，交換行為が証明することである。だから，商品は，交換過程で，使用価値として実証される以前に価値形態を取得する必要がある一方，価値表現する以前に使用価値としての有用性が実証される必要があるというジレンマに直面する。

    1)　「商品は使用価値として実現されうる以前に，価値として現われていなければならない。」(『フランス語版資本論』[上巻] 35 [原] ページ)

2　全面的交換に内在する矛盾の具体化

　交換過程は，多種の商品がそれぞれ同時にそれ以外の商品と多角的に交換される全面的な取引関係からなりたつ。だから，一商品に内在する矛盾は，現実的には，全面的な交換において発現する矛盾として具体化される。全面的な商品交換がなりたつには，すべての商品について，使用価値としての実現と価値としての実現とが同時達成されねばならない。全面的な交換に内在する矛盾を考察するさい，社会的総労働の各生産部面へのつりあいのとれた配分という簡単化仮定にたち，商品交換が，すべての商品所有者にとってそれぞれの欲望対象の合致をいみすると想定する[1]。問題の急所は，使用価値としての実現と価値としての実現という二つの契機のあいだになりたつ対立にあるからである。つまり，使用価値としての全面的な実現の基礎上にこそ，

価値としての全面的な実現の排除がなりたち，ここに全面的な商品交換の矛盾が規定される。貨幣生成の動因が商品に内在する二要因の矛盾にあるかぎり，使用価値としての商品の全面的な実現が想定される。

そこで，商品の全面的な交換をみれば，どの商品所有者も，使用価値の有用性いかんに関係なく，その価値をどの商品の使用価値ででも表現して普遍妥当な価値形態を獲得しようとする。まず，二商品の交換において，二重物である商品を一面的に価値としてみるならば，どの商品所有者も，どんな商品の使用価値であれ，それぞれの商品価値を一つの等価物であらわし，価値としての実現をこころみる。価値としての商品の実現であるかぎり，交換は，商品所有者にとって，一般的な社会的過程である。価値表現は，各自の労働の潜在的にもつ別の労働との同等性が普遍的な承認をうけとることだからである。一方，どの商品所有者も，自分の欲望をみたす使用価値をもつ別の商品にたいしてでなければ，自己の商品をひきかえようとはしない。ここで，各自が自己の商品の使用価値を実証すべき必要性は，全面的な交換のなかでは，自分の欲望を満足すべき別の商品との交換の必要性として発展的に具体化される。商品がたんに使用価値とみられるかぎり，使用価値としての実現は，交換のなかでは，おのおのにとって，自己の商品を交換手段として自分の欲望を充足する使用価値へ転化することに帰着する。交換行為は，一面で，すべての商品にとっての使用価値としての実現であるかぎり，自分の欲望を充足する使用価値とのとりかえとおなじである。しかし，交換は，使用価値の有用性の実証の面からみれば，どの商品所有者にとっても，各自の欲望充足にかかわる契機にすぎないため，個人的な過程でしかない。

ところが，すべての商品所有者にとって，交換が同時に個人的にして一般的社会的な過程としてなりたつことはありえない。つまり，分析すべきポイントは，使用価値としての全面的な実現と価値としての全面的な実現とのあいだの関係にある。そうすれば，全面的な交換関係において，どの商品所有者も，自分の欲望をみたす使用価値をもつ別の商品とひきかえにのみ，自分の商品をてばなそうとこころみる。相手方商品の使用価値が自分の欲望をみたすかぎりで自分の商品をてばなす行動様式を，どの商品所有者もとるとい

う事柄は，すべての商品の使用価値が同時にその有用的な属性を実証する必要があるということとおなじである。社会的総労働の各部面へのつりあいのとれた配分のもとでは，商品の使用価値としての全面的な実現は，任意の1商品がそれ以外のすべての商品と交換される全面的な交換関係にひとしい。一方，どの商品所有者も，価値表現の面からみれば，自分の商品は，それが相手の欲望をみたす使用価値であるかどうかにかかわらず，自分の気にいったおなじ価値の商品でもってその価値性格をあらわす必要がある。価値表現のばあい，その商品の使用価値としての実現は問題にならないで，どの商品所有者も，自分の商品の一般的な価値表現をえようとするだけである。商品の一般的な価値表現は，価値鏡の役割をえんじるどれか一商品にたいして，それ以外のあらゆる商品が交換される関係である。そうだとすれば，商品の使用価値としての多角的な実証がどの商品についてもなりたてば，その半面で，商品による一般的な価値表現の取得という社会的な過程は成立しないはめになる。天に二日なく地に二王が君臨しないように，一般的な等価物は，全面的な価値表現にあって，ただ一つしかありえないからである。ぎゃくに，一般的等価物としての一商品とそれ以外の商品とのあいだで，価値表現にかかわる一般的な社会的過程がなりたつとすれば，それに対応して，使用価値としての全面的な実証はしりぞけられる。個別的にみれば，二つの商品のあいだでの交換は，おのおのの商品につき使用価値としても価値としても同時に実現する結果としてなりたつ。ところが，両雄ならびたたずということばがあるように，全面的な商品交換では，使用価値としての実現と価値としての実現とは，同時に両立しない。だから，ここまでの射程の範囲では，商品交換がその二要因の同時的な実証を前提するかぎり，全面的な交換はなりたたない。

　以上で展開した交換過程に内在する矛盾の第二規定を「もっと詳しく見れば」(Kapital, I, S.101)，全面的な交換の矛盾は，どれか一商品が一般的等価形態にたつべきであるのに，すべての商品がそこから排除される関係に帰着する。

　すなわち，どの商品所有者にとっても，他人の商品は，自分の商品にとっ

第 2 章　商品からの貨幣の生成

て，特殊的な等価物とみなされる一方，自分の商品は，他人の商品にとっての一般的等価物とみなされる。一方の契機である価値としての全面的実現とは，一商品の使用価値が価値鏡となって，それ以外の多数商品が社会的に通用する価値形態を取得する関係である。だから，価値としての全面的実現は，諸商品のうちのどれか一つが排他的に一般的等価形態の位置をしめ，その一般的等価物によって諸商品の価値が表現される関係にひとしい。交換が一般的な社会的過程でなければならないという一面は，一つの商品が排他的に一般的等価形態の位置をしめるべき必要性として具体化される。ところが，他方の契機である使用価値としての全面的実現の必要性からみれば，どの商品も対等な資格をもつ特殊な使用価値として実証されるべき関係にあるため，すべての商品が一般的等価形態から排除されてしまう。使用価値としての全面的実現とは，どの一商品も一般的等価形態にたてないため，すべての商品がそこから除外されてしまう事態である。ここで，使用価値としての全面的な実証という契機は，すべての商品を一般的等価形態からしりぞける契機に帰着する。どの商品所有者も，自分の欲望をみたす使用価値のある他人の商品でなければ，自分の商品をひきかえようとしないという交換のもつ個人的な一面は，自分の商品がほかの商品から一般的な等価物とみなされる結果，すべての商品を一般的な等価形態からしめだしてしまう関係として具体化される。それゆえ，全面的な商品交換の矛盾は，価値としての実証の面からみれば，どれか一商品が一般的等価形態にたつべきなのに，使用価値としての実証の面にたてば，すべての商品をそこからしめだしてしまう二律背反の関係というさらに一歩すすんだ規定をうけとる。

1）　A・スミスによれば，貨幣は，商品所有者間での欲望対象の不一致によって，商品交換が成立しない困難をとりのぞく便宜的な用具として，うまれた。いまかりに，酒屋とパン屋と肉屋とが存在して，前二者がともに肉を欲する一方，後者の肉屋がビールもパンも欲しないとすれば，三者のあいだには，いかなる商品交換も成立しない。そこで，おおかたの商品所有者が自分の商品とひきかえにうけとりをこばまないポピュラーな欲望対象の一商品がえらばれ，社会公認の貨幣になった，というのである（『諸国民の富』第 1 編第 4 章「貨幣の起源

と使用について」)。スミスの説明にあっては，使用価値と価値の二重物である商品が一面的に使用価値に解消され，貨幣が生産物交換の技術的な困難からとかれる。

3 商品と貨幣とへの商品の二重化

　全面的な商品交換がなりたつには，どれか一商品が一般的等価形態の位置をしめねばならないのに，どの商品も，一般的等価形態から除外される。しかし，一見解決困難にみえるにもかかわらず，商品の全面的な交換にひそむ矛盾は，商品と貨幣とへの商品の二重化を合法則的にうみだす。

　すなわち，全面的な商品交換の矛盾は，交換されるどの商品も，同時に使用価値としてと価値としての両面の実現が必要なため，うまれる。ところが，一般的等価形態にたつ商品は，その現物形態が価値をあらわすため，使用価値としても価値としても絶対的な社会性をもち，あらためて実現される必要がない。そうだとすれば，特定の一商品金が一般的等価形態の位置をしめ，貨幣商品という特別な存在に転化すれば，一商品が一般的等価形態の位置をしめるという一方の契機がみたされる。それのみならず，すべての商品のそこからの除外という他方の契機もまた充足される。というのも，一般的等価形態の金への癒着[1]によって，金は，使用価値としても価値としても実現されるべき必要性をもつ特殊な商品の身分から脱却し，別格の存在になるからである。一般的等価物としての貨幣商品金は，相対的価値形態から除外され，使用価値としても価値としても絶対的な通用性をもつ点で，特定の商品から本質的に区別される。そのため，一般的等価形態の金への癒着という契機は，そこからのすべての特殊な商品の排除という反対の契機をみたす。ここで，矛盾の解決とは，それをはらむ商品交換のあたらしい運動形態の創造をいみする。全面的交換の矛盾が一般的等価形態の金への合生[2]によって媒介される秘密は，貨幣商品金が特定の商品から本質的に区別されるところにある。

　こうして，全面的な商品交換の矛盾を動因として，一般的価値形態は，貨幣形態すなわち「絶対的な価値形態」(『資本の流通過程』22ページ)に移行

第2章　商品からの貨幣の生成

する。貨幣生成にもとづく全面的交換の矛盾の解決によって，商品は，使用価値としての実現と価値としての実現とを同時達成しうる手段をえる。特定種類の商品とはちがって，使用価値が価値の純粋な結晶となる貨幣の誕生によって，交換過程で相対する二つの商品にとっての二要因の二重的な同時実現は，売りと買いとの二段階に分裂しておこなわれる。貨幣としての金は，特定の商品とは区別される特別な存在のため，商品の貨幣への最初の転化では，一方の商品のもつ二要因の実証だけがなりたつからである。相対する二種の商品にそくしていえば，以前の直接的な交換は，二種の商品にとって，使用価値と価値との同時実現がかさなっておこなわれる過程であったものが，貨幣生成によって，まず売りのW（商品）—G（貨幣）において，一方の商品の使用価値と価値との同時実現がおこなわれ，ついで，買いのG（貨幣）—W（商品）で，他方の商品の二要因の同時実現が達成され，もって直接的な交換は，二段階にわたる売りと買いの総計でようやくなりたつ。全面的な商品交換W—Wのはらむ矛盾の貨幣形成による解決は，相対する商品にとっての使用価値と価値との同時実現の二重的な過程を，売りと買いという別々の段階にきりはなす。

　貨幣は，価値尺度と流通手段の統一としてなりたつ[3]。「ある商品は，まず価値尺度と流通手段との統一として貨幣となる。言いかえるならば，価値尺度と流通手段の統一が貨幣である。」(*Kritik*, S.102) 貨幣が価値尺度と流通手段との統一として成立する根拠は，一般的等価形態が全面的な商品交換の矛盾を動因として，金に合生する発生史のなかにひそむ。貨幣は，一般的等価形態との関連でみれば，特定商品の個別的価値を質的に均一な金の分量であらわす価値尺度機能にリンクし，一般的等価形態の癒着にもとづく金の特定商品種類からの脱却との関連でみれば，流通手段機能であらわれる[4,5]。商品は，貨幣による価値表現にもとづき，使用価値と価値との二重物として社会的にあらわれ，その貨幣への転化によって，使用価値と価値の同時実現を達成する。

1) いかなる財貨が一般的等価形態の位置をしめるにふさわしいかは，それが価値表現の材料として適切か否かできまる。「貨幣として機能する商品の使用価

は，経済的機能そのものによって規定される。」(*Mehrwert* [8] S.1676)

貨幣が価値鏡として機能するさい，まず一番に必要な属性は，価値実体の性格からして，その財貨の各部分が無差別一様であることである。ついで，任意の分割可能性や使用価値の物理的な耐久性，少量の使用価値でおおきな価値をもつことなどがあげられる（*Kritik*, S.35）。金が貨幣の地位を独占したのは，価値鏡としてその自然的な属性があらゆる財貨のなかで一番ふさわしいからである。

2) 金は，やまぶき色にかがやく光沢をはじめ，空気中での非酸化性や王水以外の酸にはとけない耐酸性，さらに1立方センチの金から100平方メートルの金箔ができたり，1グラムの金が2800メートルの針金になったりする金属中屈指の展延性，たかい電気伝導度など，金属中の金属としてすぐれた自然的属性をもつため，絶大な価値を天然にひめた物質としてあらわれる。ここに，「貨幣呪物」(*Kapital*, Ⅰ, S.108) が発生する。「貨幣にあっては価値を形成するかぎりでの労働の一般的性格が物の属性として現われた。」(『直接的生産過程の諸結果』131ページ) 貨幣の呪物的な性格は，金以外の商品が全面的に金を価値鏡にする関係によってうまれる。貨幣の呪物性は，商品の呪物性の発展形態である。

3) 価値尺度機能は，貨幣が流通手段として機能するための前提条件である。貨幣のもつ二つの本質的機能は，論理的先後関係にある。商品の貨幣による価値表現を前提にしてはじめて，販売がなりたつ。価値尺度機能によってなりたつ観念的な貨幣としての価格は，売りによって，現実的な貨幣へと転化する。価格実現とは，想像された貨幣の現実的な貨幣への転化である。とかく閑却されがちな価値尺度と流通手段の先後関係は，ことばが表現の手段であるまえに，思考の手段であるのと類似した関係にある。表現は，頭脳のなかでのことばを手段にした思考に媒介されてなりたつ。

4) 価格とは，価値を貨幣としての金の分量で表現したものである。「・価・格・は，・それ・じ・た・い・と・し・て・は，・価・値・を・貨・幣・で・あ・ら・わ・し・た・も・の・にほかならない。」(『賃金・価格・利潤』国民文庫，横山正彦訳，47ページ，圏点—マルクス) したがって，「商品の価格は，貨幣で表現された，それの交換価値である」(*MEGA*, Ⅱ/3.1 [4] S.21) という規定がしめすように，価格は，交換価値の完成形態である。各国固有の通貨名は，金の一定量につけられた呼び名である。日本では，四進法からなる両・分・朱を軸にした江戸時代の貨幣制度は，1871年「新貨条例」によって変革された。そこで，金1.5グラム＝1円（＝1両＝1ドル）となり，通貨と金との等価性をたもつ金本位制確立のさいの「貨幣法」(1897年) で，金750ミリグラム＝1円とさだめられた（1885年日本銀行 [1882年創立] が発行した兌換銀行券は銀兌換）。ちなみに，イギリスの通貨名のポンドは，もともとは重量単位の1ポンドの銀をあらわす貨幣名にゆらいする (*Kapital*, Ⅰ, S.114)。

5) 貨幣は，商品生産に特有な存在をなし，生産的消費にも個人的消費にもはいらない。だから，貨幣の生産にようする労働は，社会的生産活動から控除され

第 2 章　商品からの貨幣の生成

る商品経済特有の費用である（『資本論』第Ⅱ巻第 1 篇第 6 章第 1 節 3「貨幣」参照）。

4　価値と価格の背離の可能性

　価値尺度という貨幣の第一の本質的な機能は，商品価値を金のことなる分量であらわすことである。おなじ種類の商品でも，その生産に必要な労働分量は，生産条件の優劣に起因する労働生産性の高低によって差異をもつ。便宜上，ある商品の生産部面における生産条件を上位・中位・下位の三つにグループ分けし，1 個あたり商品がふくむ労働分量をおのおの 8 分・10 分・12 分と仮定すれば，商品が市場に登場するさい，まずもってその個別的価値がたとえば金 8 ミリグラム・10 ミリグラム・12 ミリグラムとして表現される。諸個別的価値は，貨幣の価値尺度機能によって金の相異なる分量であらわされたうえで，市場での競争の作用をうけてたとえば金 10 ミリグラムという一つの社会的価値（社会的必要労働時間）を形成する。商品の価格または貨幣形態は，その商品自身にとってこれから実現されねばならない観念的な形態である。価値尺度機能のために，現実の金は必要なく，想像された貨幣でたりる。価値形態は，等価形態にたつ商品が市場で価値表現すべき商品に相対してなりたつのに，価値尺度機能のばあい，等価形態にたつ貨幣が観念的な形態でたりる点にちがいがある。その相違は，貨幣のばあい，金への一般的等価形態の固着によって，産金労働という具体的有用労働がはじめから抽象的人間労働としての社会的通用性をもつ事情に起因する。価値形態のばあい，等価形態にたつ商品もまた，私的労働の産物にすぎないため，生産物の社会的な有用性をしめしてのみ，価値鏡たる役目をはたす。商品の社会的な有用性は，市場での交換でしめされる。

　価格のうちには，価値と価格との量的な背離の可能性が内包されている。たとえば，1 本のバラの価値が貨幣で表現して 500 円だと仮定すれば，母の日がちかづいたため，1 本のバラの生産にようする労働量はかわらないのに，需要増大のため 600 円に値上がりすることもある。ぎゃくに，不釣りあいな労働配分がおきれば，過大な労働配分をあらわす生産物の価格は，価値のレベルをつきぬけ，さらに下方にさがる。このような価値からの価格の

背離は，価値形態が1商品価値の別個の商品体による間接的な価値表現である関係の必然的な帰結である。ある商品の供給にたいして，貨幣があらわす需要との大小関係におうじて，価格は，価値から上下に乖離する。価値は，価格がそれをめぐって上下運動するさい，求心力をもって自分にひきよせる重心である。だから，価値は，たえず上下に振動する価格をひきつける中心価格である。商品にふくまれる労働が価値を規定する価値法則は，交換取引のなかをつらぬく。「価値法則は商品の価格の運動を支配する。」(Kapital, Ⅲ, S.186) 価値に照応する貨幣表現すなわち「商品の価値に一致する価格」(Mehrwert [5] S.387) は，「価値価格 (Wertpreis)」(Kapital, Ⅲ, S.184) とよばれる。価格は，価値からずれていても，いぜんとして価値の貨幣表現である。価格が価値からいかに背離しても，商品に対象化された具体的有用労働は，無差別一様な労働として表現されているからである[1]。価値からの価格の背離は，正反対のゆきすぎによってのみ訂正される。たとえば，ある生産部門で，労働の不均衡な配分のため，価値よりも価格が騰貴するとすれば，売り手の追加的な供給増加や新規の売り手の参入によって，過剰な労働が投入され供給量がどっとふえる結果，今度は，価格は，以前とまったく対照的に，価値の水準をつきぬけてさらに下方へ低下する。そうすれば，今度は，供給削減やその生産部面からの売り手の撤退によって，社会的にみて適正な配分割合を下まわる労働しか投入されなくなるため，価格は，価値水準をこえて騰貴するというぎゃくのゆきすぎをまねく[2]。価値から上下に背離する価格の運動を長期にわたってみれば，理論上，平均的な水準にその重心としての価値が想定される[3]。だから，商品経済では，一方のゆきすぎは，他方のゆきすぎとたがいに補完関係にたち，前者は，後者によってのみ訂正される。まさに，資本主義での不断の均衡化は，均衡をつきぬけてゆきすぎる正反対の不均衡のたえざる運動のなかでのみなりたつ。

1) 委細については，MEGA, Ⅱ /3・6 [9] S.2149 をみよ。
2) 価格の価値からの背離が価値からのぎゃくの背離によってならされる特有な運動は，マルクスの独自な洞察にぞくする。スミスによれば，供給＞需要によって市場価格が自然価格を下まわれば，供給減少によって前者が後者にちかづ

第 2 章　商品からの貨幣の生成

くととく（『諸国民の富』第 1 編第 7 章「諸商品の自然価格と市場価格について」）。ここに，古典派をのりこえたマルクスの独自性がある。

3) 需要と供給の関係は，価値からの価格の背離をもたらすにすぎない。需給一致のもとに成立する価値は，そこで需要と供給の作用が相殺されるため，需給関係からは説明されない。本書では，『資本論』にならって，商品は，その価値で販売されると想定する。

5　恐慌の抽象的な可能性

商品交換が直接的な生産物交換 W—W という未熟な形態でおこなわれるばあい，一方からの商品の引きわたしは，同時に相手方からの商品の受けとりである。だから，そのばあいには，売りと買いとは，一体をなして同時に実現され，両者の分離は存在しない。物々交換にあって，売りと買いとは直接的同一性をもち，需要と供給とは全体として一致する。つまり，W—W という商品交換の直接的な形態は，ある商品の販売が同時に別の商品の販売を表現するから，商品の販売不能という事態をうみださない。W—W では，社会的総労働の不釣りあいな配分にもとづいて，一方での過剰生産と他方での過少生産からなる部門間不均衡（＝部分的過剰生産）をあらわす不等価交換（＝不等労働量交換）がありうるにすぎない。

これにたいして，W—G—W のばあい，「購買と販売との分離を本質的なものとする商品流通」（Mehrwert [6] S.1153）というとおり，売り W—G と買い G—W とは別々の契機であることから，かならずしもつりあわない。つまり，商品流通では，W—W での一体の契機が W—G と G—W という二つの別個の孤立した契機にひきさかれるため，W—G と G—W とが分離してしまう可能性がふくまれる。ところが，過剰生産を根本にもつ恐慌は，かならず売りと買いとの分裂という形態をとって発現する。商品流通に売りと買いの分離の可能性がなければ，過剰生産恐慌は，あらゆる部面で投げ売りや売れのこりというかたちをとって現象することができない。過剰生産恐慌にあっては，W—G—W の前半の W—G は，全商品種類のおのおのの一部のみにあてはまり，そのおのおののこりの部分については，後半の G—W は，実現されえない。そうすれば，全部門での商品の過剰生産は，W—G—

Wでの売りW—Gと買いG—Wとの分離という特定の形態をつうじてのみ，そのすがたをあらわすことになる。だから，商品と貨幣とへの商品の二重化によって，一方の商品にとっての使用価値と価値との同時実現が，他方の商品のその同時実現と別々におこなわれるしくみに，「恐慌の形式的な可能性」(*Ibid.*, S.1131) がある。「恐慌の可能性は，販売と購買との分離のうちにのみ存在する。」(*Ibid.*, S.1129) 商品流通W—G—Wは，購買と販売との統一をふくむのと同等な比重をもって，両者の分離をふくむ。直接的交換W—Wの販売W—Gと購買G—Wとの分離は，それなしに，すべての部面で過剰生産が発現しないといういみで，「恐慌の最も抽象的な形態」(*Ibid.*, S.1131，圏点—マルクス) である。販売と購買との分離の可能性を基礎にしてはじめて，全般的過剰生産を根本現象とする恐慌は説明できる。商品変態の正常的経過の想定は，商品の姿態変換を純粋に設定するための簡単化仮定をなし，商品変態W—G—Wには，販売と購買との分離の可能性がふくまれる。

　ひるがえって，古典派にあって，貨幣はたんなる生産物どうしの全面的交換の技術的困難からみちびきだされ，物々交換W—Wと商品流通W—G—Wが同一視されるため，全般的過剰生産の可能性が否認された。たとえば，セー (1767-1832年) は，つぎのようにいう。「販売も購買も，じっさいには，生産物の交換にほかならない。…貨幣は目的ではなく，単に交換の媒介物たるにすぎません。」(『経済学問答』現代思館，堀　経夫・橋本比登志訳，68ページ)「生産物を購買するものは生産物にほかならない」(『恐慌に関する書簡』日本評論社，中野正訳，29ページ) そこで，物々交換W—Wと商品流通W—G—Wの混同によって，全般的過剰生産の可能性を否定し，部分的過剰生産の存在のみをみとめる古典派経済学の主張がうまれる。「ひとくちにいえば，ある種の生産物が過剰だということは，他の種類の生産物が充分でないからにほかならない。」(『恐慌に関する書簡』19ページ) また，ジェームズ・ミル (1773-1836年) は，つぎのように断言する。「一国の需要は常にその供給に等しくなければならない。」(『経済学綱要』春秋社，渡辺輝雄訳，204ページ)「一群の財貨が需要以上に供給されてゐる場合には，常に，他

第2章　商品からの貨幣の生成

のもう一群の財貨が需要以下に供給されてゐる。」（同上，210ページ）W—WとW—G—Wとを同一視する古典派にたいして「購買と販売との形而上学的均衡[1]」（*Kritik*, S.78）という批判がなりたつ。販売と購買の必然的な一致を主張するセー法則は，全般的過剰生産の否定にひとしい。

  1) 販売と購買との形而上学的な一致とは，商品流通W—G—Wのなかに，販売と購買の統一だけをみて，その分離を眼中におさめない見方の形容である。

第6節　物質的財貨と価値形成

　物質的財貨[1]をつくる労働だけが価値をうむという主張は，『資本論』の労働価値論の一根本命題である。ライブのコンサートで熱唱する歌手や苦痛をやわらげ病気をなおす医師あるいは権利の擁護やもめごとの解決をめざして仕事をする弁護士や科学や文化をかみくだいてつたえる教師のサービスは，商品の買い手自身にたいする作用をなし，物質的財貨をうみださないため，価値を形成しない。「サービスは，一般に，ただ，物としてではなく活動として有用であるかぎりでの労働の特殊な使用価値の表現でしかない。」（『直接的生産過程の諸結果』123ページ，圏点—マルクス）物質的財貨に凝固する労働だけが価値をうむという命題は，以下の引用文が明示するとおりである。
　「価値とは対象化された労働にほかならない。」（*Grundrisse*〔2〕S.306）
　「流動状態にある人間の労働力，すなわち人間労働[2]は価値を形成するが，しかし価値ではない。それは，凝固状態において，対象的形態において，価値になるのである。」（*Kapital*, I, S.65）
　ところが，先行研究では，なぜ物質的財貨を生産する労働だけが価値をうむのかについて，心腹におちるポジティブな根拠づけがたりない。そのため，ライブでの歌手の流動状態にある労働を価値形成労働とみなす主張が，堤防をやぶった洪水のようにひろまりつつある。おもうに，価値形成労働にまつわる不分明さの原因は，商品生産の基礎上でのみ固有な労働の二面的な性格理解の不明確さにある。おなじことだが，私的労働である具体的有用労働

と社会的労働の独自な形態である抽象的人間労働との内面的な関連にあいまいさがあるならば，その帰結として，サービスも価値をうむとみる主張がうまれる。ようするに，物質的財貨を生産する労働が価値をうむ根拠づけがにつまっていないすきまをぬって，サービスも価値をうむという主張が提起される。物質的財貨をつくる労働だけが価値をうむ理由は，第1章第2節にかくされているため，一見その本格的な分析がないかに映じる。商品生産で物質的財貨をつくる労働に特有な二重性の分析は，同時にサービスが価値をうまない根拠説明でもある。労働の二重性が商品生産に特有な命題であることは，それが物質的財貨をつくる労働にのみ妥当することとおなじである。だから，サービスが価値をうむか否かの理由は，物質的財貨をつくる労働が抽象的人間労働に還元される根拠のなかにひそむ。本節で，マルクスに独自な労働の二重性の発見は，物質的財貨をつくる労働だけが価値を形成する根拠づけであるふくみを考察する。マルクスにとって，商品に表現される労働の二重性とは，物質的財貨をつくる労働の抽象的人間労働への還元のしくみである。

　どの生産形態にあっても，使用価値に実をむすぶ具体的有用労働こそ，労働力の合目的的な支出による唯一の現実的な労働である。だから，物質的財貨をつくる労働が価値形成労働になる秘密は，具体的有用労働が抽象的人間労働に客観的に還元される仕方にふくまれる。それでは，物質的財貨に結実した具体的有用労働だけが抽象的人間労働に客観的に還元される根拠とはなにか。

　労働の唯一の現実的な形態である具体的有用労働は，流動的な状態かあるいは凝固した状態かいずれかにしかありえない。労働力が合目的的に支出されるさい，具体的有用労働は，流動的な状態にある一方，支出完了後に存在するとすれば，対象的な形態にある。だから，流動的な形態にある具体的有用労働は，支出される時間のなかでのみなりたち，凝固した形態にある具体的有用労働は，支出後の空間のなかにその存在がなりたつ。具体的有用労働の二つの形態のうち，流動的な形態は，ライブでの歌手のばあいのように，それ自身が商品として販売されるサービスをなし，もう一つの対象的な形態

第2章　商品からの貨幣の生成

は，物質的財貨に結実するばあいである。物質的財貨をつくる労働とサービスとは，特定種類の具体的有用労働である面ではおなじであるが，流動的な形態にあって支出された時点でのみなりたつか，それとも凝固した形態で空間にその位置をしめるかという相違をもつ。異種の具体的有用労働がたがいに不等な具体的な形態を客観的に捨象されるか否かは，それが支出時点でのみ存在するかそれとも空間のなかに固定した位置をしめるかに依存する。

　まず第一に，抽象的人間労働は，具体的有用労働のもつ異質な形態の客観的な捨象によってなりたつ。価値実体のなりたつ前提は，異種の具体的有用労働が市場でむかいあう交換という等置関係の成立にある。商品交換とは，同一分量のおなじ質をもつ労働どうしのとりかえに帰着するため，二つの異質な具体的有用労働が市場で等置されれば，その関係の基底には，両者のもつ異質性が客観的にうちけされ，抽象的人間労働という無差別な労働の同一性がのこる。抽象的人間労働は，商品交換がおなじ社会的労働時間どうしの譲渡だという本質的な性格に規定されたそれ自身の客観的な所産である。しかし，異質な具体的有用労働が市場で相対するには，もう一つの前提条件が不可欠である。

　第二に，異種の具体的有用労働が市場で相対するには，いずれの具体的有用労働も労働力の合目的的な支出とは分離独立した外在的な姿態をうけとらねばならない。つまり，種類の異なる具体的有用労働が市場で相対するには，双方が消費される以前に，労働力とは別個の客体的な形態をうけとることが必要である。相異なる具体的有用労働の市場での等置関係は，双方の労働が時間のなかではなく，空間のなかに凝固状態で存在するばあいにのみなりたつ。異種労働の市場での相対とその労働が財貨にになわれ外在的な姿態をとることとは，相即不離の関係にたつ。　具体的有用労働が流動状態のままで特殊な使用価値として直接にその商品の買い手の欲望をみたすならば，その労働は，労働力の支出行為とは分離独立した外在的な存在形態をとらないため，別のそれと市場という社会関係のなかで相対しない。サービスは，労働力の発揮と不可分の関係でのみなりたち，具体的有用労働のまま消費過程にはいり，その商品の買い手の欲望をみたす。異種の具体的有用労働がそのみ

63

なもとの労働力からは独立した客体的な存在にになわれるのは，物質的財貨という存在形態にあるばあいだけである。

それゆえ，具体的有用労働の抽象的人間労働への還元の前提は，異種の具体的有用労働の市場での相対にある一方，その交換での相対は，双方が労働力の発揮とは分離独立した客体的な形態をうけとるばあいにかぎられる。だから，具体的有用労働が市場において客体的な姿で相対できるのは，物質的財貨に実現されたばあいだけだから，それをつくる労働だけが抽象的人間労働に還元され，価値形成労働になる。具体的有用労働は，価値を形成するのに価値でないのは，それがたんに抽象的人間労働の母胎にすぎないためである。労働が凝固状態ではじめて価値になるのは，具体的有用労働が対象的な形態でのみ抽象的人間労働に還元されるからである。価値とは，物の外被のもとにかくされたひととひととのあいだの関係であるのは[3]，具体的有用労働が凝固状態でのみ価値実体に還元されるしくみに起因する。物質的財貨をつくる労働が価値を形成するのは，物質的財貨のもつ素材的な要素とは一点の関係もない。物質的財貨と価値の関係は，具体的有用労働の抽象的人間労働への還元の一点にかかわる。サービスは，流動状態のままで特殊な使用価値をもつ具体的有用労働にすぎないから，価値をうまない。

ひるがえっていえば，第１章第２節で考察された具体的有用労働と抽象的人間労働との立体的な関連のなかに，物質的財貨をつくる労働だけが価値をうむ根拠がセットされている。第１章第２節で分析された労働の二重性は，そのまま物質的財貨を生産する労働のみが価値を形成する根拠づけである。第１章第２節は，商品生産にあって，物質的財貨をつくる具体的有用労働にのみあてはまる。まさに，労働の二重性が経済学の跳躍点たるゆえんの一つは，物質的財貨をつくる労働だけが価値をうむ根拠をふくむためである。ようするに，物質的財貨をつくる労働が価値をうむという命題は，私的労働が対象的な形態でのみ独特な社会的労働に還元されるという命題に帰着する。労働の二重性にもとづく価値形成労働の根拠づけは，古典派のもつ不分明さの超克でもある。古典派は，ある労働が価値形成労働であるか否かのメルクマールを，労働が結実する使用価値の物理的な耐久性にもとめたにす

ぎないからである(『諸国民の富』I，313-4［原］ページ)。

　以上，マルクスに特有な労働の二重性にたって，物質的財貨をつくる労働だけが価値を形成する根拠をかためた。二重的な形態にある労働の分析は，物質的財貨をつくる労働が価値をうむ根拠を内包する点で，コンデンスミルクのような濃密さをもつ。任意の労働が価値をうむか否かは，抽象的人間労働への還元の条件にのみ依存するから，歌手の労働[4]も，コンパクト・ディスクへのふきこみでは，物質的財貨をつくり価値を形成する。

　一見すれば，サービスが価値をうむか否かは，どちらの説をとるにせよ，抽象的人間労働が価値実体だという共通認識をもつため，労働価値論内部のちいさな意見の対立にすぎないかにうつる。しかし，サービスに価値実体をみとめるか否かは，マルクスの発見した労働の二重性にかかわる労働価値論の根本問題である。サービスが価値をうむとすれば，商品価値は労働の継続時間ではかられることになる結果，価値表現の必然性は説明がつかなくなり，労働生産物と区別される商品の基本性格は解消される。サービスが価値をうむという主張は，労働の二重性の否定になる点でも，商品の基本性格を抹消する面でも，『資本論』にとってのトロイの木馬である。

1) 物質的財貨とは，有形無形に関係なく，人間にとっての外在的な客体をさす。電気やガスなどの無形物も物質的財貨にぞくする。民法第85条「物の定義」で「この法律において『物』とは，有体物をいう」とあるが，「有体物」とは，固体・液体・気体の三態からなる物質のすべてである。物質である気体とは異なって，ライブでの歌手のうたごえは，エネルギーをつたえる空気の振動にすぎない。

2) 「流動状態にある人間の労働力，すなわち人間労働」という文言は，抽象的人間労働が生きた状態で支出されるかのようなとりちがえをうみがちである。しかし，生きた労働の唯一の形態は具体的有用労働だから，抽象的人間労働が流動状態で支出されることはありえない。「流動状態にある人間の労働力」とは，具体的有用労働の総称にすぎない。

3) 「交換価値とは人と人とのあいだの関係であるというのが正しいとしても，物の外被の下に隠された関係ということをつけくわえなければならない。」(*Kritik*, S.21) 商品の価値を使用価値による人間の欲望充足の評価にもとめる効用価値論には，それが物質的財貨どうしのあいだに固有になりたつ諸物の社会的関係である要点の看過がある。商品価値は，人間の物質的財貨にたいする自然的関係ではなく，物質的財貨どうしの社会的関係である。商品の呪物的性格にかん

してマルクスのいう「社会的な労働規定の対象的外観」(*Kapital*, I, S.97) は，価値実体が凝固状態でのみなりたつしくみを内包している。
4) サービスの価格は，価値のうらづけのない価格である。それは，費用価格（c＋v）プラス平均利潤（投下資本と平均利潤率との積）の水準にきまる。サービスの価格決定は，それが価値をうまないため，生産費の結果から派生的にきまる迂回的な方法である。「サービスは，…生産費の結果として交換価値をもつ。」(*Mehrwert* [5] S.454) したがってまた，サービスを商品として販売する資本の取得する利潤は，生産物が直接に帰属してなりたつ賃金や利潤・地代の「本源的収入」(*Kapital*, II, S.372) を源泉とした「派生的な収入」(*Ibid.*) である。「派生的な収入」は，付加価値（v＋m）からの再分配である。

第2篇　貨幣の資本への転化

第1篇で，資本主義における富の基本形態である商品から，貨幣をみちびきだした。商品と貨幣を構成要素として，資本主義の一般的基礎としての単純流通がなりたつ。ところが，商品流通の最後の産物である貨幣は，価値変化の可能性をもつ資本として存在する。資本主義の基礎としての単純流通で，貨幣は，たんに商品の一般的等価物という単純な存在ではなく，価値変化する特有な属性をひめた資本である。独立生産者によってなりたつ歴史上の単純流通で，貨幣は，一般的等価物としての貨幣にすぎず，価値のおおきさをかえる独自な能力をもつ資本としては存在しない。
　これにたいして，資本主義の基礎としての単純流通上で，労働力は，価値創造の源泉をなし，価値変化の可能性をひめた商品として存在する。そこで，単純流通で，貨幣は，排他的所有になる生産条件の抽象的な形態としての意義をもち，より高次の規定にある可能的な資本へ転化する。いうまでもなく，単純流通で，剰余価値は，いまだうみだされない。しかし，貨幣は，単純流通上ですでに，価値変化する特有な属性をもつ高次な資本であるため，独自な産物として生産過程で剰余価値を創造することになる。そもそも，剰余価値とは，資本のうみだす独自な自己増殖分である。だから，資本による剰余価値創造の論理的な前提は，その前段階の単純流通上での貨幣の可能的な資本への転化にある。一般に，ある事物のもつ特定の属性の存在は，その属性の実証にさきだつ。綿花は，その使用価値が紡績業者の工場で実証されるとしても，それ以前にすでに固有な使用価値をもつ。貨幣は，単純流通上で，価値のおおきさをかえる可能性をもつ資本であるため，生産活動によって固有な果実として剰余価値をうみだし，みずからを資本として実証する。
　『資本論』第Ⅰ巻第2篇のテーマは，商品の貨幣への転化（W→G）を分析した第1篇につづき，単純流通上での貨幣の資本への転化（G→K）をみちびき，第3篇での資本による剰余価値生産（K→M）へと橋わたしすることである。つまり，第2篇表題にいう「貨幣の資本への転化」は，資本による剰余価値生産に先行し，流通部面でなりたつ単純な貨幣の資本としての貨幣への転化である。第2篇が第3篇にたいして独立している根拠は，たんなる貨幣の資本への可能的な転化が，資本による剰余価値生産にたいして論理的な前提になるためである。ここでは，貨幣の資本への転化を前提にしてのみ，資本による剰余価値生産がなりたつという両者の論理的な先後関係が影の焦点である。

第3章　貨幣の資本への転化

　第2篇は，同名の表題をもつ1章だけでなりたつ特異な篇である。第2篇のテーマ「貨幣の資本への転化」とはなにかは，第2篇第4章を構成する三つの節の関連づけによって明確になる。とりわけ，G—W—G′の分析によって，資本が流通からうまれるゆえんをとく第1節「資本の一般的定式」は，第2篇全体の軸点である。まず本章第1節で，剰余価値が価値を母胎としてうまれるため，資本は，価値が固有に成立する流通部面ではじめてなりたつ事実をあきらかにし，つづく第2節で，ぎゃくに，流通では，あたらしい価値創造がないため，資本は発生できない理由をとく。最後の第3節で，以上二つの節の分析によってつきとめられたG—W—G′の矛盾を，労働力商品によって解決し，単純流通での貨幣の資本への転化を結論する。

第1節　資本の一般的定式

　1　単純流通の特殊的形態 G—W—G′

　資本の一般的定式G—W—G′は，W—G—Wで表現される単純流通と同一論理次元にならぶその特殊的な一形態である。そこで，本項で，G—W—G′は，単純流通の特殊的な形態として，一般的な形態W—G—Wとおなじ資本主義の基礎上に同時併存する事実をとく。

　資本の一般的定式G—W—G′は，直接には「資本の近代的な基本形態」(*Kapital*, Ⅰ, S.179) である産業資本の価値増殖運動G—W…P…W′—G′からの抽象である。「産業資本は，資本の存在様式のうち，剰余価値または剰余生産物の取得だけではなく同時にその創造も資本の機能であるところの唯一の存在様式である。」(*Ibid.*, Ⅱ, S.61) 商業利潤や利子という収入は，すべて剰余価値を本体とするその転化形態である。商業資本G—W—G′は，産業

資本から分離独立化し，産業資本のもとで生産された商品の販売を専門的に担当するその副次的な形態である。理論上，商業資本が分離独立する以前の広義の産業資本のW′—G′（商品資本の貨幣資本への転化）は，商業資本が自立化した基礎上では，その運動の全体G—W—G′であらわされる。産業資本と商業資本の両者があいまって，産業資本のもとでつくられた総剰余価値の分配に参加する社会的総資本を構成する。これにたいして，産業資本と商業資本が前貸資本の大きさに按分比例して総剰余価値からの分配分の均霑にあずかる平均利潤率成立の基礎上で，貨幣は，平均利潤をうむ特有な属性をもつ商品として売買され，利子生み資本になる。利子生み資本G—G′は，商業資本をふくむ産業資本の派生的な形態としてなりたち，平均利潤のなかからその自己増殖分として利子をうけとる。利子は，平均利潤をうむ特有な属性をもつ商品としての貨幣の価格である。資本の一般的概念が貨幣の自己増殖を一番簡明にあらわすG—G′で代表されないのは，利子生み資本が産業資本を論理的前提にもつからである。産業資本が剰余価値を唯一創造する資本の基本形態であるため，その運動の抽象であるG—W—G′は，同時に商業資本や利子生み資本にたいして資本の一般的定式となる。

　G—W—G′は，W—G—Wとおなじ構成要素からなりたつ単純流通をなし，おなじ資本主義の基礎上にW—G—Wと「ならんで」(Ibid., I, S.162)存在する。資本の一般的定式G—W—G′は，「単純な流通G—W—G′」(Ibid., II, S.62)という明言的な規定がしめすとおり，W—G—Wとおなじ単純流通に所属する。第一に，単純流通W—G—Wは，剰余価値生産の直接的な基礎として，労働力商品をふくむ全面的に発展した商品流通であるため，資本主義の基礎上に実在する。第二に，もう一方の資本の一般的定式G—W—G′は，単純流通W—G—Wがなりたつのと同一の条件のもとで成立する。G—W—G′は，資本家も労働者もともにたんなる商品所有者として相対する単純流通W—G—Wとおなじ構成要素からなりたち，それをこえる条件を必要としない。

　ただし，G—W—G′は，W—G—Wとおなじ単純流通だといっても，前者は後者の特殊的な形態をなし，論理的な先後関係にたつ。G—W—G′は，商

第3章　貨幣の資本への転化

品と貨幣という構成要素からなる W―G―W を内包する一方，前貸しされた価値[1]がよりおおきな価値として回収される資本の再生産を表現しているからである。G―W―G′ は，商品売買を媒介しつつ，価値がよりおおきな価値をうみだす資本の再生産として W―G―W を編成替えしている点で，単純流通の一般的形態 W―G―W にたいして，その特殊的な形態として規定される。「前貸しされた貨幣の前貸しした人への還流は，資本としての貨幣の流通の本質的な表現である[2]。」（『資本の流通過程』20 ページ，圏点―マルクス）W―G―W と G―W―G′ という単純流通の二つの形態に対応して，「貨幣としての貨幣」（Kapital, I, S.161）と「資本としての貨幣」（Ibid.）とがなりたつ。前者は，一般的等価物としての単純な貨幣をさす一方，後者は，価値変化する可能性を独自にひめた貨幣をさす[3]。両者は，おのおの単純な貨幣とそれをこえる高次の機能をもつ貨幣である。第 2 篇のテーマは，一般的等価物としての貨幣が価値のおおきさをかえる可能性をもつ資本に転化するのは，なにによってかという問題に帰着する。

1) 「前貸するということは，資本がそれの生産要素に再転化することに帰着する。」（『資本の流通過程』128 ページ，圏点―マルクス）
2) G―W―G′ という貨幣の出発点への還流形態が売りのための買いという独自な運動表現のため，資本の固有な流通形態であることは，重農学派にしられていた（Kapital, II, S.343）。
3) 「資本としての貨幣とは，貨幣としてのその単純な規定をこえる貨幣の規定のことである。」（Grundrisse [1] S.173, 圏点―マルクス）マルクスにおいて，特定の範疇にたいしては，それに特有な機能が対応する。「ここでは，諸物がそのもとに包摂される定義が問題なのではない。問題は，特定の範疇で表現される特定の機能なのである。」（Kapital, II, S.228）

2　G―W―G′ と資本の生成

前項で，G―W―G′ は，資本家と労働者とがともに商品所有者として相対しあう単純流通の特殊的な形態であることをみた。ところが，G―W―G′ に生産過程がふくまれない[1]ことから，ひとは，新価値創造がおこなわれない流通部面では，資本は発生しないという一面の真理のみに目がうばわれ，

単純流通上で資本が発生するという肝心かなめの真理を等閑にふす弊害がうまれる。しかし，G—W—G′がしめすことは，剰余価値が価値の自己増殖分としてうまれるため，資本は流通から発生するという関係である。第4章第1節こそ，剰余価値は，それが価値である性格上，価値を母胎とした特有な果実として生成するため，資本は流通でうまれるという最重要命題を定立する全3節中のかなめ石をなす箇所である。第4章の最大の要点は，価値を発生源としてのみ剰余価値がうまれる因果によって，資本は流通からうまれるという一命題を証明することにある。本項では，第4章第1節に密着し，資本は，単純流通からうまれねばならないゆえんを考察する。

　G—W—G′にあっては，剰余価値は，おなじ貨幣形態にある始点のGを上まわる終点Gのもつ超過分としてなりたつ。たとえば，G—W—G′の始点の貨幣が100億円で終点の貨幣が110億円だとすれば，100億円と110億円とは，量的な相違こそあれ，おなじ貨幣形態にある価値である。そこで，始点も終点もおなじ貨幣形態にあるという両者の基底的な一面に着目し，G—W—Gの両端のもつ価値量の相違を無視し，G—W—G′をさしずめG—W—Gに還元する。

　直接的には剰余価値を明示しないG—W—Gは，「資本の最も一般的な形態」（MEGA, II /3.1 [4] S.5）と規定される。「形態G—W—Gは，資本の最も直接的な流通形態であり変態列である。」（『資本の流通過程』38ページ）資本は流通で発生しなければならないという第1節の主題は，直接的には剰余価値を表現しないG—W—Gにうめこまれている。資本は流通でうまれるという第1節の主題は，G—W—G′の基底的な一面として第一節の主要な分析対象をなすG—W—Gとペアである。そうすれば，ここでは，貨幣形態で前貸しされる価値が，G—W—Gという独自な運動の主体である。G—W—Gは，それが交換価値を規定的目的とする固有の運動をあらわすから，価値そのものが姿態変換の主体をなす特有な流通形態にほかならない。G—W—Gでは，貨幣は形態変化する主体としての価値の一般的な姿態をなし，商品はその特殊的な姿態をなす。終点の貨幣は，おなじ形態にある始点の価値がG—W—Gという形態変換を通じて到達した最終的な転化形態である。だから，

第3章　貨幣の資本への転化

始点の貨幣形態にある価値は，G─W─Gという単純流通を媒介として，終点の貨幣に表現される価値をみずから再生産する。ところが，剰余価値は，G─W─Gの終点の貨幣に再生産された価値の一可除部分としてのみなりたつ[2]。

そうだとすれば，G─W─Gの基礎上では，剰余価値は，単純流通を媒介とした前貸しされた価値の姿態変換によってもたらされるため，剰余価値の母胎である資本は，流通から発生することになる。マルクスは，「資本すなわち流通のなかで自己を維持し増加させる価値」(*MEGA*, Ⅱ/3.1 [4] S.11) という規定をあたえ，G─W─Gにかんしてつぎのようにいう。「価値は，自らを維持しただけではなく，一つの新しい価値を，あるいは，剰余価値を，流通の中で生んだのである。」(*Ibid.*, S.14) そもそも，「最初の価値をこえる超過分を，私は剰余価値と呼ぶ」(*Kapital*, Ⅰ, S.165) というとおり，剰余価値とは，取得された価値のうちの前貸しされた価値をこえる超過分である。剰余価値形成とは，価値の自己増殖にひとしい。生産要素は，それが価値という形態をとって前貸しされたばあいにのみ，おなじ価値の形態にある自己増殖分をはらみうる。「この価値は，それが価値であるがゆえに，価値を創造し，価値として増大し，増分を受け取る。」(*MEGA*, Ⅱ/3.6 [9] S.2162, 圏点─マルクス) したがって，剰余価値は，G─W─Gからなる流通上で姿態変換する価値の内在的な産物としてなりたつため，剰余価値を産出する資本は，流通部面でうまれなければならない。「最初に前貸しされた価値は，流通のなかでただ自分を保存するだけでなく，そのなかで自分の価値量を変え，剰余価値をつけ加えるのであり，言い換えれば自分を価値増殖するのである。」(*Kapital*, Ⅰ, S.165) 始点の価値が流通部面での姿態変換によって自己増殖分をうみだす因果を明示的にあらわせば，G─W─Gの完全な形態は，G─W─G′と表現される。

それゆえ，資本は流通からうまれるという一命題は，それ自体としては価値増殖をしめさないG─W─Gという資本の流通形態の分析のうちにひそんでいる。じっさい，『資本論』にあっては，剰余価値は，生産物価値のうち前貸価値をこえる超過分としてその生成のしくみがとかれたうえで，後続し

てその剰余価値の存在形態として剰余生産物の概念があたえられる。「剰余
価値はつねに剰余生産物のかたちで…生産物のうち最初に投下された資本を
補填する諸部分を超える超過分の部分のかたちで現われる。それだから，た
んに再生産のなかで生産物量が当初の生産物量に比較して増加する，という
ことから剰余生産物が発生するのだ，とかんがえてはならない。すべての剰
余価値が剰余生産物のかたちで現われるのであって，これだけをわれわれは
剰余生産物と呼ぶのである。」（MEGA, Ⅱ/3.6［9］S.2254, 圏点—マルクス）

　以上，本項で，第1節に分析をくわえ，剰余価値が単純流通での前貸価
値の自己増殖分としてのみなりたつため，資本は，流通から発生しなければ
ならない理由をみいだした[3]。G—W—G′ が資本の一般的定式であるのは，
剰余価値が単純流通で姿態変換する価値の固有な産物としてのみうまれるた
め，資本が流通から発生する事実に起因する。換言すれば，資本が流通から
発生するという命題によって，剰余価値をうむ価値と定義される資本の一般
的概念は，流通部面上で規定できる。資本が流通からうまれるという命題と
剰余価値をうむ価値という資本の流通部面での概念規定とは，うらはらの関
係にある。資本は，まずもって流通部面でうまれる必然的な結果として，単
純流通の次元で剰余価値をうむ価値という概念規定をうけとる。また，資本
は流通からうまれるという G—W—G′ に立脚した一命題の論証は，単純流
通が資本主義の一般的基礎をなすという基本命題の回帰的な証明である。資
本主義にしめる単純流通の有機的な位置づけは，G—W—G′ で表現される流
通上で資本が発生するという一命題となって具体化される。

1) 「資本がわれわれの前に現われた最初の現象形態 G—W—G′（これは［1］G—
   W₁ と［2］W₁—G′ とに分解される）では同じ商品が二度現われる。」(Kapital,
   Ⅱ, S.55)
2)　G—W—G′ の両端の差額分である ΔG は，始点の貨幣全体が可変的な価値を母
   胎とするその自己増殖分とみなされるため，剰余価値という規定をうけとる。
   第2篇には，不変資本と可変資本という資本の区別は存在しない。
3)　資本は流通から発生するという命題は，「商品交換を基礎とする資本形成」
   (Ibid., Ⅰ, S.181) という文言の含意とおなじである。剰余価値は，流通部面に
   独自な価値を母胎にしてのみうまれるという発見には，たましいをゆさぶるパ

第 3 章　貨幣の資本への転化

ラダイムシフトがある。あらためていえば，価値による剰余価値の創造と『資本論』が商品からはじまる理由とは，おなじ事柄である。

第 2 節　一般的定式にひそむ矛盾

1　商品交換と剰余価値の不可能性

　前節で，G—W—G′ に密着し，剰余価値が価値の姿態変換の独自な産物としてうまれるため，資本は，流通で生成する根拠をといた。本節では，第 2 節「一般的定式の矛盾」に歩をすすめ，G—W—G′ に内在する矛盾を明確にする。

　前節でみたように，単純流通上での資本の発生という一命題は，剰余価値が前貸価値をこえる自己増殖分としてうまれる因果に着目するかぎりでの必然的な帰結であった。しかし，単純流通上での資本の発生というのは，じつは G—W—G′ のもつ一面の性格にすぎない。はたして単純流通での価値の姿態変換は，剰余価値をうむのであろうか。

　第一に，単純流通では，商品と貨幣とのあいだでの価値のたんなる形態変換がひきおこされるにすぎない。だから，その純粋な姿で等価物どうしの交換を想定すれば，等価交換は，剰余価値をうみださない。等価交換[1]を想定するかぎり，G—W—G′ の前半の購買 G—W でも後半の販売 W—G でも，価値のおおきさの現実的な変化はおこらず，価値のたんなる姿態変換は，剰余価値を創造しない。

　第二に，不等価交換を想定しても，じつは，単純流通から，剰余価値はうまれない。たとえば，売り手は，価値が 100 円の商品を 10 円だけ価格をつりあげて売る特権をもつと仮定すれば，なるほど，G—W—G′ の後半の販売では得をする半面，その売り手は G—W—G′ の前半で商品の買い手であったのだから，そこで 10 円だけ損をしていることになる。だから，G—W—G′ の全体では，売り手は，損得ゼロという勘定になる。ぎゃくに，買い手が仕入れのさい，商品の価格を値切って買うことができると仮定しても，結果はおなじである。さらに，価値よりも安く商品を仕入れ，それを価値よ

り高くさばける登場人物を特別な個人として設定しても，剰余価値は，流通からは説明がつかない。なんとなれば，仕入れと販売によってえられた剰余価値は，その半面での売り手や買い手のこうむった損失である不足価値に対応しており，流通する商品の価値総額は不変のままで，個々人へのその分配が変化するにすぎないからである。流通する価値は，その分配の変化によって増大することはできない。「価値以下あるいは価値以上での諸商品の販売は，剰余価値の生産とはなんの関係もないのであって，それは，ただ，現存する価値の移転を表現するにすぎない。」(『資本の流通過程』9ページ，圏点―マルクス) ようするに，単純流通上では，等価交換でも不等価交換でも，新価値の純増分は創造されない[2]ため，資本は，流通上では発生できないことになる。「剰余価値は新しい価値が現実に創造されたものである。」($MEGA$, Ⅱ /3.5 [8] S.1627)

1) おなじ 1 キログラムの小麦粉と白砂糖がおなじ価値（10 分の労働の生産物）をもち，100 円の価格で取引されると仮定すれば，おなじおおきさの価値のやりとりがなりたつから，等価交換（等労働量交換）が成立する。これにたいして，1 キロの小麦粉の所有者がその価格を 10 円つりあげ，1 キロ 110 円の小麦粉と 1.1 キロ 110 円の白砂糖（11 分の労働をふくむ）との交換がなりたつと仮定すれば，10 分の労働で 11 分の労働が取得された勘定になるから，不等価交換（不等労働量交換）が成立する。
2) 「近代的生産様式の最初の理論的な叙述」($Kapital$, Ⅲ, S.349) である重商主義は，不等価交換による譲渡利潤説をとなえた。「重商主義全体の基礎には，剰余価値は単なる流通から，すなわち既存の価値の異なった分配から生じる，という観念がある。」($MEGA$, Ⅱ /3.1 [4] S.138) 重商主義は，貨幣をもって真の富とみなし，それが外国貿易からうまれるとかんがえた（トマス・マン [1571-1641]『外国貿易におけるイングランドの財宝』東京大学出版会，渡辺源次郎訳，原著 1664 年刊，スミスが『諸国民の富』執筆のさいもっとも意識した書物）。「重商主義全体の主要点は，貿易差額説である。」（エンゲルス「国民経済学批判大綱」『マルクス・エンゲルス全集』第 1 巻，500 [原] ページ，1843 年すえ―1844 年 1 月執筆）重商主義は，本源的蓄積に対応した外国貿易による富を増大させる経済政策である（本書第 8 章第 2 節 2 「産業資本の形成」）。

2 独立生産者と付加価値形成

　剰余価値は単純流通ではうまれないといっても，流通からでなければ資本が発生しない事実は，生産条件を個人的に所有して小経営生産様式をになう独立生産者を想定すればわかる。独立生産者にあっては，生産物を産出する労働過程の二大契機としての生産手段と労働は，ともに独立生産者自身に出自をもつため，その成果はすべて独立生産者に帰属する。商品をつくるさい，独立生産者のように自分の労働支出に依存するばあい，付加価値（＝新価値）は形成されるが，その創造のため，価値は前貸しされないから，剰余価値は形成されない。資本家のばあい，事情はまったく別である。資本家は，生産手段と労働力からなる生産要素の調達を，価値の前貸しによっておこなう。資本の自己増殖が貨幣からはじまる運動形態をとるのは，生産要素がすべて商品として購買される要件とペアである。「資本が貨幣から，したがってまた貨幣の形態で存在する財産から出発するということは，資本の概念のなかに——それの発生のなかに——あることである。」(*Grundrisse* [2] S.407, 圏点——マルクス)

　そこで，独立生産者の靴職人が市場で革を購入して，自己労働によって長靴をこしらえると仮定すれば，革は，長靴への加工によって以前よりもおおきな価値をもつことになる。しかし，革は，前貸しされた価値にもとづいて自己増殖しておらず，剰余価値を内蔵していない。革の価値は以前とおなじままで，革がよりおおきな価値をもつのは，長靴生産のための前貸価値にもとづくのではなく，独立生産者の自己労働によって付加価値が形成されたからにすぎない。ようするに，革が長靴に加工されてうまれる価値の差額分は，自己労働による付加価値にすぎず，価値そのものの自己増殖分ではありえない。独立生産者の労働力は，蓄積財源をふくむ付加価値を形成するにすぎない。独立生産者の例によって，剰余価値は生産過程でうまれるとは簡単には規定できない事情が明示される。だからこそ，マルクスは，第２節で，つぎのようにいうのである。「商品所持者はかれの労働によって価値を形成することはできるが，しかし，自分を増殖する価値を形成することはできない。」(*Kapital*, Ⅰ, S.180)「革は自分の価値を増殖したのではなく，長靴製造

中に剰余価値を身につけたのではない。」(Ibid.)ここで，独立生産者は剰余労働を創出しないというマルクス特有の画期的な命題が樹立されている。もし剰余価値が独立生産者の労働支出からうまれるとすれば，剰余価値は価値からうまれるという資本概念に背馳する逆説がなりたつ。

　これについて，マルクスは，つぎのように明言している。「貨幣所有者は商品を買うが，彼はこれを加工し，生産的に充用し，こうしてそれに価値を付加し，それからふたたび売るのだ，と言いたいのだとすれば，この場合には剰余価値は，完全に彼の労働から発生することになるであろう。この場合には，価値そのものは働かなかったであろうし，自己を増殖することもなかったであろう。彼がより多くの価値を受け取るのは，彼が価値をもっているからではない。そうではなくて，労働の追加によって価値が増加したのである。」(MEGA, II/3.1［4］S.23，圏点—マルクス) したがってまた，つぎの一見難解な一文もとける。「商品生産者が，流通部面の外で，他の商品所持者と接触することなしに，価値を増殖し，したがって貨幣または商品を資本に転化させるということは，不可能なのである。」(Kapital, I, S.180) 商品生産者が市場への全面的な依存という前提条件ぬきに価値増殖できないのは，生産過程で形成される新価値が前貸しされた価値に起因しないからである。前貸しされた価値をもって資本の基底的な契機とみとめるマルクスにしたがえば，独立生産者の形成する新価値は，それが前貸価値に起源をもたないため，剰余価値をふくまない。剰余価値を形成しない独立生産者は，剰余労働ではなく，必要労働だけを支出する[1]。マルクスにあっては，剰余労働はあくまでも，剰余価値の実体だからである。

　それでは，独立生産者の1労働日にふくまれ，蓄積財源を生産する労働支出は，賃労働者のばあいとちがって，なぜ必要労働と積極的に規定できるのであろうか。それは，独立生産者が，賃労働者とちがって，生産条件を所有する点にある。すなわち，賃労働者のばあい，生産条件が分離して労働力だけしか所有しないから，その再生産は労働力のそれに帰着する。賃労働者は，生産条件を所有しないため，個人的消費だけが労働者の再生産にかかわり，享受する消費財の生産にようする労働のみが必要労働になる。これにた

第3章　貨幣の資本への転化

いして，独立生産者のばあい，生産条件を所有することから，その再生産は，生産条件の所有をともなう労働力のそれになる。そのばあい，再生産は，通常，拡大された規模で実現されるから，生産条件の所有の再生産はその規模の拡大をふくむ。「非常にさまざまな経済的社会構成体のなかでただ単純な再生産が行なわれるだけではなく，規模の相違はあるにせよ，拡大された規模での再生産が行なわれる。」(*Ibid.*, S.624) 単純再生産は拡大再生産からの抽象にすぎず[2]，再生産とは直接には拡大再生産をさす。だから，賃労働者のばあいとちがって，独立生産者の再生産は，拡大された規模での生産条件の所有をふくむ労働者の再生産のため，蓄積財源を生産する労働支出は，独立生産者の再生産にようする労働成分として必要労働を構成する。つまるところ，必要労働という概念は，生産形態の相違に関係なく，普遍的には，労働者の再生産にようする労働分量と規定される。労働者と一口にいっても，生産条件を所有するばあいもあれば，所有しないばあいもある[3]。そこで，労働者の再生産の基本内容は，生産条件の所有の有無によって相異なるため，独立生産者と賃労働者とでは，再生産にようする必要労働の守備範囲はちがってくる[4]。

以上，独立生産者は，付加価値を形成するが，剰余価値をつくりださないため，剰余価値は，単純に生産過程で発生するといってすませない事情を指摘した。

1) 剰余価値は，流通部面で固有になりたつ価値からうまれるため，独立生産者は必要労働だけを支出するという命題は，マルクスの独創性のなかでも白眉である。ここに，『資本論』に凝縮されたマルクス経済学の最高のおもしろさがある。剰余価値は価値からしかうまれないという命題と独立生産者は必要労働しか支出しないというその反面の命題は，経済学の真髄である。独創的な作品は，発想の転換をせまるため，ひとを感動させる。「私はどこまで行っても，思考の飛躍に最大の喜びを発見する人間であった。」(湯川秀樹『旅人』角川文庫，1960年，158ページ) また，ここには，生物進化が最も幼稚な種の形態で実現されるのとおなじ性格の分析の進歩がある。問題の焦点は，剰余価値が独立生産者からの生産条件の分離に対応していかにしてうまれるのかにしぼられる。古典派の考え方を一歩さかのぼって根本的にくつがえし，ぎゃくに前進する思考の飛躍は，独自な着想が先行研究のたんなる延長線上にないことと同義であ

る。
2) 拡大再生産は，再生産という基底的要素と生産拡大という追加的要素からなる。そのため，『資本論』で，拡大再生産のもつ二面は，単純再生産と拡大再生産にわけて分析対象になる（第Ⅰ巻第7篇第21章と第22章，第Ⅱ巻第3篇第20章と第21章）。
3) 労働者が生産条件を所有するばあい，自営業者のように個人的に所有するばあいと原始共産制や社会主義でのように共同的な所有のばあいの二つに大別される。
4) 労働力の価値を絶対基準にすえ，必要労働の概念を固定化するのは，ペリーのひきいる黒船が，アメリカ東岸を出発し喜望峰まわりで浦賀についたのに，現代の発想で，太平洋を横断してきたという非歴史的な見方にたつのと同列である（服部之総『近代日本のなりたち』青木文庫，1961年，119ページ）。労働力の価値にもとづく必要労働の固定化の根底には，資本主義で歴史的にうまれた独自な契機の絶対化がある。魚は水のなかにいるため，かえって水をしらないということばがある。

3　G—W—G′のはらむ矛盾

　これまでの考察を小括すれば，資本の一般的定式 G—W—G′ には，資本は，流通で発生しなければならないと同時に，流通からは発生できないというぬきさしならない矛盾がひそむことになる。資本が流通で発生するという一命題は，第1節ですでに確認ずみだから，第2節ではそれを論理的前提にすえ，資本が流通から発生しないという他方の命題が析出され，その末尾で総括的に G—W—G′ の矛盾が規定される。「資本は，流通のなかで発生しなければならないと同時に流通のなかで発生してはならない。」(*Kapital*, Ⅰ, S.180) 第2節には，その表題にはんして，資本の流通での発生という一命題の分析がないのは，それが第1節で考察ずみだからである。

　以上，本節で，G—W—G′ に，資本は，流通部面で発生しなければならないと同時に流通では発生できない二律背反の矛盾がひそむ二重の結果をひきだした。

第3章　貨幣の資本への転化

第3節　単純流通における資本の生成

1　G—W—G′ にひそむ矛盾の解決

　本節では，G—W—G′ にひそむ矛盾は労働力商品によって解決され，貨幣は，単純流通上で資本へ転化することを論じる。

　前節でみた G—W—G′ に内在する矛盾は，いかにして解決されるのであろうか。資本が流通上でうまれるとともに，流通ではうまれないという対立的な契機をともに満足させる条件とはなにか。

　G—W—G′ にひそむ矛盾を解決するには，なによりもまず，資本がうまれる条件を単純流通のなかに発見しなければならない。なぜなら，G—W—G′ がふくむ対立的な契機のうち，資本が流通でうまれるという一方の契機は，他方の契機にたいして論理的に先行する契機だからである。ここで，資本が流通上でうまれる条件の発見は，それ自身価値変化する可能性をもち，それを生産過程で実証する商品の析出に帰着する。けだし，価値変化する可能性をひめた商品を単純流通でみつけることができれば，資本は流通部面でうまれる一方で，流通部面では現実にはうまれないことになり，G—W—G′ にひそむ矛盾の両面がみたされることになるからである。価値の変化は，第一に，G—W—G′ の第1段階 G—W で前貸しされる貨幣 G そのものにはうまれない。第二に，等価交換をふまえれば，価値の変化は，G—W—G′ の第2段階 W—G の再販売からもおきない。これをふまえれば，問題解決のカギは，最初の流通行為 G—W で買われる商品 W にひそむことになる。ただし，流通行為 G—W は等価交換だから，その商品 W におきる価値変化は，使用価値そのものから生じる以外にない。

　ようするに，価値変化する使用価値をもつ商品が発見されれば，その特有な種類の商品は，G—W—G′ の対立的な二契機の満足によって，その矛盾を解決することになる。ここで，その使用価値の消費が新価値の創造である特有な商品とは，物質的財貨の生産のために合目的的に発揮される肉体的・精神的な能力としての労働力である[1]。労働力には，生産的消費によってその

81

価値をこえる新価値を創出する独特な使用価値がそなわる可能性がある。そのため，G—W—G′ にやどる二つの対立的な契機は，労働力によってともにみたされる。貨幣は，労働力を根拠にして，価値変化する可能性という高次の属性をうけとり，資本は流通からうまれるという契機がなりたつ。貨幣は，価値変化する可能性によって，より高次の機能をもつ資本に転化する。他方，労働力は，新価値を生産過程ではじめて創造し，貨幣の価値変化は可能性にすぎないため，同時に，資本が流通からはうまれないという別の契機もみたされる。だから，労働力は，G—W—G′ の対立的な二契機を同時に満足し，単純流通上での貨幣の資本への可能的な転化が成立する。

労働力が商品として売買されるためには，二つの要件が必要である。第一には，労働者は，労働力の実現条件である生産条件（生産手段プラス生活手段）[2]を所有しないことである。労働力の合目的的な発揮には，労働手段と労働対象からなる生産手段のみならず，疲労をとりのぞいて活力を回復させる生活手段（衣食住にかかわる消費財）もまた不可欠である。しかし，労働者の生産条件からの自由は，奴隷のばあいがしめすように，一義的に労働力の商品化を規定しない。奴隷は主人の所有対象であるため，奴隷による生産条件の無所有は，奴隷自身による労働力の販売をひきおこさない。「奴隷制度のもとで…労働力は労働者そのものといっしょに買われる。」(Kapital, Ⅲ, S.399) そこで，第二に，労働者は，労働力を自分の所有に帰属するものとして，自由に処分できる人格的な自由をもたねばならない。労働者が生産条件からの自由と人格的な自由の二つをもつばあいにのみ，労働力は，商品として売買される。二つの要件があいまって，労働力が商品として売買されるのは，資本主義だけである。

こうして，労働力は，G—W—G′ のもつ正反対の二つの契機をともにみたす切り札をなし，G—W—G′ のもつ矛盾は，単純流通上での労働力によって解決される。貨幣は，単純流通上での労働力商品の存在によって，一般的等価物としての単純な貨幣から可変的な価値としての特有な属性をそなえたより高次な資本へと止揚される。「貨幣にたいして労働能力が商品として対立しているとするかぎり，貨幣は資本へのこの転化の可能性であり，したがっ

第 3 章　貨幣の資本への転化

て即自的に資本である。」(*MEGA*, II /3.1 [4] S.80, 圏点—マルクス)「資本主義的生産の基礎の上では，貨幣が貨幣として支出されるか，それとも資本として支出されるかは，ただ貨幣の充用の相違でしかない。貨幣（商品）は，資本主義的生産の基礎の上では，それ自体で資本である[3]。」(*Mehrwert* [7] S.1470, 圏点—マルクス)

　生産過程以前に，労働力商品との関連で貨幣が資本へと可能的に転化するため，「資本による労働力の生産的消費」(*Kapital*, II, S.64) という規定がなりたつ。「貨幣が過程のなかで剰余価値をわがものとするのは，それがすでに生産過程より前に資本として前提されているからにほかならない[4]。」(*Mehrwert* [7] S.1473, 圏点—マルクス) 剰余価値をはらむ終点の G のみならず，始点の G もまた価値変化の可能性をもつ資本をなすため，G—W—G′ は，「資本の再生産」(*Kapital*, I, S.598) となり，資本が資本を創造する自己増殖運動を表現する。G—W—G′ が資本の再生産であるのは，前貸しされる貨幣が可変的な価値という高次の属性をもつ事実に起因する。運動の主体が可変的な価値としての資本だという規定は，その独自な自己増殖分として剰余価値がうまれるという規定に先行する。

　じっさい，第 4 章の考察対象が剰余価値生産に先行する貨幣の資本への転化にあることは，マルクスによってかたられている。第 4 章第 3 節のおわりちかくで，第 3 篇以降について，つぎのようにいわれる。「ここでは，どのようにして資本が生産するかということだけではなく，どのようにして資本そのものが生産されるかということもわかるであろう。」(*Ibid.*, S.189) おおきく区分すれば，「どのようにして資本が生産するか」は，第 3 篇の絶対的剰余価値論の守備範囲をなし，「どのようにして資本そのものが生産されるか」は，第 4 篇の相対的剰余価値論にぞくする（本書第 5 章第 1 節 5）。ここで，「どのようにして資本が生産するか」という剰余価値論の問題設定に極力注意すべきである。なんとなれば，第 2 篇で貨幣の資本への転化という論理的前提にたってのみ，第 3 篇への移行規定で「どのようにして資本が生産するか」をとうことができるからである。これと対応して，第 7 篇第 22 章冒頭で，剰余価値論が回顧され，「これまでは，どのようにして剰

余価値が資本から生ずるかを考察しなければならなかった」(*Ibid.*, S.605) という文言がのべられる。資本とその果実としての剰余価値は，論理的な先後関係にたち，後続者としての剰余価値は，先行者である資本からうまれる。

第2篇のテーマの決定的な典拠は，第7篇第24章「いわゆる本源的蓄積」冒頭の一文にある。「どのようにして貨幣が資本に転化され，資本によって剰余価値がつくられ，また剰余価値からより多くの資本がつくられるかは，これまでに見てきたところである。」(*Ibid.*, S.741) ここで，三つのおおきな領域に区分された第7篇第23章までの分析のうち，あとの二つのテーマすなわち「どのようにして…資本によって剰余価値がつくられ」るかと「どのようにして…剰余価値からより多くの資本がつくられるか」とは，第7篇第22章冒頭の文言とおなじように，それぞれ剰余価値論と資本蓄積論とに対応する。これをふまえれば，「どのようにして…資本によって剰余価値がつくられ」るかにさきだって「どのようにして貨幣が資本に転化され」るかを考察したとして，貨幣の資本への転化と資本による剰余価値の生産とを論理的な先後関係にたつ二つの基本問題として峻別している文言に注目してよい。第2篇のテーマである貨幣の資本への転化と第3篇の対象である資本による剰余価値の生産とは，後者が前者を前提にしてはじめてなりたつ相異なる二つの事柄である[5]。

以上，本項で，第2篇の主題は，資本による剰余価値生産に先行する単純流通上での貨幣の資本への転化[6]の論証にあることを論じた。それと同時に，第2篇が第3篇から独立した同格の一篇を構成する根拠を提出した[7]。形式は事物に内容をあたえる。

> 1) 経済学史上，マルクスがはじめて1857-58年執筆の『経済学批判要綱』において，労働力という概念を確立し，労働と労働力とを区別した。『賃労働と資本』(1849年刊) では，いまだ労働という用語が使用されている。労働と労働力との混同は，古典派が剰余価値の秘密解決に失敗した根本原因の一つである(『賃労働と資本』「エンゲルスの序論」，*Kapital*, Ⅱ, S.25)。「リカードの体系における第一の困難は，資本と労働との交換―それが価値法則に一致して行なわれること―であった。」(*Mehrwert* [7] S.1357, 圏点―マルクス) 古典派なかんずくリカード学派の破産のもう一つの原因は，価値と生産価格との混同にあ

った（*Kapital*, Ⅱ, S.25f.）。
2) 一部の人々の排他的所有によって労働者から分離する生産条件は，資本の素材的実体になる。「資本は，その素材的な側面から見れば，労働そのものの対象的諸条件である生活手段および生産手段から成り立つ。」（*MEGA*, Ⅱ/3.1 [4] S.101）
3) 「貨幣は，たとえば流通手段として収入ではあっても，収入として支出されない場合には資本である。」（*Ibid.*, Ⅱ/3.5 [8] S.1702, 圏点—マルクス）貨幣は，収入をあらわすばあいでも，事業に転用されれば，剰余価値をうみだす。だから，貨幣は，資本主義の基礎上で，一般に，資本として存在する。また，貨幣形態で，ある部面から別の部面への資本の移動がなされるのは，資本主義では，貨幣が資本だからである。資本輸出というばあいも，事情はおなじである（*Kapital*, Ⅲ, S.266）。

これにはんして，資本主義以前では，商人資本の運動がしめすように，貨幣は，流通過程をとおして資本になるが，価値変化する可能性をもつ労働力が存在しないため，それ自身まえもって自己増殖する特有な属性をもたない。貨幣が資本主義に独自な属性として単純流通で資本になるところに，第2篇「貨幣の資本への転化」がとかれる意義がある。
4) 「どの再生産においても，どの前提も結果として現われ，どの結果も前提として現われる」（*Ibid.*, Ⅱ/3.6 [9] S.2243）「過程の初めにその前提および条件として現われなかったものが，その終りに出てくることはできない。」（*Grundrisse* [1] S.223）ここに，「すべての細胞は細胞から」（ウィルヒョウ［ドイツの病理学者］）あるいは「生命は生命からうまれる」（パスツール）という自然科学上の大発見ににた社会関係がある。パスツールによる自然発生説の否定は，コロンブスの卵のように，わかってしまえば簡単なことにみえる。
5) 1867年刊行の『資本論』第Ⅰ巻にさきだつ構想（たとえば「1859年プラン草案」[*MEGA*, Ⅱ/2 [3] S.256-263] や『経済学批判（1861-1863年草稿）』[*Ibid.*, Ⅱ/3.1 [4] S.4]）で，「貨幣の資本への転化」という項目は価値増殖過程をふくみ，「貨幣の資本への転化が分解する二つの構成部分」（*Ibid.*, S.93）は，単純流通での貨幣の労働力への転化と生産過程での剰余価値創造とからなりたつ。そこで，前貸しされる貨幣は，剰余価値生産完了時点ではじめて資本へ転化すると，ひとはかんがえがちになる。しかし，「1859年プラン草案」がしめす価値増殖過程をふくむ「貨幣の資本への転化」を「広義のプラン」とよび，『資本論』第Ⅰ巻第2篇のそれを「狭義のプラン」とよべば，「1863年1月プラン」（＝「狭義のプラン」，*Mehrwert* [8] S.1861f.）にしめされるように，その頃をさかいにして，前者から後者へとマルクスの学説は転回したのである。なぜ「広義のプラン」から「狭義のプラン」へ変化したかといえば，それは，一義的に「貨幣の資本への転化」がしめす概念内容の変更にもとづく。「広義のプラン」の時点で，マルクスは，「貨幣の資本への転化」を剰余価値生産による貨幣の資本への現実的な転化とかんがえ，単純流通と生産過程とをその現実的

転化の二つの構成部分としてあつかった。じっさい，資本主義の基礎上で，貨幣そのものが資本であるのは，単純流通で貨幣の資本への転化がなりたつばあいにかぎられる。

一方で，1863年はじめ，貨幣の資本への転化にかんするマルクスの学説におおきな転換がおきたとすれば，他方で，1865年ごろ，資本主義での剰余労働の概念が，たんなる蓄積財源や予備財源をつくる労働（Kapital, III, S.827）から剰余価値の実体としてつかまれるいわばどんでん返しがうまれた。貨幣の資本への転化構想の変化は，剰余労働概念の変更とならぶマルクスの研究のおおきな発展の一コマに位置づけられる。

6) 資本としての貨幣は，第II巻における貨幣資本とおなじである。貨幣資本は，価値増殖運動をとげるさいの資本の一姿態だから，個別資本の一成分としてはもちろん，その総計としての社会的総資本のばあいにも，不可欠な一成分にふくまれる。第II巻第3篇の再生産表式における社会的総資本には，出発点での商品資本だけでなく，貨幣資本もふくまれる。「前記の経済表では，次のことが注意されなければならない」（MEGA, II/3.6 [9] S.2279）として，そのうちの一つに「さらに，資本の一部分は貨幣から成っている」（Ibid., S.2280, 圏点―マルクス）ことをあげている。「いつでも資本の一部分は貨幣資本の形態で存在している。」（Kapital, II, S.343）「総資本は，貨幣として存在する相対的に小さい部分を別とすれば，生産手段の形態で存在する。」（Ibid., III, S.391）「貨幣は，疑いもなくつねに国民資本の一部分をなしている。」（アダム・スミス『諸国民の富』I, 404 ［原］ページ）

7) 単純流通は，直接的生産過程と区別されるのに，単純流通に属する第1篇と第2篇をふくむ第I巻が「資本の生産過程」という表題をもつのは，単純流通が剰余価値生産のなりたつための内在的な一契機だからである（『直接的生産過程の諸結果』56-7ページ）。

ちなみに，第II巻「資本の流通過程」では，直接的生産過程を補足して，単純流通で捨象された資本の再生産に必要な高次の内容たとえば貨幣資本や商品資本の運動が分析対象になる。一方，第III巻「資本主義的生産の総過程」では，費用価格や利潤に代表されるように，生産と流通をふくめた資本の運動全体からうまれる具体的な形態が研究される。

2 貨幣と生産関係

前項で，労働力の存在によって，資本の一般的定式の矛盾が解決されるゆえんをといた。しかし，貨幣は単純流通上で可能的に資本になるという命題は，資本が本質的に生産関係だという命題とそごをきたすかにうつる。本項では，資本が本質的には生産関係に還元されるという立場から，資本主義の

第3章　貨幣の資本への転化

基礎上で，貨幣は資本になるというマルクスの立場をほりさげる。

資本は生産関係であるという根本命題については，つぎの一文にしめされるとおりである。「資本は物ではなく，一定の，社会的な，一定の歴史的な社会構成体に属する生産関係であ（る）。」(*Kapital*, Ⅲ, S.822) 一歩つっこんで，その生産関係とはなにかといえば，つぎの一文がしめすとおり，社会的な生産において，ひととひととのあいだにとりむすばれる特有な関連の仕方であるととかれる。「独自な歴史的に規定された生産様式に対応する生産関係―人間が彼らの社会的生活過程において，彼らの社会的生活の生産において，取り結ぶ関係―」(*Kapital*, Ⅲ, S.885)。

そこで，資本主義の基礎上で，貨幣がそれ自身資本として存在するという命題は，資本が本質的には生産関係に還元されるという基本命題と背馳するかにみえる。貨幣は，一つの独立した存在をなす一方，資本が帰着する生産関係は，文字どおり，ひととひととのあいだのつながりだからである。両者を橋わたしするには，資本は，つきつめれば生産関係だという周知の命題に着目する必要がある。

すなわち，もともと，資本が生産関係だという命題は，資本と賃労働という二つの要因のうち，一方の資本を対象にすえた規定にほかならない。資本は，排他的に所有された生産条件のことだから，資本が生産関係だとは，生産条件の排他的所有が生産関係だということにひとしい。そうだとすれば，生産条件の排他的所有は，それからの排除を即自的に内包しているため，それ自身，生産活動におけるひととひととのあいだのつながりである生産関係をいみすることになる（本書第4章第1節1）。つまり，資本という規定をうけとる生産条件の排他的所有は，それ自体，そこからの労働者の排除をふくむため，生産活動におけるひととひととのつながりである生産関係をあらわす。これをふまえれば，資本主義という特有な生産形態の前提上で，商品の一般的等価物である貨幣は，排他的に所有されたその生産条件の抽象的な表現として存在することになる。「それ自身ではけっして資本ではなくてただ特定の社会的諸関係のもとでのみ資本になる物」(*Ibid.*, Ⅱ, S.162) というとおり，貨幣が排他的所有になる生産条件をあらわす帰結として，単純流通で

貨幣が可能的に資本になるという規定がなりたつ。だから，生産条件の排他的所有という特定の生産関係に規定され，貨幣は，その生産条件の一般的等価物としての資格で，資本への可能的な転化を実現する。

ぎゃくに，生産条件の排他的所有という特定の生産関係をはなれて，たとえば独立生産者間の商品売買関係である歴史上の単純流通で，貨幣は，可能的に資本に転化することはありえない。つまり，貨幣が身につける自己増殖する特有な属性は，一般的等価物としての単純な性格に起因しないといういみで，貨幣は，それ自体資本ではありえない。貨幣はそれ自体資本でないというのは，貨幣は特定の生産関係をはなれて，独立的には価値変化する可能性をもたないという趣旨である。おなじことだが，貨幣は，単純な商品生産の基礎上で，可変的な価値という特別な属性をもたないという含意に帰着する。貨幣は，一般的等価物というそれ本来の機能によっては，価値変化する可能性をもつことはできない。だから，ここでの問題の根本は，生産関係に還元されるといわれる資本は，直接的には，労働者にたいする生産条件の排他的所有をさすという理解にある。生産条件の排他的所有は，労働者のそこからの排除を論理的前提になりたつから，それ自身，資本家と労働者とのあいだの特有な生産関係を包含しているのである[1]。

貨幣が特定の生産関係をはなれてそれ自体として資本だという主張は，貨幣が一般的等価物という資格ですでに自己増殖する特有な属性をもつというにひとしいから，根本的にあやまっている。貨幣がほんらい自己増殖する能力をもつという固定観念は，生産関係を無視し，資本主義でのみ貨幣がうけとる独自な属性を，機械的にそれ以外の生産形態に延長した産物にすぎない。しかし，貨幣はそれ自体では資本ではないというマルクスの命題は，それが対立的な生産関係のもとでは資本になるという積極的な規定と背中あわせの関係にたつ[2]。金は，商品生産の基礎上では，それ自体貨幣であるように，貨幣は，資本主義の前提上では，それ自身可能的な資本として存在する。貨幣は，なるほど一般的等価物としては自己増殖する属性をもたないが，生産条件の排他的所有という独自な生産関係の基礎上では，生産要素の絶対的な価値形態に転化するため，可変的な価値という高次な性格をうけとる。単純

第3章　貨幣の資本への転化

流通上で，貨幣がうけとる価値変化の可能性は，あくまで特定の生産関係に起因する。「資本家を資本家にするものは，貨幣所有ではない。貨幣を資本に転化させるためには，資本主義的生産の諸前提がそこに存在しなければならない。」(*Mehrwert*〔7〕S.1404)

以上，本項で，貨幣は，単純流通上で，特定の生産関係に規定されて資本になるというマルクスの立場をほりさげた。貨幣が資本主義のなかで資本でないというのは，金が商品生産のうえで貨幣ではないという論法にひとしい。

1) つぎの文言がしめすように，生産過程での労働者の態様や生産物の取得をはじめとする生産関係の特有な内容は，生産条件の所有によって規定される。「生産された労働条件および労働生産物一般が資本として直接生産者に相対するということは，はじめから…労働者たちが生産そのものにおいて労働条件の所有者とのあいだでも結ぶ一定の関係を含んでいる。」(*Kapital*, Ⅲ, S.885f.) 商品交換において「裁縫者と織布者とは一定の社会的な生産関係にはいる」(『資本論第1巻初版』774〔原〕ページ，圏点—マルクス) という文言がしめすとおり，生産関係は，生産部面のみならず，流通部面での契機もふくむ。
2) 「貴金属に貨幣という社会的性格が刻印され，さらにまた貨幣に貨幣資本という社会的性格が刻印される。」(*Kapital*, Ⅱ, S.43)

むすび

本章で，労働力の消費による剰余価値創造にさきだって，貨幣が可能的に資本へ転化する理由をといた。資本蓄積は剰余価値生産を先行条件とするように，剰余価値生産は，貨幣の資本への転化を論理的な先行条件としてもつ。第2篇は，第3篇で資本による自己増殖をとく前段階でのいわば資本の出生証明書である。かえりみていえば，単純流通上での貨幣の資本への転化という第2篇のテーマが不明確な現状のおおきな原因に，剰余価値は資本からうまれるという基本認識のうすさがある。労働力が剰余価値をうみだすのは，それが資本の構成部分として消費される結果である。資本の要素として

の労働力による剰余価値創造は，単純流通での貨幣の資本への転化とリンクしている。つぎの第3篇で問題対象になる剰余価値論の焦点は，労働者が生産条件をうしなうのに対応して，いかにして剰余価値をうみだすかである。

第3篇　資本による剰余価値の生産

前篇で，貨幣は，単純流通上で可変的な価値という特有な属性を取得し，資本へ転化する事実をといた。いまや，貨幣は，単純流通上で，商品の一般的等価物であるだけでなく，価値のおおきさを変化させる可能性をもつ高次の資本として存在する。そこで，単純流通での貨幣の資本への転化を論理的な前提にして，資本は，剰余価値生産によって，その本性を実証する。前者を貨幣の資本への可能的な転化とよべば，後者は貨幣の資本への現実的な転化である。剰余価値生産は，資本価値プラス剰余価値の両方をふくむ商品をうみだすため，資本の自己増殖にひとしい。資本は，剰余価値創造によって，同時に自己を拡大再生産する。

　本篇では，一方で，資本主義的生産関係の基底的な一面に着目し，その対立的所有関係によって資本による剰余価値生産がなりたち，同時に富と貧困が成立するゆえんを論じる。他方，その追加的な一面である生産条件の排他的所有から，資本主義に固有な高度生産力がうまれる根拠をひきだし，もって剰余価値論には高度な生産力形成というポジティブな面と貧富の拡大というネガティブな面からなる資本主義の二大特色が内包される事実をとく。剰余価値論が『資本論』の核である秘密は，資本主義を構成する対立的な二大特色をふくむためである。

　経済学の歴史を簡単にふりかえってみれば，剰余価値の発生部面を流通過程から生産過程にうつしたのは，重商主義にかわって18世紀なかごろに登場し，主としてフランスの経済学者からなる「近代経済学の本来の父」（Mehrwert [5] S.337）重農主義の功績である。「近代的経済の真の科学は，理論的考察が流通過程から生産過程に移るときにはじめて始まる。」（Kapital, Ⅲ, S.349）「重農主義の偉大さと独自性は，価値および剰余価値を流通からではなく生産から導きだすことにある。」（Mehrwert [5] S.344）フランス国王ルイ15世の侍医ケネー（1694-1774年）を創設者とする重農主義学派は，剰余価値の基本形態を地代でとらえる一方，剰余価値は農業部面でのみうまれると主張した。「土地は富の唯一の源泉であり，富を増加するのは農業である[1]。」（ケネー『経済表』岩波文庫，戸田正雄・増井健一訳，86ページ，全文圏点，原著1758年刊）「農業労働者は其労働が労働賃銀以上に生産する唯一のものである。故に彼れは総ての富の唯一の源泉である。」（チュルゴオ『富に関する省察』27ページ）けだし，重農学派において，剰余価値は，投入にたいして産出された使用価値の増加分とつかまれ，農業部面では，米や小麦などの穀物生産がしめすように，播種よりも収穫のほうがおおきいからである。しかし，剰余価値を自然のおくりものとみなす重農学派にあっては，使用価値と価値との混同がある。重農主義には，価値概念の欠落があるため，使用価値の増加分が剰余価値と誤認された。重農主義は，封建制と前期的資本[2]の両方にあしばをおき，絶対王政のもとで主張された学説である。「ケ

ネーは絶対王政の支持者であった。」(Mehrwert [5] S.360) 18世紀なかごろのフランスは，イギリスとちがってブルジョア革命（1789年）をいまだ経験しておらず，工業資本の支配が確立しない典型的な農業社会にとどまっていた。

重農主義の立場からすれば，原料を加工して新生産物をつくる工業部面では，使用価値の形態変化が起きるだけでその増加がうまれないから，剰余価値は発生しない。ただし，製造業では，労働者に支払われる賃金分にひとしい価値だけは，原料にたいして付加される（くわしくは，Kapital, II, S.227 参照）。「手工労働の商品を製作するものは，富を生産しない。何故なら彼等の労働は，彼等に支払われ，土地の生産物から抽き出される賃銀だけしかこれ等商品の価値を増すことがないからである。」(ケネー『経済表以前の諸論稿』春秋社，坂田太郎訳，294ページ)工業での利潤は，商品をその価値よりも高く販売する不等価交換によって説明される。「重農学派にあっては，工業の利潤は譲渡に基づく利潤として（つまり重商主義的に）説明されている。」(MEGA, II /3.6 [9] S.2358, 全文圏点) だから，重農主義には，資本のほんらいの剰余価値は存在しない。重農主義にあっては，農業部面で等価交換が実現され，そこでの剰余価値生産がまもられるべきであるのとおなじように，農業従事者が工業製品価格の価値以上への引きあげから損失をこうむることがないよう，工業部面での自由競争すなわち「レッセ・フェール（laissez-faire＝自由放任主義）」がとなえられる (Mehrwert [5] S.347)。重農学派にとって，自由競争にゆらいする等価交換こそ，価値にもとづく公正な商品取引である。レッセ・フェールという標語は，フランス重商主義の代名詞コルベール主義にたいしてアンチ・テーゼを提起した重農主義に発する。使用価値の増加を剰余価値と誤認する事実からいって，重農主義には生産関係の観点が根本的にかけている。

価値を労働に還元し，剰余価値を付加価値の一部分ととらえ，重農主義と一線をかくする前進をとげたのが，古典派の柱石アダム・スミスである (Grundrisse [1] S.39, Kritik, S.44)。スミスは，「マニュファクチュア時代の経済学者」(『資本の流通過程』290ページ) にふさわしく，物質的富から重商主義の貨幣的外皮と重農主義の現物的制約をときはなち，富の一般化から価値を無差別一様な労働に帰着させた。スミスのばあい，剰余価値は，農業部面のみならず，物質的財貨をつくるあらゆる産業部面で創造される。『諸国民の富』劈頭のつぎの一文には，富が貨幣でも農産物でもない労働生産物一般からなりたつというスミスの問題意識が凝縮されている。「あらゆる国民の年々の労働は，その国民が年々に消費するいっさいの生活必需品や便益品を本源的に供給する元本であって，これらの必需品や便益品は，つねにこの労働の直接の生産物か，またはこの生産物で他の諸国民から購買されるものかのいずれかである。」(『諸国民の富』I, 1 [原] ページ) 国民生活の物質的ゆたかさを規定する一国の富は，貿易差額である金銀の保有に

あるのではなく，労働生産物そのものである。生産活動の目的は，消費にあるのに，商工業者のふところにはいる貨幣の増大は，消費者の犠牲のうえになりたつからである（『諸国民の富』Ⅱ，159［原］ページ）。ここに，重商主義や重農主義の批判を意識したスミスの根本思想がある。「諸国民の富は貨幣という消費しえぬ富ではなく，その社会によって年々に再生産される消費財だ」（『諸国民の富』Ⅱ，176［原］ページ）という文言には，貨幣形態をとる貿易差額に富をみいだす重商主義への批判の強烈な意識がふくまれる[3]。

しかし，スミスには，絶対的剰余価値論は存在しない。社会的分業の進展にもとづく商品生産は，同時に労働生産性増進に起因する剰余価値の生成をともなうという発想が濃厚にみられる（本書第3篇第4章第2節）。スミスが剰余価値の源泉を認識していたというマルクスの評価（Mehrwert [5] S.372）は，剰余価値の剰余労働への還元にかかわる。剰余価値の剰余労働への還元は，直接には剰余価値の存在を所与の条件として出発する相対的剰余価値論を前提になりたつ。スミスは，剰余価値を利潤から区別された独自な一般的範疇としてといていない（Ibid., S.375）。

1) ケネーが農業を重視したのは，ルイ14世統治下の財務長官コルベール（1619-83年）が重商主義政策を推進し，模範的な農業国フランスで農村が疲弊したためである。そこでは，貿易差額を富とみる考え方から，奢侈品中心の工業部面の競争力増強をはかるため，原材料と賃金の抑制をはかる農産物の低価格政策がとられた。それにたいして，ケネーは，絶対王政のほんらいの経済的基礎である農業をたてなおし，フランスの窮迫を改善するため，農業の大規模経営を提唱した。ケネーにあっては，農具や種子を提供する地主と労働成果をわけあう分益農にたいして，借地農からのみ剰余価値がうまれ，農業資本の拡大再生産が社会的な富増大のカギとみなされた。

2) 前期的資本は，君主から営業上の特許権をえる面で，封建制に依存する性格をもつ一方，流通が領主による分割支配によって阻害される点で，それに対立的な性格をもつ。

3) 重商主義による保護貿易の批判から，スミスによる自由貿易の主張がうまれる。また，おおくの労働者を雇用する農業をもっとも生産的な投資部面とみなす立場から，植民地貿易の独占は，農・工・商・外国貿易からなる国内産業の分業編成をゆがめる結果，付加価値の増加をにぶらせ資本蓄積にブレーキをかけるとみる（『諸国民の富』Ⅱ，184［原］ページ）。さらに，それは，列強間や本国と植民地のあいだの政治的な緊張をうみ，軍事費を膨張させるため，植民地の自発的な放棄をとなえる（同上，第5編第3章「公債について」）。

第4章　富と貧困の成立

　資本主義における富の特有な形態は，剰余価値だから，剰余価値生産は，資本家にとっての富の取得である。ところが，資本家にとっての富の取得は，労働者にとって貧困の形成にほかならない。剰余価値生産は，労働者にとって搾取がないばあいに比して搾取される分だけ労働成果の取得が落ちこむからである。剰余価値生産は，資本家には富の形成である反面，それを創造した労働者にとっては，生産した剰余価値分だけ帰属する労働成果をすくなくするから，貧困をあらわす。本章では，労働者からの生産条件の分離という資本主義的生産関係の基底的な一面—「資本と労働との…本質的な関係」(Grundrisse［2］S.333, 圏点—マルクス) —に着目し，剰余価値の本源的形成である絶対的剰余価値生産をみちびき，そこに富と貧困が内蔵されるという命題を提起する。少数の資本家のもとへの生産条件の集積という生産関係のもう一つの追加的な一面に注目し，資本主義に特有な高度な生産力形成の根拠を提出するのは，相対的剰余価値生産を考察する次章の課題である。

第1節　剰余価値の生成

1　資本主義的生産関係の二面性

　マルクスのとなえるつぎの根本命題は，くりかえし強調される周知の規定である。「資本と賃労働とは同じ一つの関係の二つの側面である。」(『賃労働と資本』52ページ，全文圏点) ここで，資本と賃労働とがおなじコインのおもてとうらをなすというばあい，「おなじ一つの関係」とはなにかが，問題になる。「おなじ一つの関係」とは，資本家による生産条件の排他的所有をさすことについては，つぎの引用文がしめすとおりである。「非労働者によるこの生産手段の所有こそは，労働者を賃金労働者に転化させ，非労働者を

資本家に転化させるのである[1]。」(Kapital, III, S.51)

ここで,「資本主義的生産における生産手段の社会的規定性―生産手段が一定の生産関係を表現するということ―」(MEGA, II /3.6 [9] S.2180, 圏点―マルクス) というとおり, 生産条件の排他的所有は, それ自体一つの生産関係をあらわすことに注意してよい。けだし, 生産条件の排他的所有は, その対極での生産条件の非所有を内包し, 無産者との関係というひろがりをふくむからである[2]。資本は賃労働の対極の存在にすぎないのに, 一つの極の資本が生産関係であるのは, プラスとマイナスのように, 資本という一極がそれと不可分な賃労働という対極を予定しているからである。そのいみで, 資本は, まぎれもなく一つの生産関係をあらわす一方, 賃労働もまた, それ自身生産関係の表現である。生産条件から分離した存在である賃労働は, その対極における生産条件の排他的所有を即自的にふくんでいるからである。生産条件の排他的所有にあらわされる一つの極の資本がそれ自身生産関係であるのは, 商品にたいする貨幣が社会的関係の表現であるのとおなじである。「貨幣は, 一つの物ではなく, 一つの社会的関係である。」(『哲学の貧困』国民文庫, 高木佑一郎訳, 115ページ) 金は, ほかのすべての商品によって受動的に価値鏡にされる社会関係のため, 直接的な交換可能性の形態にたつ[3]。直接的な交換可能性の形態は, 非直接的な交換可能性の形態と不可分のため, それ自身社会的関係の表現である (Kapital, I, S.82) のとおなじように, 生産条件の排他的所有からなる一方の資本は, それからの排除による他方の賃労働と一体の関係にあるため, それ自身で, 資本家と労働者とのあいだの生産関係をあらわす。

マルクスの指摘のとおり, ひとは, 貨幣から社会関係をみおとすように, 一つの極をしめる資本が, それ自体生産関係である基本性格をみのがしがちになる。生産条件の排他的所有は, それ自身生産関係であるため, そのA面が資本をあらわす一方, そのB面に賃労働がなりたつ。第23章での資本蓄積の一般的法則が労働者サイドでの貧困の蓄積をなし, 第24章での資本の本源的蓄積は, それ自身同時に賃労働者の形成をあらわすという事実も, 反省してみれば, 生産条件の排他的所有が即自的に賃労働者とのあいだの生

産関係をふくむ内面的なつながりにゆらいする。資本と賃労働が生産条件の排他的所有の二側面だということは，生産条件の排他的所有と労働力による剰余価値創造とが不可分の一体性をもち，資本をあらわす生産条件の排他的所有の裏面に，剰余価値をうむ労働力の特殊歴史的な属性がなりたつこととおなじである。生産条件の排他的所有は，労働力による剰余価値創造を直接規定する。そのいみで，資本が生産関係であるとは，生産条件の排他的所有が資本・賃労働関係をふくむというのとおなじである。

　生産条件の排他的所有によって成立する資本主義的生産関係は，基底的な一面とそのうえになりたつ追加的な一面とから立体的に構成される。まず，その生産関係の基底的な一面は，資本家と労働者とのあいだの対立的な所有関係そのものである。「資本主義的生産の本質をなす対立」(MEGA, II /3.6 [9] S.2014, 圏点—マルクス) というとおり，生産関係のもっとも本質的な契機は，資本と賃労働との対立関係である。それは，「資本と労働との関係一般」(Grundrisse [2] S.333, 圏点—マルクス) または「資本と労働とのあいだの本源的な関係」(Ibid., S.448) である。「一方の労働条件と他方の生産者との分離こそは，資本の概念を形成する。」(Kapital, III, S.256) というとおり，資本と賃労働との対立的な所有関係そのものから，資本の本質的な機能である剰余価値がうみだされる。

　しかし，資本主義的な生産関係は，資本家と労働者のあいだの対立的な所有関係という基底的な一面のうえに，少数の資本家のもとへの生産条件の集積という追加的な一面がうわづみされて両者の統一として完成する。資本と労働者の対立関係という基底的な一面は，直接には，生産条件の所有と非所有の対立をあらわすにすぎないからである。つまり，直接生産者からの生産条件の分離によって，個々の資本家のもとに，以前にはない大規模な生産条件が集積するという要素は，資本と労働者の対立的な所有関係という基底的な一面では浮き彫りになっていない。「相対的にわずかな人々の手中への生産手段の集積は，そもそも資本主義的生産の条件および前提である。」(MEGA, II /3.1 [4] S.327, 圏点—マルクス) 独立生産者の資本家への転化にさいして，「個人的で分散的な生産手段の社会的に集積された生産手段への転

化」(Kapital, I, S.789) がうまれる。ようするに，分析的にみれば，単一の資本主義的生産関係は，資本と労働者の対立関係という基底的な一面と個別的資本家への生産条件の集積という追加的な一面との立体的な統一からなりたつ。

> 1) 「蓄積された労働」(『経済学および課税の原理』410［原］ページ) という古典派による資本の規定は，生産条件そのものを超歴史的に資本の絶対的形態とみなすとりちがえに起因する。生産条件それ自体が資本ではなく，排他的に所有された生産条件が資本である。「資本は労働条件の疎外された形態を，一つの独自に社会的な関係を，表わしている。」(Mehrwert［7］S.1493, 圏点―マルクス)「資本は，社会の一定部分によって独占された生産手段であ (る)。」(Kapital, III, S.823) 古典派には，生産条件を資本たらしめる排他的所有＝独自な生産関係の閑却がある。
> 2) 近代的土地所有について，地主による排他的所有は，それ自身，ほかの人々の土地からの排除をふくむという注目すべき文言がある。「直接生産者からの土地の収奪――一方の人による土地の私有は他方の人の土地の非所有を含んでいるという私有―」(Kapital, III, S.820)。
> 3) 「上着の等価物存在は，いわば，ただリンネルの反射規定なのである。」(『資本論第1巻初版』22［原］ページ, 圏点―マルクス) 月光が太陽光線の月面での反射であるように，賃労働は，資本の反射規定にすぎない。

2 貨幣の資本への現実的な転化

貨殖の秘密の解決は，独立生産者の1労働日が必要労働だけからなりたつというマルクス屈指の創見を前提にはじまる。これは，宇宙の創造をなすビッグバンや生命の起源の問題とおなじである。それでは，生産条件の独立生産者からの分離に対応して，労働者はどうして剰余労働を支出することになるのであろうか。ここに，剰余価値の本源的な生成の秘密を解決すべき経済学の根本問題がある。

まず第一に，独立生産者の賃労働者への転化によって，労働者の再生産にようする必要労働の分量は，労働支出による労働力の損耗を回復するだけの消費財の価値に圧縮される。たんなる労働力の再生産にようする労働分量への必要労働のせまい限定は，資本主義的生産関係のもつ基底的な一面がもたらす歴史的な産物である。労働力商品の価値規定は，労働生産物である商品

の価値の規定と本質的にはおなじである[1]。労働力は，個人の素質として存在するため，その生産は個人の存在を前提する。だから，個人の存在が前提された労働力の生産は，その再生産に還元される。「労働力の価値は，他のどの商品の価値とも同様に，その再生産に必要な労働時間によって規定されている。」(Kapital, III, S.877) マルクスによる労働力の価値規定は，賃金＝生存費説を主張する古典派の再版ではなく，労働生産性がおなじであれば超体制的におなじ必要労働分量をとなえる所説への事実上の批判である[2]。

　第二に，資本家は，労働力の価値とひきかえに手にいれた資本の成分としての労働力の使用価値を，生産過程で合目的的に消費する[3]。労働力の使用価値は，その1日分の使用権であることから，資本家は，労働力の価値の補塡にようする必要労働時間をこえて労働日を延長し，労働力の使用価値をできるかぎり消費しようとつとめる。ここで，延長された労働日と労働力の価値の補塡にようする縮減された必要労働時間との関係によって，剰余価値が本源的に形成される。前貸しされた価値は，労働力への転化によって，生産過程で，じっさいに不変量から可変量に転化し，資本の自己増殖を実現する。必要労働をこえる労働日の延長にもとづく剰余価値の生成は，絶対的剰余価値生産にほかならない。一方での労働力の再生産にようするだけの必要労働分量の圧縮と他方でのそれをこえる労働日の延長という正反対の方向の二面的な運動は，ともに労働者からの生産条件の分離という対立的な生産関係に規定されるから，剰余価値は，生産条件の排他的所有を基軸になりたつ生産関係の所産である。「剰余労働は生産手段の資本への転化から，すなわち現実の生産者にたいする生産手段の疎外から生ずる。」(Ibid., S.453)「生きた労働にたいする過去の労働の支配としての資本が，剰余労働したがってまた剰余価値を創造・生産する。」(MEGA, II /3.1 [4] S.172f., 圏点—マルクス) 生産条件の排他的所有は，それから分離された労働力による剰余価値創造という特有な属性を規定する。剰余価値をうむ労働力の独自な能力は，生産条件の排他的所有という生産関係のもつ反射規定にすぎない。

　こうして，必要労働をこえる労働日の延長によって，貨幣は，剰余価値をうむ特有な属性を実現し資本の本性を実証するから，資本への現実的な転化

をとげる。剰余労働は対立的な所有関係の産物であるため、労働による価値規定を内容とする価値法則とは区別される剰余価値法則の存在が主張できる。マルクスが第5章で、剰余価値生産によって「貨幣は資本へ転化された」(Kapital, I, S.209)というのは、第4章での貨幣の資本への可能的な転化とは概念的に区別される貨幣の資本への現実的な転化である。じっさい、第5章で、マルクスは、それまでの展開をふりかえって、つぎのようにのべている。「貨幣の資本への転化は、流通部面のなかで行なわれ、そしてまた、そこで行なわれない。流通の媒介によって、というのは、商品市場で労働力を買うことを条件とするからである。流通では行なわれない、というのは、流通は生産部面で行なわれる価値増殖過程をただ準備するだけだからである。」(Ibid., S.209)ここで、マルクスは貨幣の資本への転化そのものを二面的に規定している。流通での貨幣の資本への転化という一面の規定は、独特な使用価値をもつ労働力商品との関連での貨幣の資本への可能的な転化に対応し、生産過程での貨幣の資本への転化という他面の規定は、剰余価値生産による貨幣の資本への現実的な転化に対応する。貨幣の資本への可能的な転化は、その現実的な転化の論理的前提をなし、ぎゃくに、後者は、前者を検証するという点で、密接な関連にたつ。マルクスが第5章で資本の一般的定式の矛盾にふれるのは、前半の契機である流通での貨幣の資本への転化をふまえ、後半の契機である生産過程でのそれを検証するためである。流通で資本はうまれると同時にうまれないという資本の一般的定式の矛盾は、第4章で、労働力商品に起因して、貨幣が価値変化する高次の属性をうけとることによって、すでに解決ずみである。資本の流通での発生（貨幣の資本への可能的な転化）と資本の流通での非発生（貨幣の資本への現実的な転化）という二命題の同時成立は、第2篇第4章と第3篇第5章に一貫したマルクスの不動の立場である。前者のばあい、貨幣は、単純流通上で「可能的資本」(Ibid., III, S.351)・「即自的資本」(『資本の流通過程』18ページ、圏点—マルクス)をなし、後者のばあい、貨幣は、剰余価値生産によって「実現された資本」(同ページ、圏点—マルクス, Kapital, II, S.49, S.52)になる。

以上、本項で、生産関係の基底的な一面である対立的な所有関係に着目し、

第4章　富と貧困の成立

労働者が，生産条件の喪失に対応して，いかに剰余価値を創造するかをといた。生産条件の労働者からの分離は，剰余労働を発生させる点で，前後の社会関係をわける活断層である。剰余価値が生産条件の排他的所有を根因としてうまれる因果を看過すれば，マルクスの剰余価値論は，九仞の功を一簣にかくことになる[4]。必要労働をこえる労働日の延長による剰余価値の生成は，そこではじめて剰余価値がうまれる点で，絶対的剰余価値生産の本質規定である。「絶対的剰余価値を考察すると，それは労働日を必要労働時間を超えて絶対的に延長することによって規定されたものとして現われる。」(*Grundrisse*〔2〕S.639) そのいみで，第5章「労働過程と価値増殖過程[5]」は，第3篇絶対的剰余価値論の一番の要衝である[6]。これにたいして，第8章「労働日」は，必要労働をこえて延長された労働日がどこで終点をかくされるかを分析するため，絶対的剰余価値生産の完了規定をあたえる。

　ふりかえっていえば，労働力による剰余価値の創造時点で，第2篇表題での貨幣の資本への転化を帰結する主張には，労働力が生産過程で資本の存在形態だという要点の看過がある。労働力が資本の成分として消費されるため，その成果は，資本の特有な産物としての剰余価値という規定をうけとる。単純流通での貨幣の資本への可能的な転化を前提にしてなりたつ剰余価値生産は，その現実的な転化を実現する。

> 1) 労働力の価値といっても，労働力は，労働生産物ではないから，それ自身では価値をもたない。労働力は，労働生産物の消費によってのみ恒常的に市場に登場できる商品だから，その価値は，労働者の生活にはいる消費財の価値を媒介にして規定される。だから，労働力の価値は，それと労働とのあいだに生産物である消費財が介在する点に，物質的財貨のばあいとの差別性がある。
> 　　賃金が労働者の生活に必要な消費財の価値にひとしいことは，すでに重農主義にしられた事実であった。「労働者の賃銀は，労働者間の競争によって，生活必要費額に限定される。労働者の得るところは僅かに生命を維持するにすぎぬものである。」(チュルゴオ『富に関する省察』26ページ)
> 2) 労働力の再生産にはいる生活必需品の範囲は，それ自体一つの歴史的な産物である (*Kapital*, Ⅰ, S.185, 『直接的生産過程の諸結果』101ページ)。たとえば，新聞は，現在ではそれに目をとおすことから1日がはじまる生活用品であるが，明治の前半ごろには値段がたかいため，少なからず新聞縦覧所で有料または無

101

料でよまれた。新聞の普及は，交通通信手段の発達とりわけ郵便制度の確立におうところがおおきい。
3) 生産は，生産手段の消費という面からみれば，生活手段にかかわる個人的消費にたいして，生産的消費として区別される（*Kapital*，I，S.198）。「産業的消費は新たな労働の付加にほかならない。」（*MEGA*, II /3.1 ［4］S.60）
4) 剰余価値を労働力の特性からみちびく主張は，生産条件の排他的所有による賃労働の規定関係をみおとしている点で，月光が太陽光線の反射である因果をみのがすのとおなじ論法である。労働力による剰余価値創造の秘密は，いまだにとおい宇宙から人類のてのひらに落ちてきた隕石のおもむきをていする。
5) 資本の生産過程は，労働過程と価値増殖過程の統一である。人間の自然にたいするはたらきかけで自然から有用な物質的財貨を獲得する行為は，社会的な生産形態に影響されない労働過程を形成する。一方，資本主義では，物質的財貨の生産によって剰余価値がうまれるから，労働過程は，同時に価値増殖過程という一面をあわせてもつ。価値増殖過程が労働過程の一面である関係は，抽象的人間労働が具体的有用労働の一面である関係とおなじである。
6) 賃金があがっても剰余価値がへるだけで，商品価値は変化しない。賃金と剰余価値はともに付加価値を構成するからである。賃金と利潤の相反関係を喝破した功績は，「労働の賃銀のいかなる変動」（『経済学および課税の原理』28［原］ページ）も「商品の相対価値になんらの変動をももたらしえない」（同ページ）と明言したリカードにぞくする（『賃金・価格・利潤』37 ページ）。

3 強制労働としての剰余労働

　前項で，労働者からの生産条件の分離によって規定される剰余価値創造の秘密をといた。ところで，剰余価値は，資本の成分としての労働力の生産的消費によって生成するから，搾取の本質的な一要素は，剰余労働支出につらぬく強制作用にある。賃労働者の支出する剰余労働は，資本家による強制労働にほかならない。賃労働は，強制労働である面で，奴隷労働や農奴の夫役とおなじ基本性格をもつ。本項では，賃労働者の剰余労働が強制労働だという性格は，マルクスの搾取概念のもつ本質的な一面であることをたしかめる。
　生産条件の排他的所有を無視し，蓄積財源を生産する労働を直接に剰余労働とみなせば，剰余労働は労働力の自然的な属性となり，それにつらぬく強制作用は問題にならない。あるいは，労働力の売買を議論の起点にすえれば，剰余労働は，商品所有者としてのその買い手の権利行使によって自動的に支出されるため，強制労働たる性格がみのがされる。しかし，剰余労働が強制

第4章　富と貧困の成立

労働であるその本質的な契機の看過は，貨殖の秘密の未消化に起因する。マルクスの絶対的剰余価値論をふまえれば，剰余労働＝強制労働という命題が論理必然的にみちびかれる。「資本主義的生産においては，資本は労働者にかれの必要労働時間をこえて労働することを強制する。」(*MEGA*, Ⅱ/3.1 [4] S.172)

　まず，賃労働者の剰余労働が強制労働だというばあい，労働生産性のある程度のレベルは論理的な前提である。肉体的・精神的な限度いっぱいはたいてようやく直接生産者の生存が可能な労働生産性のもとでは，他人のための無償労働の可能性そのものが存在しない。「労働生産性のある程度の発展は，そもそも，絶対的剰余価値すなわち剰余労働一般が定在するためにでさえ，前提されている。」(*Ibid.*, S.226) ぎゃくに，労働生産性がいかにたかくても，それ自体としては剰余労働の可能性にすぎず，その現実性をあたえない。総生産物が労働者に帰属する共同的生産形態では，拡大再生産のための蓄積財源や災害・事故にそなえた予備財源の生産に支出される労働は，生産条件の所有者でもある労働者の再生産のための必要労働を構成するからである。個人的にか社会的にかをとわず，生産条件が直接生産者に所属するばあい，蓄積財源や予備財源の生産がふくまれる1労働日は，すべて必要労働からなりたつ。蓄積財源の生産と剰余労働の支出とは，概念的に相異なる[1]。資本主義にあっては，前者と後者は，おのおの労働過程と価値増殖過程とに対応する。

　そこで，蓄積財源をうみだすレベルの労働生産性を前提すれば，剰余労働は，それが対立的な所有関係に根本的に規定されてうまれるため，本質的に資本による強制労働である。剰余労働は，労働力の使用価値とその価値との差額にひとしく，労働力の価値は，労働者からの生産条件の分離にともない必要労働分量がたんなる労働力の再生産にようするだけにせまく圧縮された結果である。一方，必要労働をこえる労働日の延長は，労働力が資本の構成要素になる特有な性格にゆらいする。だから，剰余労働が，一見いかに資本家と労働者とが商品所有者として単純流通上で相対する対等平等な貨幣関係を前提に発生するかにみえようとも，問題の根っこは，労働力を商品に転化

103

させる生産関係の対立的な性格にある。対立的な生産関係によって労働力の商品化がなりたち，その労働力によって剰余価値創造が規定されるため，その実体たる剰余労働は，生産条件の排他的所有にもとづく労働力商品を媒介とした強制労働にほかならない。

剰余労働を生産力発展のたまものとみなしたのは，スミスをはじめとする古典派である（本書第4章第3節参照）。労働生産性増進から剰余労働をみちびく剰余労働＝超歴史説では，絶対的剰余価値と相対的剰余価値との本質的な区別は解消される。生産力増大にもとづく相対的剰余価値にたいして，絶対的剰余価値も結局おなじ原因に帰着するからである。

強制労働といえば，奴隷や農奴の労働にしめされる「人身的支配・隷属関係」（『直接的生産過程の諸結果』82ページ）によってなりたつむきだしの形態が想起されがちである。剰余労働は，支配隷属関係が人身的であるか経済的であるかに関係なく，本質的に強制労働である。賃労働のばあいは，剰余労働が「経済的な支配・隷属関係」（同上，89ページ，圏点—マルクス）に規定される因果が貨幣関係のベールにおおわれる。「労働者に剰余労働を強制する関係は，彼の労働諸条件が彼に対立して資本として定在しているということである。」（MEGA, II /3.1 [4] S.182）マルクスによれば，奴隷労働[2]は「直接的強制労働」（Grundrisse [1] S.242, 圏点—マルクス, Kapital, I, S.328）であるのにたいして，賃労働は商品交換によって「媒介された強制労働」（Grundrisse [1] S.242, 圏点—マルクス）をなし，ここに両者のあいだによこたわる同一性と差別性が統一的に表現されている。また，農奴のばあい，土地や農具・家畜などの生産条件を占有することから[3]，夫役のためには，領主による「経済外強制」（Kapital, III, S.799）が必要であった。農奴にとって，職業の自由や居住の自由をうばう土地への緊縛こそ，経済外強制にほかならない[4]。賃労働のばあい，剰余労働は，生産条件の排他的所有に規定された労働力の経済的な機能としてなりたち，「経済諸関係の無言の強制」（Ibid., I, S.765）にしたがう。「封建的搾取」（Ibid., S.743）に経済外強制が対応するのにたいして，「資本主義的搾取」（Ibid.）には経済的強制が照応する。

第 4 章　富と貧困の成立

1)　原始共産制から奴隷制の成立をとくばあい，生産条件の対立的な所有関係の成立から剰余労働の生成がみちびかれねばならない。
2)　「奴隷制では奴隷のまる一日が家畜のそれと同じく所有者のものである。」(*MEGA*, Ⅱ/3.1 [4] S.191f.)
3)　「直接労働者がまだ彼自身の生活手段の生産に必要な生産手段や労働条件の『占有者』であるという形態」(*Kapital*, Ⅲ, S.798f.)。「夫役労働者は，自分自身の労働能力の再生産に必要な労働を，彼が占有している耕地で行なう。」(*MEGA*, Ⅱ/3.1 [4] S.190)
4)　「農奴制関係では，労働者は土地所有そのものの契機として現われるのであって，役畜とまったく同様に，土地の付属物である。」(*Grundrisse* [2] S.373)

第 2 節　富と貧困

1　貧困とその蓄積

　第23章「資本主義的蓄積の一般的法則」によれば，資本蓄積とともに，労働者の物質的な状態は，受けとる支払いがどうであろうと，悪化する傾向をもつ。資本蓄積にともなう労働者サイドでの貧困の蓄積は，『資本論』を代表する基本命題である。マルクスのいわゆる貧困化論は，19世紀すえ以降100年以上ものあいだ，労働者の生活状態が以前に比して傾向的に悪化する絶対的貧困化かそれとも資本家の生活レベルに比して格差をひろげる相対的貧困化か，大別して二つのパラダイムのなかで議論されてきた。しかし，ここには，第23章での問題は，資本蓄積にともなう貧困の蓄積だというごく簡単な事柄のみおとしがある。貧困の蓄積とはなにかをとうためには，最初に，貧困とはなにかというその概念規定が必要である。貧困の蓄積とは，貧困の深化拡大であるから，貧困の概念規定を論理的な前提になりたつ。貧困とその蓄積との混同は，剰余価値生産と資本蓄積との混同にひとしい。剰余価値生産を前提に資本蓄積がなりたつように，貧困の概念を規定してのみ貧困の蓄積を論じることができる。労働者の貧困化を絶対的と相対的とに区分する議論には，そもそも貧困とはなにかというその概念規定の欠如に根本欠陥がある。「資本の蓄積に対応する貧困の蓄積」(*Kapital*, Ⅰ, S.675) という文言が明示するとおり，資本蓄積のもとで貧困の蓄積がなりたつとすれば，

資本蓄積とは剰余価値の資本への再転化だから，貧困は，剰余価値生産のなかでなりたつことになる。搾取によって労働者に貧困がうまれ，その貧困が剰余価値の資本への再転化のなかで深化拡大し，資本蓄積には貧困の蓄積が同時にあいともなうというのがマルクスの構想であると推論される[1]。ここでは，一つ一つ順をおった手続きをふむ大切さをおしえる「二兎を追う者は一兎をも得ず」ということわざが思いだされる。

> 1) 貧困とその蓄積との区別は，恐慌の発展した可能性をめぐる議論の陥穽をてらしだす。つまり，貧困とその蓄積との混同と類似の弊害は，再生産表式での生産と消費との矛盾にかんする先行研究にもみられる。従来，蓄積率の上昇に起因する第Ⅰ部門（生産手段生産部門）の第Ⅱ部門（生活手段生産部門）にたいする独立的な発展をもって，生産と消費の矛盾の累積とみなす主張がある。ここには，二大部門の格差拡大という同一の事態が，生産と消費の矛盾とその矛盾の累積という相異なる二つの契機をかねるという落とし穴の看過がある。二大部門の格差拡大は，それが矛盾の累積をあらわすとすれば，あらかじめ矛盾そのものを別個に規定する必要があるという初歩的な道理が欠落している。そのいみで，貧困とその蓄積との区別は，『資本論』研究のうえで応用にとむ論理学の原理である。『資本論』は，経済学だけではなく，論理学の書物でもある。「マルクスは，"論理学"をのこさなかったとはいえ，"資本論"の論理学をのこした。」（レーニン［1870-1924年］『哲学ノート』［1］国民文庫，288ページ）

2　資本主義特有な富と貧困

　本項で，剰余価値生産は，資本家にとって富の形成である反面，それを創造した主体の労働者にとっては貧困の形成である内面をほりさげる。

　貧困とはなにかをかんがえるばあい，資本主義が特有にうみだすその規定こそが中心問題である。資本主義が特殊歴史的に刻印する貧困こそ問題の焦点だとすれば，資本の本質的な機能は剰余価値生産だから，貧困は，搾取のなかにみいだされる必要がある。資本主義の特殊歴史性が問題であるかぎり，貧困は，資本の本質的な機能である搾取によってうみおとされる。搾取が貧困をうむということは，それが等価交換の前提上で実現されるかぎり，労働者は労働力の価値をうけとっても貧困だということをいみする。マルクスの貧困概念の独自性は，貧困がイニシアティブのある富の形成の反面としてな

第4章　富と貧困の成立

りたつ点にある。『資本論』にあっては，貧困は，富の形成に規定された従属的な産物として成立する。貧困は，第一義的にその対極に先行する富の形成によって判定される。労働力の再生産を基準にして直接に労働者の貧困を判断するとすれば，資本主義における貧困の歴史性はみうしなわれる。

　それでは，剰余価値創造は，なにゆえ労働力の価値をうけとる労働者にとって貧困を形成するのであろうか。富の蓄積と貧困の蓄積とはうらはらの関係にたつように，資本家にとっての富と労働者にとっての貧困とは，おなじコインの両面にあたる。商品は，資本主義における富の基本形態であるが，商品にふくまれる剰余価値こそ，資本主義における富の特有な形態である。だから，労働者による剰余価値創造は，資本家にとっての富の形成をなす一方，それをうみだした主体である労働者にとっては貧困の形成をあらわす。けだし，搾取が存在しないばあいには，労働者には，労働支出による付加価値全体が帰属するが，搾取によって，それのないばあいに比して付加価値から剰余価値部分だけ下方にその帰属分がおしさげられるからである。剰余価値生産を労働成果の所有法則としてみれば，労働者の物質的状態には，搾取がないばあいに比して付加価値のうち剰余価値部分だけ落ちこみが生じ，ここに搾取に規定された特有な貧困がなりたつ。労働者にとっての貧困は，資本家にとっての富の反面にすぎない。貧困を労働力の正常な再生産と比較する見方は，貧困を富の裏面に従属的に規定しない考え方のゆがみにゆらいする[1]。

　搾取にもとづく貧困をよりふかく分析すれば，貧困は，生活苦と労働苦との総計からなりたつ。すなわち，剰余価値は，労働力の再生産にようするだけの狭隘なおおきさへの必要労働分量の縮減とその必要労働をこえる労働日の延長という正反対の方向性をもつベクトルの二面的な運動に立脚してうまれる。そこで，まず第一に，必要労働分量を労働力の価値に圧縮する一方の運動は，労働者にたいして生活苦を強制する。「資本主義的基礎のうえでの局限された消費の大きさ」(*Kapital*, Ⅲ, S.267)と表現される「消費制限」(*Ibid.*, S.501)は，生産条件を所有しないため労働者に生じる必要労働分量の圧縮にもとづく[2]。「労働能力が取得したのは，自己の再生産に必要な生活

手段だけであり，すなわち，自己の実現の諸条件から分離されたたんなる労働能力として自己を再生産することだけである。」(MEGA, II /3.6 [9] S.2238, 圏点—マルクス) 生活苦とは，労働者のうけとる労働成果が労働力の回復にようする消費財分量に限定されるためうまれる社会的な産物である。

　第二に，必要労働をこえる労働日の延長作用は，労働者にたいして労働苦を不可避にする。なぜならば，剰余労働は，等価なしで資本家に取得される不払労働をなし，その強制は，労働を生命のよろこびから苦痛へと転化させるからである。剰余労働が労働苦だというのは，それが敵対的な生産関係に独自に起因する無償労働だからである。労働は，ほんらい生命の発現をなし，「正常な生命活動」(Kapital, I, S.61) にほかならない。労働支出自体は，人間がその起源であるサルから本質的に区別され発展させた原動力である[3]と同時に，生命の実現である。マルクスによれば，自然にはたらきかけ生存に必要な財貨を獲得する労働支出は，人間としての自己をなりたたせる究極の根拠であるため，「生きた労働能力自身の生命の発現」(Grundrisse [2] S.370) と規定される。物質的財貨をつくる労働は，人間存在にとって必須の自然条件として，まさに生命の実現である。「労働は，労働者自身の生命活動であり，彼自身の生命の発現である。」(『賃労働と資本』30-1ページ) 労働は，それ自体生命活動だから，それへの従事は人間に尊厳をあたえ，労働の機会がなければその尊厳がうばわれる。階級廃絶後の共同的なより高度な社会形態で，労働が「第一の生活欲求」(『ゴータ綱領批判』45ページ) になる内的な必然性をもつのは，労働ほんらいの性格にゆらいする。

　一方，労働者にとって，労働支出そのものは生命の実証過程であるが，労働日が必要労働をこえて延長され剰余労働支出が強制されたとたん，無償労働としての属性から，労働日全体が労働苦の性格をおびる。つまり，労働支出が生産条件の排他的所有に規定された無償労働として強制されれば，生命のよろこびから苦痛へとその性格は一変してしまう。資本主義で，労働者が労働するのは，たんに消費のためにすぎない[4]。労働支出がはじめから労働苦をともなういとなみとしてあらわれるのは，労働力の売買が剰余労働支出を条件とするためである。そもそも，労働疎外は，生命の発現としてポジテ

第4章　富と貧困の成立

ィブな性格をもつ労働支出の承認を根本前提になりたつ。独特な社会関係に規定された労働疎外という特殊歴史的なゆがみは，労働支出の積極的な性格を論理的前提にしてのみとける。そのいみで，労働苦は，特殊歴史的な社会関係からうまれる「疎外された労働」(『経済学・哲学手稿』国民文庫, 藤野渉訳, 108 ページ, 原著 1844 年 4 月—8 月執筆, マルクスが 1843 年にパリで経済学研究をはじめて最初の成果) にかかわる。アダム・スミスは,「あらゆるものがそれを獲得しようと欲する人に現実についやさせるものは, それを獲得するための労苦や煩労 (toil and trouble) である」(『諸国民の富』 I, 32 [原] ページ) というように, 労働支出を本源的に「休息や自由や幸福の犠牲」(*Kapital*, I, S.61) ととらえた。ここに, 生命の実現としての労働と階級関係のなかでしいられる労働との混同がある。労働が本来的に苦痛をともなう外観は, 労働とその特殊歴史的な形態である賃労働との混同に還元される。剰余労働強制にともなう労働支出の性格の変化というマルクスの指摘には, 目があらわれるような鋭利さがある。労働支出から生きるよろこびを抽出したマルクスの発見は, 経済学史のきり口を一変させた。

　こうして, マルクスにあっては, 独立生産者の賃金労働者への転化にともなう剰余労働の生成のなかに, 富の形成の反面としての貧困形成の秘密がかくされている。貧困化法則最大の難関である貧困の概念規定は, 搾取イコール剰余労働の生成をといた絶対的剰余価値論に内蔵されている。搾取が『資本論』の主軸として掌中の珠のように大事にされるのは, それが労働者の物質的状態に落ちこみをもたらす貧困を説明する点にある。剰余価値生成のしくみの内面に, 貧困は, 生活苦と労働苦を二本柱になりたつゆえんがふくまれる。絶対的剰余価値論は, 資本主義最大の社会問題である貧困の概念を規定する。

　以上, 本節で, 剰余価値創造は, 資本家には富の形成をあらわす反面, 労働者には搾取がないばあいに比して付加価値のうち剰余価値部分だけその帰属分に落差がうまれるため, 貧困をあらわすゆえんをといた。

　　1)　通常, 労働者の貧困が労働力の再生産の不十分な事態と観念されるのは, 賃

労働を労働の特殊歴史的な形態とみる観点のよわさに起因する。暗黙のうちに、賃労働が労働の普遍的な形態として絶対化されるため、労働力の再生産が貧困をはかる基準として固定化さる。リカードによれば、「労働の市場価格」が「その自然価格」よりさがれば、「貧困（poverty）」がうまれる（以上、『経済学および課税の原理』94［原］ページ）。賃労働を労働の歴史的な形態とみる立場にたつならば、生産条件が労働者に帰属するさいの物質的な状態こそ、搾取によって独自に発生する貧困をはかる根本前提として定立されるべきが本来のすじみちである。ひとは、労働力の再生産を尺度にして貧困をはかるならば、資本主義の歴史認識がとわれる。

2） 搾取による消費制限は、「すべての現実の恐慌の究極の原因」（*Kapital*, Ⅲ, S.501）をなし、『資本論』と恐慌論とのむすびつきの一つである。再生産表式での生産と消費の矛盾を規定するさい、労働者のせまい消費制限とはなにかが、搾取との関連でとかれていない。狭隘な消費制限とはなにかは、恐慌論研究のかくれたアキレス腱である。

じっさい、第Ⅰ部門の第Ⅱ部門にたいする不均等な発展をもって生産と消費の矛盾とみなす見地は、搾取による消費制限のあいまいさの産物である。消費制限は、マルクスにあっては搾取に起因するのに、先行研究では、第Ⅰ部門にたいする第Ⅱ部門の発展の落差にみとめられる。おなじことだが、前者では、消費制限を基礎に生産のための生産がなりたつのに、後者では、ぎゃくに、第Ⅰ部門の独自な発展が消費制限につながる関係にたつ。

『資本論』第Ⅱ巻第3篇でとかれる恐慌の発展した可能性は、二大部門の蓄積形態のちがいに関係なく、剰余価値生産の反面の圧縮された消費制限にもとづく。剰余価値生産の反面での消費制限の未解決は、内在的矛盾が二大部門間の格差拡大に短絡してしまう根因である。二部門間の蓄積格差を消費制限とむすびつけるところに、搾取による消費制限のあいまいさが傍証されている。剰余価値の生産は、個人的消費の圧縮を基礎になりたつのに、ぎゃくに、その実現が労働者の消費需要によって制約されるため、排除しながら依存する生産と消費の内在的な矛盾がなりたつ。資本とは排他的に所有される生産条件だから、過剰生産は、生産手段と生活手段の両方に発現する。そうじて、『資本論』と恐慌論とのあいだには、一見たがいに対極にあって無縁にみえる素粒子論と宇宙形成論との関連ににかよった内面的なつながりがある。

3） エンゲルス『猿が人間になるについての労働の役割』国民文庫、参照。そこで、エンゲルスは、「労働は、人間生活全体の第一の基本条件であ（る）」（7ページ）と指摘している。

4） 「動物的なものが人間的なものとなり、人間的なものは動物的なものとなる。」（『経済学・哲学手稿』103ページ）労働者は、生活手段をえる目的で仕事に従事するため、労働過程の外部で、飲食をはじめとする動物的な機能をはたすとき、人間であることを実感する。

第4章　富と貧困の成立

第3節　不変資本と可変資本

1　具体的有用労働による価値移転の媒介

これまでの展開で，生産条件の排他的所有を究極の根拠にして，剰余価値はいかにして本源的に形成されるかをといた。生産活動に投下された資本のうち，剰余価値をうむ母胎は，労働力として消費される資本部分だけである。生産手段として消費される資本部分は，剰余価値をうまず，ふくまれた価値を新生産物に移転するにすぎない。労働力として存在する資本成分は，付加価値の形成によって，投下された価値を新生産物に現実に再生産する一方，生産手段として存在する資本成分は，その消費分だけ新生産物に移転価値として再現する（*Kapital*, II, S.164, S.220）。

それでは，生産手段にふくまれる旧価値は，いかにして新生産物に移転されるのであろうか。過去の労働は，生きた具体的有用労働による生産手段の合目的的な消費によって，新生産物に移転される。すなわち，労働力が合目的的な発揮によってうみだす労働の唯一の姿態は，使用価値に実をむすぶ具体的有用労働である。一方，商品として買われた生産手段は，生産過程にあっては，たんなる使用価値としてのみ存在する。「現実の労働過程そのものの内部では，諸商品はただ使用価値としてのみ現存する。」（*MEGA*, II /3.1 [4] S.51））労働生産物が使用価値と価値との二重物である商品として機能するのは，流通部面のなかにすぎない。そうだとすれば，特定の使用価値としての生産手段は，その物質的な属性に対応した特定の具体的有用労働のはたらきかけをうけることになる。「労働そのものつまり合目的的な生産活動としての単純な規定性における労働が関係するのは，その社会的形態規定性における生産手段ではなく，その素材的実体における労働の材料および手段としての生産手段であ（る）。」（*Kapital*, III, S.833）そこで，特定の具体的有用労働は，特定の自然属性をもつ生産手段にはたらきかけ消費することによって，死んだ具体的有用労働を新生産物にうつしかえる[1]。つまり，生産手段が生きた労働のもつ独自な有用的属性によって合目的的に消費されるため，

111

そこにふくまれる過去の労働が新生産物に移転される。「労働は，生産手段を現実に合目的的に生産手段として消費するかぎり，つねに生産手段の価値を生産物に移すのである。」(*Kapital,* II, S.126) 紡績や織布などの単一の具体的有用労働は，その特殊な有用的属性にもとづく生産手段の消費によってその旧価値を新生産物に移転すると同時に，その抽象的属性によって新価値をつけくわえる。生きた具体的有用労働が生産手段を消費しつつ新生産物に対象化されれば，市場ではあらたに付加された具体的有用労働のみならず，新生産物にうつされた過去の具体的有用労働も同等に抽象的人間労働に還元される。「新価値を創造しながら元の価値を維持するということは，生きている労働の無償の天資である。」(*Ibid.,* I, S.633) 生産手段のふくむ旧価値移転と新価値形成とは，具体的有用労働という同一労働のはたす二面的作用である。「労働の二面的性格から生ずる同じ労働の二面的作用」(*Ibid.,* S.216) という規定のなかに，労働の唯一の現実的な姿態は具体的有用労働だという命題が回帰的に検証されている[2]。

　生産手段の旧価値移転は，生きた具体的有用労働による生産手段の消費にもとづくから，移転価値の分量は，労働生産性の増進につれて増大する関係にたつ[3]。つまり，生産手段の価値移転は，うまれる新価値の分量にではなく，労働生産性に対応して変化する。「労働者が保存する不変資本の価値は，彼がつけ加える彼の労働の分量にはまったく比例しない。」(*MEGA,* II/3.6 [9] S.2224，圏点─マルクス) そのいみで，労働生産性の増大とは，生きた労働にたいして過去の労働がふえる関係である。

　　1) たとえば，ブドウ酒の発酵のように，生産物が自然過程にまかされ，労働期間が中断されている生産期間─『資本論』第II巻第2篇第13章「生産期間」参照─にあるばあい，容器などの生産手段はその自然過程で消費され，価値を生産物に移転する。労働期間をこえる生産期間中の旧価値移転は，具体的有用労働の直接的な支出なしに実現される (『資本の流通過程』98-99ページ)。生産期間中の生産手段の消費は，それを具体的有用労働が自然過程にゆだねる能動的な作用による。
　　2) 労働の二重性が経済学理解の跳躍台だという命題は，具体的有用労働による生産手段の価値移転の根拠もふくむ。新価値形成だけでなく，旧価値移転のい

第4章　富と貧困の成立

かにしてかにもきちんとふれる同一労働の二面的な作用の説明には，一点一画をおろそかにしないいわば楷書の研究スタイルがある。
　3)　電気や石炭・ガスなどの補助材料は，生産物のなかにその物質的な成分としてはいりこまないが，生産物の価値成分を構成する（*Kapital*, II, S.159）。

2　不変資本の独自な役割

　生産活動に投下される資本のうち，剰余価値をうむ成分は，労働力という存在形態をとる部分だけにすぎない。生産手段として存在する部分は，その現物形態を変化させるが，価値のおおきさをかえない。生産過程に前貸しされた資本のうち，労働力という存在形態にある部分は，剰余価値をうみ価値のおおきさをかえるため，可変資本（v）と規定され，生産手段として存在する部分は，その価値のおおきさをかえないため，不変資本（c）とよばれる[1]。生産過程に前貸しされた資本（K）は，不変資本と可変資本の総計からなりたつ（K = c + v）。前貸総資本のうち，剰余価値をうむ資本成分は可変資本[2]だけだから，剰余価値をうむ価値という資本の一般的な概念は，二種の資本成分のうち，可変資本という一つの特殊的な成分によってあたえられる。「一般的なものは，一方ではただ思考上の種差にすぎないが，この種差は同時に，特殊的なものの形態および個別的なものの形態と並ぶ，一つの特殊的な実在的形態でもある[3]。」（*Grundrisse* [2] S.359, 圏点―マルクス）可変資本は，「生産資本の最も重要な要素」（*Kapital*, II, S.443）である。

　それでは，剰余価値の源泉である可変資本が資本を代表する[4]とすれば，価値のおおきさをかえない生産手段部分は，なぜ不変資本たりうるのかという問題に直面する。本項では，剰余価値をうまない資本成分を不変資本とよぶのは，自家撞着ではないかという疑問を解決する。

　結論をさきどりすれば，価値のおおきさをかえない成分が資本であるゆえんは，それがはたす資本機能に起因する。不変資本のえんじる資本機能は，生産手段がその特定の物質的な属性によって剰余労働創出のための実現条件をなすことである。生産手段は，その特定の有用な属性によって，労働力が具体的有用労働という形態で合目的的に剰余労働を創出するための物質的要件をなすため，その機能によって不変資本と規定される。具体的有用労働と

113

いう形態での労働力の発揮は、それに対応する特定の生産手段のもつ使用価値によって根本的に規定されている。特定の用途をもつ生産手段を前提にしてはじめて、労働力の合目的的な消費がなりたち、剰余労働をふくむ特定の具体的有用労働が支出される。たとえば、裁縫師がスーツをしあげるのは、たちバサミやミシンなどの労働手段と洋服生地の労働対象からなる特定の生産手段によってである。特定の種類の生産手段は、労働力が合目的的に発揮され、特定の具体的有用労働が支出されるための不可欠の媒体にほかならない。特定の生産手段は、労働力との接触をとおして剰余労働をふくむ特定の具体的有用労働の支出を実現し、それ自身新生産物に転化する。「現実の生産過程では労働の対象的な諸条件は、ただ単に、生きている労働が対象化されるということに役だつだけではなくて、可変資本に含まれていたよりも多くの労働が対象化されるということに役だつ。」(『直接的生産過程の諸結果』77ページ、圏点―マルクス) 機械は、生産過程でくりかえし稼働するため、すこしずつ価値移転をはたし価値増殖過程に部分的にしか参加しないが、つねに全体として労働過程に参加する。生産手段を不変資本となす概念規定は、労働力を可変資本となす資本の本源的規定にたいする従属的規定である。

　一歩ふみこんでいえば、剰余価値は、表面上、不変資本と可変資本の全体から一様に発生するその果実として現象する根拠もここにある。不変資本としての機械は、部分的にしか新生産物に価値移転しないのに、その全体が剰余労働創出の実現条件として機能することによって、可変資本とともに共同して剰余価値をうみだす源泉として現われる。「素材的には総資本が生産物形成者として役だつ」(Kapital, III, S.46) という『資本論』第III巻第1篇第1章「費用価格と利潤」での文言は、さしづめ、生産手段のはたす剰余労働創出の実現条件たる役割をあらわす。不変資本が剰余労働創出の必須の物質的な媒体として特有な資本機能を発揮するため、剰余価値は、不変資本と可変資本の共同のたまものとみなされる[5]。そのいみで、不変資本のはたす固有な資本機能いかんという問題は、利潤というカテゴリー成立の根拠づけをあたえるふみ台である。

第4章　富と貧困の成立

1) 価値増殖過程の立場からの不変資本と可変資本の区別は，貨殖の秘密を解決したマルクスをもって嚆矢とする（Ibid., I, S.639）。古典派では，不変資本と可変資本とが流通過程の立場から区別される固定資本と流動資本と混同された。前貸資本のなかでも，生産過程のくりかえしのあとで更新される生産資本部分（機械）は固定資本をなし，生産過程ごとに更新される生産資本部分（原料と労働力）は流動資本である（『資本論』第Ⅱ巻第2篇）。生産資本内部の固定資本と流動資本の区別は，剰余価値生産には関係しないため，第Ⅰ巻では考察されない。固定資本と流動資本の区別は，農業部面の生産資本が一年間をこえて回収されるか否か——原前貸と年前貸——という観点から，重農学派によって発見された（Mehrwert [6] S.1193f., 『資本論』第Ⅱ巻第2篇第10章）。
2) 資本家の排他的所有になる生産条件のうち労働力に転換されるのは，実質的には生活手段だから，可変資本は，素材的には，生活手段からなりたつ。「可変資本は，その素材的要素からみれば，実際に，労働者の消費にはいる諸商品つまり生活諸手段に解消する。」（MEGA, Ⅱ /3.6 [9] S.2084, 圏点——マルクス）資本家が労働力商品に支払う貨幣は，生活手段からなる可変資本の一般的等価形態である。
3) 特殊的なものが同時に一般的なものになる社会関係を『資本論』からクローズアップされた功績は，見田石介『資本論の方法』弘文堂，1963年に帰属する。
4) 不変資本とその増殖分の剰余価値との比率は，必要労働と剰余労働とのそれにひとしく，剰余価値率（m′）とよばれる。剰余価値率は，必要労働をこえて労働日が延長されるほど，たかくなるが，労働強度や労働生産性によっても規定される。
5) 剰余価値と利潤とのちがいは，その発生源が可変資本にあるとみるか投下資本全体にあるとみなすかにある。「利潤は総前貸資本の価値について計算された剰余価値にほかならない。」（Mehrwert [7] S.1357）だから，剰余価値は本質をあらわし，利潤は，本質としての剰余価値の表面的な現象形態である。利潤は，『資本論』第Ⅲ巻「資本主義的生産の総過程」で，費用価格（c + v）とともに規定される。剰余価値は，資本が形態変換する生産と流通の全過程からうまれるその産物という規定をうけ，利潤へと転化する。つまり，貨幣形態にある剰余価値は，生産資本をふくむ資本の三姿態にそれぞれ対応した資本機能の最終成果としてなりたつため，生産と流通の全体からうまれる投下総資本の所産として，利潤という高次の範疇へと転化する。つきとめた本質から出発して，それが正反対の現象形態をとるゆえんをとく分析に，『資本論』の真骨頂の一つがある。科学の任務は，事物の現象形態から本質をさぐりだすとともに，ぎゃくに，本質から内在的に現象形態を展開し，本質の正当性を検証するところまでをふくむ。

3 シーニアの最終1時間説

前項で，不変資本の価値は，具体的有用労働による生産手段の合目的的な消費を根拠にして，新生産物に移転されることをみた。ところが，生きた労働の二面的な作用のとりちがえは，労働日が短縮されれば剰余価値がなくなるとして，労働日短縮反対の主張にくみするシーニア（1790-1864年）の最終1時間説とむすびつく。それは，年少者の労働時間を1日12時間に制限する1833年工場法が施行されたあと，10時間運動が胎動する1837年に，労働日短縮に反対する資本家サイドの論拠として提出された。そこで，本項で，シーニアの最終1時間説の落とし穴がどこにあるかを明示する。

いま，綿花をつむいでできあがった20キログラム8万円の綿糸がつぎのような価値構成（c＋v＋m）からなりたつと仮定する。

商品の価値構成　80000円＝60000円(c)＋10000円(v)＋10000円(m)

このばあい，20キログラムの綿糸は，労働者1人の1日8時間労働によって生産されるものと想定する。そうすれば，労働者は，1日8時間労働によって2万円の新価値（10000円［v］＋10000円［m］）を形成すると同時に，具体的有用労働による生産手段の生産的消費によって，同じ8時間のなかで6万円分の不変資本の価値移転を実現したことになる。ここで，綿糸の価値の各構成部分を生産物量で表示すれば，

綿糸20kg＝15kg（c）＋2.5kg（v）＋2.5kg（m）

となる。ところが，シーニアの考えによれば，生産物量で表示された商品の三つの構成部分は，直接に1日8時間の労働日とむすびつけて表現される。

8時間＝6時間（c）＋1時間（v）＋1時間（m）

商品の三つの構成部分を1日分の生きた労働にむすびつけて表現する考え方では，労働日が1時間短縮されれば，剰余価値はなくなるというシーニアの最終1時間説が成立する。それによれば，標準労働日の短縮は，資本から剰余価値をうばいさるから，絶対にみとめられないという理論的な帰

結がうまれる。これは，不変資本の価値移転が生きた労働による価値形成と同時に実現される二面的な作用のとりちがえから生じた。1時間の生きた労働は2500円の新価値を形成することから，6万円の不変資本は24時間分の死んだ労働をふくむとかんがえれば，20キログラムの綿糸において，32時間分の凝固した労働であらわされる商品価値の三つの構成部分は，つぎのように表現される。

32時間＝24時間（c）＋4時間（v）＋4時間（m）

もし労働日が1時間短縮されるとすれば，4時間分の剰余労働がその$\frac{1}{4}$だけすくなくなって3時間に削減され，剰余価値そのものは消滅しない。ようするに，シーニアの最終1時間説の淵源は，不変資本の価値移転が生きた労働による付加価値形成と同時に実現されるゆえんを理解しないところにある。死んだ労働と生きた労働とからなりたつ商品価値を，1労働日中に同時実現される前者の移転を閑却して，後者とだけむすびつけて表現する仕方が根本的にまちがっている。

第4節　労働力商品と標準労働日

　必要労働をこえる労働日の延長によってなりたつ絶対的剰余価値生産の本質規定は，第5章でなされた。これにたいして，おなじ第3篇に属する第8章「労働日」は，必要労働をこえて延長される労働日の終点を確定し，絶対的剰余価値生産の完了規定をあたえる。第5章と第8章とは，第3篇「絶対的剰余価値の生産」をささえる二本柱である。そこで，第8章をひもとくさい，同章のキーワードである標準労働日とはなにかというごくプリミティブな疑問にぶつかる。標準労働日の概念は，初心者が一番しりたいベーシックな問題の代表例である。本節では，資本家と労働者がおのおの主張する正反対の権利を同等にふくむ労働力商品の交換法則から，内在的に標準労働日をみちびく。

1 商品交換法則に内在する二律背反の権利

　第8章第1節「労働日の限界」は，労働時間が標準労働日にきまる根拠を提出する同章のかなめの位置にある。本項では，まず，労働者の権利の主張とはなにかに重点をおき，商品交換法則がひとしくふくむ労働力の買い手と売り手の対立する権利をひきだす。

　商品の売買は，買い手が商品の価値とひきかえにその使用価値を手にいれる関係である。そこで，労働力商品の買い手の立場からみれば，労働力の価値を支払ってその使用価値を取得するのだから，資本家には労働力を1日使用する権利が帰属する。だから，剰余労働を創出する労働力の固有な使用価値を取得する資本家の立場にたてば，商品交換法則から労働者をできるかぎり長時間働かせる権利が内在的にうまれる。といっても，労働者は，食事・睡眠・入浴などの肉体的な欲望充足にくわえ，新聞購読やテレビ・ラジオの視聴など社会的な文化水準に規定された精神的な欲望充足の時間をようするため，労働時間には，労働力の肉体的・社会的な限度がある。

　ぎゃくに，労働者は，労働力商品の売り手の立場にたって，おなじ商品交換法則に依拠しながら，資本家とは正反対の権利を主張する。労働者にとって労働力商品は，もっぱら交換価値または価値そのものをあらわす。「労働者によって使用価値として資本に売られる労働（能力）は，労働者にとっては彼が実現しようとする彼の交換価値である。」(MEGA, Ⅱ/3.1 [4] S.142, 圏点—マルクス) ところが，労働者にとって労働力の再生産とは，労働力の標準的な耐用期間中，日々の損耗のたえざる回復をつうじてそれの機能を維持することである。そうであるとすれば，労働者にとっての労働力の価値とは，その標準的な耐用期間にわたって正常に機能する労働力の価値のすべてである。「労働者が資本と交換するものは，彼がたとえば30年間に支出する自分の全労働能力である。彼がそれを分割して売るのに応じて，彼にたいするそれの支払いも分割して行なわれる。」(Ibid., S.147, 圏点—マルクス) だから，大局的にみれば，労働力商品の価値とは，労働力の標準的な耐用年数のすべてにわたる生活手段の価値である。労働力の日価値は，労働力が標準的な耐用期間中正常に機能することを根本前提になりたつ毎日の再生産費で

第4章　富と貧困の成立

ある。「労働力の日価値は，…労働力の標準的な平均耐久力または労働者の標準的な寿命にもとづいて，また生命実体が適当に，正常に人間の天性に適して運動に転換されることにもとづいて，評価される。」(Kapital, I, S.549) ちなみに，毎日の労働支出のおおきさは，労働力の耐用期間にふかいかかわりをもつ。労働時間が延長されれば，労働力の消耗に対応して労働力の価値も増加する一方，労働時間がある限度をこえて延長されれば，労働力の損耗の加速化によって労働力の耐用期間そのものがきりつめられる。つまり，過度労働は，長期的にみれば，労働力の正常な持続期間を短縮して労働力の減価をもたらす。「標準的な労働時間をこえて資本家が労働能力を使用すれば，彼は，労働能力を，それとともにまたその価値を破壊することになる。」(MEGA, II/3.1 [4] S.161) だから，労働力の価値が標準的な持久期間を根本前提になりたつかぎり，労働日は，労働力が早期消耗しないで標準的な耐用期間もちこたえるながさでなければならない。「労働者は，自分の労働力を売ることによってその労働力を資本家にゆずりわたすのであるが，ただしそれは一定の合理的な限界内でのことである。彼が，自分の労働力を売るのは，その自然的な消耗をべつとしても，それを維持するためであって，破壊するためではない。」(『賃金・価格・利潤』75ページ) 労働者にとっての正常なながさの労働日とは，労働力の価値を支払われて標準的な耐用期間をまっとうできる労働時間である。だから，労働者が商品交換法則に依拠して要求する「標準労働日」(Kapital, I, S.248f.) とは，日々の労働支出にともなう疲労の回復をつうじ，労働者が標準的な耐用期間はたらくことのできる範囲内の労働時間をさす。労働者にとって労働日は，最大限，労働力の標準的な耐用年数は働くことの可能なながさでなければならない。

そこで，今度は，第8章第1節での労働者の権利主張にかんする例解を説明すべき順番である。マルクスは，労働者サイドでの正常なながさの労働日の要求について労働者自身にかたらせて，つぎのようにいう。

「平均労働者が合理的な労働基準のもとで生きて行くことのできる平均期間が30年だとすれば，きみが毎日ぼくに支払うぼくの労働力の価値は，その全価値の$\frac{1}{365 \times 30}$すなわち$\frac{1}{10950}$である。だが，もしきみがそれを10年で

消費するならば，きみはぼくに毎日その全価値の$\frac{1}{3650}$の代わりに$\frac{1}{10950}$を，つまりその価値のたった$\frac{1}{3}$を支払うだけであり，したがって毎日ぼくからぼくの商品の価値の$\frac{2}{3}$を盗むのである。きみは，3日分の労働力を消費するのに，ぼくには一日分を支払うのだ。これは，われわれの契約にも商品交換の法則にも反している。」(*Ibid.*, S.248)

　ここで，まず合理的な労働基準のもとで30年にわたる労働力の耐用期間が想定されたうえで，労働日の法外な延長によって労働力の回復に3日も必要な労働支出のため，労働力の耐久期間が10年に短縮するケースが例解される。それによれば，過度労働にともなう労働力のはげしい消耗のため，労働力の価値は3倍に増加する。一方，疲労回復によって3日間のうち1日しか労働できない事情から，30年間の標準的な耐用年数をもつ平均的な労働者と比較して，労働力の全価値は，その耐用年数の10年への圧縮に照応して，$\frac{1}{3}$に縮減する。平均的な労働者のばあい，労働力の日価値は$\frac{1}{365\times30}(=\frac{1}{10950})$であるのにたいして，労働日が法外に延長されるばあい，3倍の労働力の価値を支払われてもその再生産に3日間ようする事情から，1日あたりになおした労働力の日価値は，平均的な労働者のそれとおなじ$\frac{1}{10950}$となる。結局，後者のばあい，労働力の全価値は，$\frac{1}{10950}\times365\times30=1$となる前者にたいし，$\frac{1}{10950}\times365\times10=\frac{1}{3}$となって$\frac{2}{3}$だけ減少する。過度労働のばあい，労働力の日価値は，その消耗を完全につぐなうのにはんして，積年の過度労働の帰結として，労働力の耐用年数は30年から10年に短縮され，労働力の全価値は，平均的な労働者のばあいの$\frac{1}{3}$に圧縮される羽目になる。マルクスの例解でのポイントは，労働力の日価値が満額支払われると前提されたうえで，過度労働の継続による労働力の耐用期間の短縮のため，労働力の全価値が低下してしまう点にある。売り手の労働者からみて，過度労働が商品交換法則に反するのは，労働力の耐用年数の短縮にともない，労働力の標準的な価値が実現できないからである[1]。だから，過度の長時間労働が原因となって，労働力の耐用期間がちぢみその全価値の実現があやうくなるかぎり，労働者は，商品交換法則にたって，すくなくとも労働力がもつ標準的な耐用年数は労働できるながさの労働日を要求する権利をもつ。

第 4 章　富と貧困の成立

「ほかの売り手がみなやるように，ぼくは自分の商品の価値を要求するがゆえに標準労働日（der Normalarbeitstag）を要求する。」（Ibid., S.248f.）労働者が商品交換法則をタテに主張する「正常な（normal）長さの労働日」（Ibid., S.248）とは，剰余労働が労働力の標準的な耐用年数を短縮しない合理的な範囲内にある労働時間である。「われわれは，標準労働日を労働能力の使用と価値獲得的利用にとっての限度と見なすことにする[2]。」（MEGA, II/3.1 [4] S.164, 圏点—マルクス）ようするに，労働日をめぐる資本家と労働者との対立する二つの権利は，それぞれが取得する労働力商品の使用価値と価値とに対応する。資本家は，労働力の使用価値をもって必要労働をこえて最大限活用する独自な権利を主張する一方，労働者は，労働力の価値を過不足なく実現する立場から，労働日をもって標準的な耐用年数をちぢめないながさに制限する固有な権利を提起する。「労働日の標準化」（Kapital, I, S.249）とは，労働力の標準的な耐用期間を保証する範囲内への労働日の制限をいみする[3]。

以上，本項で，労働日にかんする資本家と労働者の対立する権利は，おのおのが取得する労働力の使用価値と価値の二要因に起源をもつことをといた。

1) 過度労働によって労働力の耐用期間がみじかくなる顕著な実例は，アメリカ南部の奴隷労働にみられる。マルクスによれば，綿花からその種子をとりのぞくホイットニーによる繰綿機の発明（1793 年）以前に，アフリカから輸入された黒人奴隷は，12 時間の畑仕事のあとで，その分離作業に 2 時間余分に労働させられた結果，労働可能年数を 7 年間にちぢめた（MEGA, II/3.1 [4] S.160）。繰綿機の発明により，1 日 1 人あたり 100 ポンドの綿が綿実から分離され，労働生産性が 100 倍になった（Kapital, I, S.413）。
2) 「労働力の正常な維持が労働日の限界を決定する。」（Ibid., S.280f.）
3) 標準労働日という概念が法定労働日とは区別される点については，17 世紀なかごろでの「標準労働日」（Ibid., S.287）の用法からも傍証される。別の箇所に，「もし標準労働日が法律的強制によって規制されなければ，…」（Mehrwert [6] S.677）という文言がある。

2　標準労働日の成立

産業革命によって確立する資本主義体制の基礎上で，労働日は，その特定

社会での労働力の耐用期間を短縮しない範囲の標準労働日にきまる。ところが,「近代的産業の祖国」(Ibid., S.316) のイギリス[1]で,機械制大工業が開始された産業革命 (1760-1830 年ごろ) の時代には,平均して 14 時間から 15 時間にもおよぶ無制限労働日つまり標準労働日をこえる労働日[2]——「標準労働日の限界をこえる労働時間の延長」(Mehrwert [5] S.496)——が支配した。「労働日の無限度な延長こそは,大工業の最も固有な産物である[3]。」(Kapital, I, S.533) そこで,無制限労働日からどうして標準労働日が成立したかが問題になる。本項では,産業資本が確立した資本主義の基礎上で,労働力をめぐる商品交換法則は,労資の階級闘争に媒介され,標準労働日となってつらぬかれる事実を考察する。

マルクスによれば,商品交換の法則は,必要労働をこえる労働日がどこで終点が画されるかを直接には指示しない (Ibid., S.249)。労働日をめぐる資本家と労働者のそれぞれの正当な権利は,商品の二要因から発する点で性格そのものが相異なるとともに,正反対の方向性をもつからである。しかし,ここで,資本家サイドの権利主張は,必要労働をこえる剰余労働の可能なかぎりの延長だという事柄に注意すべきである。かりに,労働力の標準的な耐用期間が保証される範囲内への労働日の短縮を想定しても,それは,剰余労働のおおきさの制限をいみするにすぎない。剰余労働の創造という労働力のもつ独自な使用価値は,その分量の制限によっては,すこしも止揚されない。ぎゃくに,労働者にとって,労働日が過度に延長され労働力の標準的な耐用期間が短縮されれば,労働力の全価値は保証されなくなる。労働日の過度の延長によって,労働力の標準的な耐用期間が収縮すれば,労働力の商品交換法則はなりたたない。労働力の商品交換法則とは,売り手が買い手にたいして労働力の全価値とひきかえに,その独自な使用価値を譲渡することである。だから,労働力の標準的な耐用期間が保証される範囲内へ労働日の制限が実現されるとすれば,労働力の独自な使用価値とその全価値が資本家と労働者のおのおのに確保され,標準労働日の成立によって商品交換法則が貫徹する。労働日は,標準労働日を突破しないながさに決定され,ここで資本家と労働者おのおのの権利のおりあいがつく。標準労働日は,商品交換法則をはなれ

第 4 章　富と貧困の成立

て階級関係によってきまるのではなく，商品交換法則が二階級の勢力関係に媒介されて実現される。「しだいに高まる労働者階級の反抗が国家を強制して，労働時間の短縮を強行させ，まず第一に本来の工場にたいして一つの標準労働日を命令させるにいたった。」(*Ibid.,* S.432) 商品交換法則は，資本家と労働者のあいだの労働日をめぐるあらそいを発生させると同時に，労資の関係に媒介され，標準労働日という形態で，貫徹する。階級闘争そのものは，労働日のながさがどこできまるかを説明しない。

　それでは，労働者は，資本家に対抗し，どうして剰余労働のできるかぎりの延長圧力を標準労働日の範囲内にくいとめうるのであろうか。それは，つぎの理由からである。すなわち，資本は同時に賃労働を形成することから，資本の増大は，同時に増加する賃労働者のむすびつきの強化を必然的にもたらす。機械制大工業の支配によって産業資本が確立すれば，マニュファクチュア時代とはちがって労働者階級が本格的な成立をみる。そこで，労働者階級の成立は，労働力の標準的な耐用期間を短縮する資本の攻勢にくさびをうちこむ役割を演じる。マニュファクチュアにあっては，生産活動が手労働の技術的な熟練にもとづくことが，労働者の独立心によって集団的な結束をゆるめる性格をもつ。一方，機械制大工業では，賃労働の資本にたいする利害対立は，熟練労働の単純労働化に起因して労働者の同質化をすすめ，つよい求心力をもって全労働者を資本に対抗する一つの社会的階級としてたばねる作用をはたす。

　歴史的にみれば，「工場制度の開始以来の半世紀」(*Ibid.,* S.440) にわたるイギリスの「無制限労働日の時代」(*Ibid.*) に，マニュファクチュアでの熟練労働者とはちがって，産業資本に適合的な生産形態の成立を影のように反映し，利害関係をははびろく共有して結集しうる工場労働者がふえ，労働者が階級として確立するにいたる[4]。それにともない，機械制大工業のもとでは，労働者の勢力をひろく結集する本来の労働組合があらわれ，標準労働日がはじめて法律によってさだめられるにいたった。「やっと，1833年の工場法──綿工場・羊毛工場・亜麻工場・絹工場に適用される──以来，近代産業にとって標準労働日が現われはじめる。」(*Ibid.,* S.295)

ちなみに，1830年代からの20年間は，イギリス労働運動のもっともはげしい時期であった。じっさい，フランス革命（1789年）の影響がおそれられ，労働者の団結を刑事罰の対象とする1799年と1800年（前年の法律の部分的修正）にしかれた「団結禁止法」は，1824年には撤廃され，労働組合にもとづく組織的な運動が合法化された。そのため，1834年，オーエンの指導によって「全国労働組合大連合」が組織された。おなじ年には，救貧税の徴収により，労働不能な貧民に救済の手をさしのべる一方，労働可能な貧民はワークハウス（救貧院）で強制的に仕事につかせ，浮浪者を犯罪人としてとりしまるエリザベス救貧法（旧救貧法，1601年）が改正された[5]。それにかわって，貧民救済はその人口数をふやすにすぎないととくマルサス人口論に立脚し，新救貧法（マルサス救貧法）があたらしく制定された。旧救貧法以降，院内労働はそれほど厳格ではなくなる一方，院外生活救助がはかられる経緯があったが，救貧費の軽減による資本蓄積と賃労働者化の促進を目的に，新救貧法で，救貧院外での生活救助が廃止される一方，院内での貧民救済がそれをうけない労働者の生活条件以下での劣等処遇の原則のもとに実施されることになり，新法にたいする労働者の反対運動をつよめた。また，1832年の第1次選挙法改正で，財産資格によるきびしい選挙権制限がゆるめられ，有権者の減少で買収可能な従来からの腐敗選挙区が廃止されたため，地主にくわえ資本家があたらしく選挙権を獲得した。1832年選挙法改正は，地主にたいする資本家の政治的な勝利をいみする。しかし，労働者は選挙権がえられなかった結果，成年男子の普通選挙権の獲得を中心として6ヵ条の要求項目をかかげたチャーチスト運動が38年から48年までもえさかった[6]。こうした労働運動のたかまりのなかで，工場法を代表する33年法と47年法の二つが実現した。

　実効性のある最初の労働時間制限法として，イギリス工場法史上新紀元をかくする1833年の工場法は，繊維産業に従事する18歳までの年少者だけを保護対象にすえる限定的な法律であった。それによれば，13歳から18歳までの年少者にかんして，1日12時間労働・1週69時間労働が最長限度とさだめられ，夜8時半から朝5時半までの夜間労働が年少者と女子に

第4章　富と貧困の成立

たいして禁止された（9歳から12歳までは1日9時間以下に制限，9歳未満の児童の雇用の禁止）。1802年に制定された工場法をはじめ五つの工場法にたいし，1833年工場法がはじめて労働日の制限に実効性をもちえたのは，その特別の番人として内務大臣直属で専任のスタッフからなる工場監督官制度[7]の整備におう。有給の4名の工場監督官は，操業中の工場へたちいって調査尋問をおこない，かつ証人喚問して証言させる権限をもった（同法の違反にたいしては，罰金刑がかされた）。

　ついで，1844年の追加工場法で女子労働者にたいする1日12時間労働の制限がさだめられたが，当時チャーチスト運動の高揚と連動して10時間運動がもりあがり，年少者と女子の労働日を12時間から10時間に短縮する1847年工場法が成立した。1833年工場法から1847年工場法へかけて，成年男子労働者は規制対象外のまま，12時間労働から10時間労働へと労働日の短縮がはかられた。1847年工場法の成立には，46年穀物法（1815年制定）廃止で利害対立した産業資本家と地主の分裂が作用した[8]。1833年工場法と1847年工場法の規制対象が綿工業の年少者と女子であったのは，綿業労働者の6割強が両者でしめられていた事実による。規制対象の年少者や女子と対象外の成年男子の作業は連係しているため，事実上，二つの工場法によって，労働力の標準的な耐用期間を短縮しない標準労働日が定着することになった。

　資本主義とそれ以外の社会体制とのあいだの労働時間を比較すれば，標準労働日は，商品交換法則の貫徹だとしても，それ自体長時間労働である。資本主義は，労働者に寿命を短縮しないだけの性格の長時間労働をしいる生産形態をなし，労働時間のながさの面では，これまでのどの生産形態にもまして群をぬいた存在である。「資本主義生産では，事実上労働者の可処分時間の全部が資本によって吸収される。」（『直接的生産過程の諸結果』55ページ）資本は，文化的な生活に不可欠な範囲をこえる労働力の緊張をしいる。

　以上，本節で，労働力をめぐる商品交換の法則は，資本の増大に形影あいともなう労働者の勢力にバックアップされ，労働力の標準的な耐用年数を短縮しない標準労働日として貫徹する事情をといた[9]。

125

1) 「17 世紀のあいだは，また 18 世紀のはじめの 3 分の 2 のあいだでさえ，10 時間労働日がイギリス全土のふつうな労働日であった。」(『賃金・価格・利潤』74 ページ)
2) 　機械制大工業誕生以来の無制限労働日の動因は，機械採用の初期における特別剰余価値の取得（Kapital, Ⅰ, S.429）や最新鋭機械導入のための早期更新（Ibid., Ⅲ, S.87）あるいは有機的構成高度化にともなう労働者数減少のうめあわせ（Ibid., Ⅰ, S.430）などにある。「近代的な産業体制では固定資本をふやす必要がますます大きくなるということは，利潤をむさぼる資本家にとっては労働日の延長の主要な刺激だった。」(Ibid., Ⅲ, S.87) 機械の採用は，熟練労働の単純労働への転化をおしすすめる。児童労働や女子労働の増加は，労働日の急激な延長にたいする抵抗をよわめた要因である（MEGA, Ⅱ /3.6 [9] S.2024）。ただし，労働日の延長を容易にした単純労働の増加は，ぎゃくに，のちの標準労働日の制定によって，成年男子労働者の労働日を制約する役目をはたした。
3) 「労働日の延長…近代産業のこの発明品」(Kapital, Ⅲ, S.243) というとおり，労働日の無制限な延長は「近代産業史上の注目に値する現象」(Ibid., Ⅰ, S.430) であるが，夜間労働や昼夜交替制も，工場制度の特有な歴史的所産である（Ibid., Ⅱ, S.241）。機械制大工業のもとでの生産の連続性の基礎には，固定資本の大規模化がおおきな役割をしめる。たとえば，鉄鉱石から銑鉄をつくりだす溶鉱炉（高炉）は，コークスの燃焼によって銑鉄をとけた状態のままでとりだす必要性と耐火レンガの劣化をふせぐため，一度火入れされるとその耐用年数がつきるまで，稼働しつづける。わが国最初の深夜業は，1883 年に，当時最大の紡績会社の大阪紡績ではじまった。機械制大工業の誕生以降に労働日のなだれのような延長が生じた事実がしめすように，人類史上労働生産性の増大とぎゃくの相関で労働日がなだらかな短縮傾向をたどったと考えるのは，社会関係を無視した先入観にすぎない。一説に，世界史的にみておおよそ 1 万年ほどまえまでの狩猟採集民の労働日は，平均 3-4 時間であったともいわれる。
4) 「プロレタリアートは，大工業のもっとも特有な産物である。」(『共産党宣言』40 ページ)「イギリスにおける労働者階級の歴史は，前世紀の後半すなわち蒸気機関と綿花を加工するための機械の発明とともにはじまる。」(エンゲルス『イギリスにおける労働者階級の状態』『マルクス・エンゲルス全集』第 2 巻，237 [原] ページ，原著 1845 年執筆，本書は，エンゲルスが 1842 年 11 月から 1844 年 8 月まで父親の経営するマンチェスターの紡績工場で研修したさいの研究成果である。)
5) 　救貧法批判の主張については，マルサス（1766-1834 年）『初版人口論』岩波書店，高野岩三郎・大内兵衛訳，原著 1798 年刊，第 5 章，リカード『経済学および課税の原理』第 5 章　参照。
6) 「このころ（1830 年代前半―頭川）すでに，新救貧法反対運動と 10 時間法案獲得運動とは，チャーティズムときわめて密接に結合していた。」(『イギリスにおける労働者階級の状態』446 [原] ページ) 1867 年の第 2 次選挙法改正で，

第 4 章　富と貧困の成立

労働者は，はじめて選挙権をえた。成年男子と成年女子の普通選挙権は，おのおの 1918 年と 1928 年に実現された。
7)　1833 年の工場法の番人としてもうけられた工場監督官制度は，内務大臣へ年 2 回，『資本論』で頻繁に引用される『工場監督官報告書』の提出を義務づけた。工場法と工場監督官制度の関係は，憲法と裁判所や独占禁止法と公正取引委員会，労働基準法と労働基準監督署の関係とおなじである。
8)　『共産党宣言』39 ページ，「国際労働者協会創立宣言」『ゴータ綱領批判』所収，20 ページ。1815 年の穀物条例は，ナポレオン戦争（1803-1815 年）後，イギリスへの安価な小麦輸入を回避し，地主階級の利益をまもる目的でつくられた。国内の小麦価格が一定水準以下に低下するさいには，外国産穀物の輸入禁止の措置がとられた。小麦価格の低廉化にブレーキをかける穀物条例をめぐって，たかい地代が保証される地主と賃金の低廉化がはばまれる資本家との利害がまっこうから対立する。1839 年にマンチェスターで，コブデンとブライトが「反穀物法同盟」を結成し，同法撤廃の大運動をくりひろげ，ついに 46 年に廃止法案が可決された。イギリスでは，穀物法廃止と 1849 年の航海条例の廃止とがあいまって，ここに自由貿易の体制が確立することになった。
9)　労働日短縮の方法には，所定内労働時間の短縮・残業の廃止・休日増加（完全週休 2 日制の実施や夏季休暇などのような連続休暇制度の採用）・有給休暇の消化・祝日の増加などがある。心臓発作や脳卒中による過労死の存在をはじめ働き中毒（ワーカホリック workaholic ← work ＋ alcoholic）を指摘されるわが国で，残業時間の最高限を規定しない労働基準法第 36 条（いわゆる三六協定）のみなおしが刻下の急務である。労災での過労死認定基準は，1 ヵ月の残業が 80 時間以上となっている。残業とならんで，日本の長労働時間のおおきな原因に，年間休日日数（週休日＋祝日＋年次有給休暇）にしめる年次休暇の取得日数のひくさがある。

第5章　資本主義と高度な生産力

　第4章で，生産条件の排他的所有があらわす生産関係の基底的な一面に着目し，必要労働をこえる労働日の延長による絶対的剰余価値生産のしくみをといた。本章では，資本主義的生産関係の追加的な一面に目をうつし，少数の資本家のもとへの生産条件の集積から，貧富の形成とならんで資本主義のもう一つの特色をなす高度な生産力形成の根拠をひきだす。資本主義的な生産関係のもつ基底的な一面によって，絶対的剰余価値生産がなりたつとすれば，その追加的な一面によって労働生産性の増進が規定され，必要労働の短縮にもとづく相対的剰余価値生産がなりたつ。相対的剰余価値生産は，資本主義的生産関係のもつ追加的な一面が固有にもたらす労働生産性の発展[1]にもとづく。

　相対的剰余価値は，古典派がといた剰余価値の唯一の形態である。古典派は，剰余価値生産を考察するさい，「労働日を一つの不変量と取り扱うアダム・スミス」(Kapital, I, S.563) というとおり，つねに労働日の大きさを不変と想定したからである。「リカードは，剰余価値の源泉も絶対的剰余価値も探求せず，したがって労働日を一定の大きさとみなしている。」(Mehrwert [6] S.1032) 古典派は，労働日一定を大前提にすえ，分業や機械の改良などによる生活必需品の低廉化（＝必要労働の減少）から剰余価値が増大する因果を主張する。だから，古典派では，労働日のながさが与件とされ，生産力発展による生活必需品の低廉化が剰余価値増進を規定するかぎり，剰余価値の本源的形成は不問にふされ，唯一相対的剰余価値のみが存在する。しかし，古典派に相対的剰余価値論しか存在しないという事実は，古典派とマルクスとの同一性をいみしない。古典派にあっては，資本主義は生産の絶対的な形態とみなされ，相対的剰余価値をもたらす生産力発展の社会的基礎に特殊歴史的な認識がないからである。生産力増進の社会的基礎は，資本家のもとで

第 5 章　資本主義と高度な生産力

の生産条件の集積にあるから，古典派による非歴史的な把握は，対立的な生産関係の無理解に起因する。ようするに，相対的剰余価値が生産関係の追加的一面に対応するという文脈にこそ，それにかんする古典派とマルクスとの相違がある。

　剰余価値生産の二形態は，資本主義的生産関係の基底的な一面と追加的な一面とに対応して成立する。だから，資本は，絶対的剰余価値と相対的剰余価値の二つを同時に追求する。「資本の傾向は，もちろん，絶対的剰余価値を相対的剰余価値と結びつけることである。」(Grundrisse [2] S.641) 資本主義の成立以来，はじめから二つの形態の剰余価値が同時に追求されるゆえんは，両者が生産関係の相異なる二面に対応してなりたつ事実にひそむ。資本主義は，最初から労働生産性増加の特有な方法である協業や分業とともにすすむから[2]，二つの剰余価値の同時的な増進は，歴史的にもうらづけられる。

　つけくわえれば，資本は，二つの剰余価値生産を同時に推進する一方，相対的剰余価値の生産は，労働日延長による絶対的剰余価値の一層の増加をうながす一面をもつ。「相対的剰余労働をつくりだす生産方法［の発展］について絶対的剰余労働への熱望が増大する。」(MEGA, II /3.5 [8] S.1642, 圏点—マルクス) 生産性増進は，生産手段のよりおおくの充用によって実現されるため，資本は，労働者の相対的な減少を労働日の一層の延長によってうめようとするからである (Kapital, I, S.429f.)。

1) 「生産関係によって条件づけられているかぎりでの生産諸力の発展」(MEGA, II /3.1 [4] S.129)。
2) 「生産的資本言い換えれば資本に対応する生産様式は，二重の様式でしかありえない—すなわちマニュファクチュアまたは大工業である」(Grundrisse [2] S.477) というとおり，資本は，特有な生産形態としてマニュファクチュアと機械制大工業をもつ。本来のマニュファクチュア時代は，絶対王政の絶頂期をむかえるエリザベス 1 世即位の 16 世紀なかばから 18 世紀の最後の 3 分の 1 期までの約 2 世紀のあいだである (Kapital, I, S.356)。資本主義が勃興した 16 世紀はじめからの半世紀は，単純な協業をおおきくこえないマニュファクチュアの形成期とみなされる (Ibid., S.354f.)。世界市場の拡大に対応した供給増大は，マニュファクチュアの形成によって実現された。

第1節　高度な生産力の根拠

1　資本主義のもとでの労働過程の社会的結合

　資本主義の二大特色の一つは，以前の生産形態にはみられない高い労働生産力の形成にある。「資本主義的生産様式―それは以前のどの生産様式にもまして労働の社会的生産力を発展させる―」(*Ibid.*, Ⅱ, S.143)。資本主義の比類のない高度な生産力の発生根拠は，端的にいえば，少数の資本家のもとへの生産条件の集積したがって多数の労働者により生産活動がいとなまれる工場の成立にある。封建制までは，工場が存在しないため生産力が低かったが，資本主義で工場ができたため，高度な生産力が実現された。ところが，第Ⅰ巻第3篇で，絶対的剰余価値の創造がとかれるさい，個別資本家のもとでの生産条件の集積とそれに対応した労働の集団的な形態は捨象された。第5章で，「労働者を他の労働者の関係のなかで示す必要はな」(*Ibid.*, Ⅰ, S.198)く，「一方の側にある人間とその労働，他方にある自然とその素材，それだけで十分だ」(*Ibid.*, S.198f.)とまえおきされている。「労働過程はまず第一にどんな特定の社会的形態にもかかわりなく考察されなければならない」(*Ibid.*, S.192)ということは，個別資本家のもとでの生産条件の集積にもとづく労働過程の社会的な形態の度外視とおなじである。「同じ労働過程での比較的多数の賃金労働者の同時的使用は，資本主義的生産の出発点をなしている」(*Ibid.*, S.354)のに，第3篇では，集団的な労働の形態は捨象された。

　マルクスは，おなじ第5章で，つぎのようにもいう。「資本は，さしあたりは，歴史的に与えられたままの労働の技術的諸条件をもって，労働を自分に従属させる。したがって，資本は，直接には生産様式を変化させない。」(*Ibid.*, S.328)「労働が資本に従属することによって起きる生産様式そのものの変化は，もっとあとになってからはじめて起きることができるのであり，したがってもっとあとで考察すればよいのである。」(*Ibid.*, S.199)第3篇で，労働過程は，人間と自然との物質代謝の要件としてはどの生産形態にも妥当することから，集団的な労働という契機は，分析の射程外におかれた。とこ

第5章　資本主義と高度な生産力

ろが，第4篇では，資本家のもとへの生産条件の集積という生産関係の追加的な一面が分析対象にとりこまれ，集団的な労働という独自な形態が問題になる。対立的な所有関係に着目した絶対的剰余価値論が完了すれば，第3篇では捨象された資本家のもとへの生産条件の集積という追加的な一面が復活される[1]。対立的な所有関係に着目した第3篇にたいして，第4篇では，少数の資本家のもとへの生産条件の集積が，高度な生産力の実現をバネにして，剰余価値生産の増進にあたえる作用が考察される。

　それでは，資本家のもとへの生産条件の集積は，どうして高度な生産力形成をもたらすのであろうか。独立生産者の小経営から少数の資本家のもとへの生産条件の集積への変化は，孤立的な労働がなりたつ「個別的労働過程」(Ibid., S.350) から集団的な労働を実現する「社会的労働過程」(Ibid.) への発展転化である。おなじことだが，それは，「矮小規模の分散的な労働過程から大きな社会的規模の結合された労働過程への転化」(Ibid., S.525f.) である。集団的な労働過程では，「孤立的労働」(Ibid., Ⅲ, S.821) の対概念としての「社会的労働」(Ibid.)・「大規模な労働」(『直接的生産過程の諸結果』86ページ，圏点—マルクス) が成立する。つまり，資本家のもとでの生産条件の集積は，社会的に結合された労働過程をつくりだす。大規模な労働が形成されれば，具体的有用労働が単位時間あたりに生産物をつくりだす作用度が増大し，個別的労働の算術的合計をうわまわる集団的労働の生産力がなりたつ。生産力または労働生産性の増加は，単位時間に支出される具体的有用労働がよりおおくの使用価値をつくりだす労働過程上の変化である。だから，資本家のもとへの生産条件の集積は，社会的に結合された大規模な労働をなりたたせ，生産力を飛躍的にたかめる物質的な基礎である。「資本が相対的剰余価値を創造するための，生産諸力を高め生産物量を増加させるための手段は，すべて労働の社会的形態である。」(MEGA, Ⅱ/3.1 [4] S.285) 生産力の増大は，共同的な労働の形態が発揮する無償の自然力である。「社会的労働の生産力」(Kapital, Ⅰ, S.349) という規定は，労働が集団的結合にもとづいて発揮する生産力の増進効果をあらわす。

　機械制大工業が内包する協業・分業・機械という三要素は，資本家のもと

への生産条件の集積にその基礎をもつ。「社会的に発展した労働の諸形態,協業,マニュファクチュア,工場」(MEGA, II /3.6 [9] S.2161) というとおり,協業・分業・機械の三つは,ともに高度な労働生産性の原動力である労働の社会的な形態に帰属する。ようするに,資本主義の高度な生産力は,同一空間で多数の労働者によって大規模な生産活動がになわれる工場という特有な存在に起因する。「資本主義的生産様式から生まれる工場制度」(Kapital, III, S.456) というように,工場は,資本主義の特有な存在をなし[2],資本主義の高度な生産力の表現である。資本主義以前の職住一致から資本主義での職住分離への変化は,生活と生産活動の空間がおなじ農村家内工業から工場への質的な変化をあらわす。資本主義のもとでの大量生産は,少数の資本家のもとへの生産条件の集積に基礎をもつ。大規模生産が資本主義的生産の別名であることは,つねにマルクスの強調するところであった。「大規模生産は資本主義的形態ではじめて発展する[3]。」(Ibid., S.96)

絶対的剰余価値は,伝来の生産方法のもとでなりたつため「形態的な資本関係」(MEGA, II /3.6 [9] S.2155, 圏点—マルクス) を前提する。これにたいして,相対的剰余価値は,資本家のもとでの生産条件の集積にもとづく「独自な資本主義的な生産様式」(Kapital, I, S.533) を前提する。協業や分業などの生産様式が独自に資本主義的な生産様式であるゆえんは,それが生産関係の追加的な一面に対応する点にある。また,「労働が資本に従属することによっておきる生産様式そのものの変化[4]」(Ibid., S.199) とは,「労働過程の社会的結合[5]」(Ibid., S.511) からなる「独自な資本主義的な生産様式」の形成をさす。資本の特有な創造物としての独自に資本主義的な生産様式の洞察にこそ,古典派をこえる『資本論』第I巻第4篇のむねのすくような独創性がある[6]。そのいみで,相対的剰余価値の生産が独自に資本主義的生産様式を前提するという命題は,第4篇を第3篇との関連で理解するさいの決定的な規定である。ここに,古典派をのりこえたマルクスの創見が凝縮されている。

通例,労働過程といえば,あらゆる社会形態に共通な生産活動につらぬく自然と人間の関係としてのみ観念されがちである。しかし,労働過程は,生

第5章　資本主義と高度な生産力

産を自然と人間のあいだの物質代謝という観点でみるかぎりで，超歴史的な性格をもつにすぎない。第5篇第14章「絶対的および相対的剰余価値の生産」の冒頭で，つぎのように回顧される。「労働過程は，まず第一に，その歴史的諸形態にかかわりなく，人間と自然とのあいだの過程として，抽象的に考察された（第5章を見よ）。」(Ibid., S.531) また，つぎのようにもいわれる。「労働過程の抽象的な形態は，むしろどの生産様式にも，その社会的な姿態や歴史的な規定を問わず，共通である。」(Mehrwert [7] S.1491)

ここで，従来，労働過程をとらえるさい，「その歴史的諸形態にかかわりなく」とか「その社会的な姿態や歴史的な規定を問わず」という文言が看過されてきた。まさに，超歴史的な性格をもつ労働過程は，独自に資本主義的な生産様式のたんに基底的な一面にすぎない。ぎゃくにいえば，資本主義のもとでの労働過程は，多数の労働力の結合のもとで生産活動がいとなまれる工場形態をとって存在し，少数のもとでの生産条件の集積を根拠としてなりたつ特殊歴史性をもつ。「労働過程そのものの協業的な性格」(Kapital, Ⅰ, S.531) または「単純協業は，それの発展した諸形態と同様に，労働過程に属する」(MEGA, Ⅱ/3.1 [4] S.233) というように，生産力の要素である協業や分業などは，「労働過程そのものの仕方様式」(Ibid., S.121) であるが，「労働過程の…歴史的に規定された社会的形態」(Kapital, Ⅲ, S.832) としては，生産関係の敵対的な性格に規定された一面をあわせもつ。協業や分業などは，資本家のもとへの生産条件の集積に基礎をおくため，「生産過程の独自な社会的性格」(Ibid., Ⅱ, S.357) である[7]。

以上，本項で，これまでの生産様式にない資本主義の生産力は，少数のもとへの生産条件の集積による労働の社会的な形態にもとづく根拠を考察した。資本主義での高度な生産力は，それ自身のもつ生産関係の追加的な一面にゆらいする。マルクスによる資本主義的な生産力の根拠づけには，ハチャトゥリアンの「剣の舞」(1942年作曲) にまさるともおとらない現代的な迫力がある。

1) 堀江英一氏によれば，絶対的剰余価値は，個別的資本家と多数労働者の代表

単数としての1人の労働者という,資本主義的生産力を捨象した生産関係のなかでなりたつ一方,相対的剰余価値は,そこに協業・分業・機械からなる生産力を復活させて成立するより具体的な関係である(『改訂産業資本主義の構造理論』有斐閣,1962年,88-90ページ)。協業・分業・機械=「資本主義的生産力」(同上,88ページ)という理解は,陰影にとむ。

2) 「資本主義的基礎のうえで行なわれている機械制に対応する発達した労働組織が工場制度である。」(MEGA, Ⅱ /3.6［9］S.1903, 圏点—マルクス)

協業・分業・機械という高度な生産力の三つの構成要素の関連は,その生産力が生産関係のもつ追加的な一面にゆらいする事実のなかにひそむ。生産関係のもつ追加的な一面は,生産条件の排他的な所有に立脚するため,まず労働の社会的な形態である協業や分業をなりたたせる。工場制度は,その基本性格として協業—「資本主義的生産過程のすべての発展した形態は協業の形態である」(Kapital, Ⅰ, S.555)—をもつ一方,分業は,「分業にもとづく協業」(Ibid., S.356)として,協業にたいしてよりすすんだ労働の社会的形態としてなりたつ(協業→分業)。協業と分業との先後関係は,労働の社会的な形態として,簡単なものとより複雑なものとの関係によってさだまる。さらに,高度な生産力は,協業や分業という基底的な契機を前提にして,道具から機械への労働手段の進展によってなりたつ(協業→分業→機械)。機械は,分業によって部分作業に適合する労働用具の分化・簡単化を基礎に,その分解された要素の合成からなりたつため,分業に後続してはじめて展開される。

3) 大規模生産=大量生産について,「大量生産—機械を充用する大規模な協業—」(MEGA, Ⅱ /3.6［9］S.2059)という規定がある。

4) 「資本は生産そのものをわがものとしてこれにまったく変化した独自な形態を与える」(Kapital, Ⅲ, S.339)。これにたいして,資本主義以前に,前期的資本である商人資本が生産者を支配するばあい,既存の生産様式の保存につとめる(Ibid., S.347)。ここに,ふるい商人資本と産業資本との対照的な性格のちがいのひとつがある。封建制の資本主義への移行において,商人資本が直接に生産を支配する仕方にたいして,生産者自身が資本家になる仕方をもって,マルクスは,「真に革命的な道」(Ibid.)とよぶ。

5) 労働過程での労働者は,可変資本のたんなる存在様式にすぎないため,労働者が共同的に発揮する生産力は,資本の内在的な生産力としてあらわれる。資本主義での労働は,労働者が支出するのに,労働力の買い手である資本家に所属するのとおなじ関係がなりたつ。

6) 第3篇で生産様式の変化が捨象されるという第5章での説明は,それ自体第3篇と第4篇との関連説明になっている。第3篇と第4篇との関連の不分明さは,さかのぼって,絶対的剰余価値論理解の深浅をてらしだす。

7) 結合された労働過程では,オーケストラの指揮者のように,集団的な労働を指揮する監督労働が必要になる。資本の生産過程は,労働過程と価値増殖過程との統一だから,監督労働も,共同的労働の遂行に必要な生産的機能と搾取機

第5章　資本主義と高度な生産力

能の二重性をもつ。それは，前者の面では，共同生産物の完成のための機能だから価値を形成する一方，後者の面では，物質的財貨の形成に関係がないため，価値を形成しない。

2　相対的剰余価値の概念

本項で，第4篇の相対的剰余価値は，剰余価値の一般的な形態である絶対的剰余価値とちがって，いかなる特殊的な性格をもつ剰余価値であるかを明確にする。

剰余価値は，必要労働をこえる労働日の延長によってはじめて生成するから，絶対的剰余価値は，剰余価値生産の一般的な形態である。これにたいして，必要労働の短縮によって剰余労働が増加する相対的剰余価値は，剰余労働をふくむ労働日からなる絶対的剰余価値を前提するため，剰余価値生産の特殊的な形態である。相対的剰余価値は，剰余価値の増加が労働日の延長ではなく，必要労働の短縮に規定されるため，相対的という規定をうけとる。絶対的と相対的という剰余価値の二つの生産方法は，労働日が必要労働をこえて延長されるか必要労働の短縮によるかの一線で区別される。かりに，1労働日が必要労働4時間と剰余労働4時間の計8時間からなるとすれば，必要労働が1時間短くなれば，労働日が不変のもとでは，必要労働の短縮分の1時間はそのまま剰余労働の増加分になる。必要労働の短縮に対応する剰余労働の増加に，相対的剰余価値のポイントがある。

それでは，必要労働の短縮は，いかにして実現されるのであろうか。資本主義での必要労働は，労働力の価値の補填に必要な労働分量である。だから，必要労働の短縮は，労働力の価値の低下によって実現される。労働力の価値は，疲労した労働力の再生産にはいる消費財の価値にひとしい。したがって，労働力の価値が低下するのは，消費財が低廉化するばあいだけである。さいごに，消費財の価値は，生きた労働と死んだ労働との総計からなりたつから，その低廉化は，生活手段生産部門で労働生産性の増進があるばあいかあるいはそこへ機械や原料を供給する生産手段生産部門で労働生産性の増加があるばあいに実現される。ここで，消費財とは，労働者が慣習的に衣食住にもちいる物質的財貨をさし，タバコのように健康への影響には関係がない。資本

135

家が消費する奢侈品[1]や拳銃・弾丸・戦車・軍艦・ミサイルのような軍需品は，労働力の再生産にははいらない。だから，消費財もつくらずそのための生産財も供給しない生産部門の労働生産性増大は，相対的剰余価値生産につながらない。つまるところ，剰余労働の延長になる必要労働の短縮は，必要労働の短縮←労働力の価値の低下←消費財の低廉化←生活手段生産部門またはそこへ生産財を供給する生産手段生産部門での労働生産性増進　という因果のもとで成立する。相対的剰余価値のしくみは，必要労働の短縮がどの生産過程にもあてはまる全社会的な性格をもつため，なにを生産するかに無関係に，すべての資本家に例外なく妥当する。

　ちなみに，相対的剰余価値の基礎には，最新鋭の生産設備をとりこむ資本蓄積（＝剰余価値の資本への再転化）という契機が存在する。相対的剰余価値をもたらす労働生産性の増進は，既存設備が更新される以前に，工場の拡張としてあらわれる資本蓄積のさいに実現される。「正常な蓄積の進行中に形成される追加資本は，特に，新しい発明や発見，一般に産業上の諸改良を利用するための媒体として役だつ。」(*Ibid.*, I, S.657) 第4篇では，労働生産性増進をもたらす資本蓄積という媒介になる手段が，剰余価値生産をこえるより高次の次元にぞくするため，捨象されている。ここでは，工場設備の更新期がくるたびごとに，その時点での最新鋭の機械装置がとりいれられると想定すればよい。

　相対的剰余価値をなりたたせる起動力は，個別資本家のもとでの労働生産性増進にもとづく商品価値の低廉化にある。それでは，資本は，剰余価値の獲得を規定的な目的とするのに，なにゆえ一見それと正反対にみえる商品の低廉化にはげむのであろうか。これは，古典派経済学をなやませた問題でもある。資本家が商品の低廉化につとめるのは，直接には個別的価値を社会的価値よりひきさげ，販売価格と個別的価値との差額の特別剰余価値をよけいに手にいれるためである。特別剰余価値は，社会的価値＞個別的価値がその前提条件だから，全資本家のポケットにおさまる相対的剰余価値とちがって，労働生産性を高めえた個別資本家にのみ帰属する。その個別資本家が社会的価値よりやすい販売価格を設定する理由は，労働生産性の増大によって，販

第5章　資本主義と高度な生産力

売すべき商品量が以前よりもふえ，よりひろい市場が必要になるためである。

そうすると，1人の資本家によって，社会的価値よりもひくい販売価格をもつ商品が市場に登場すれば，今度は，同一生産部面のなかのほかの資本家は，自分の商品の売れのこりの脅威におそわれる。そこで，どの資本家も，商品価値の低廉化のために，労働生産性増進に躍起になる。資本家がおのおの特別剰余価値取得のため，労働生産性増進によって個別的価値を低廉化すれば，その平均値である社会的価値はおのずから低下する。労働生産性増大の結果，消費財価値が低下すれば，労働日が不変のもとでは，必要労働の短縮分だけ剰余価値が増大し，相対的剰余価値がなりたつ。だから，資本主義では，労働生産性の増進による商品低廉化を手段にして，剰余価値の増加がはかられる。労働生産性の増進は，商品低廉化と剰余価値増大の両方を同時に実現する。相対的剰余価値は，まさに，商品低廉化を手段として剰余価値の増進を実現する方法にほかならない。だから，資本家は，直接には特別剰余価値取得ために個別的価値の低下にはげむ一方，その社会的な結果としての商品の低廉化は，剰余価値の増進をもたらす。労働生産性の増進は，商品の低廉化のもとで1個の商品がふくむ剰余価値量をひきさげる半面，労働力商品の低廉化に対応して，1労働日の総生産物がふくむ剰余価値量を同時にふやす。労働生産力は，商品価値と剰余価値にたいして正反対の方向性をもつ二面的な作用をおよぼす。「資本主義的生産にとって生産力の発展が重要なのは，ただ，それが労働者の剰余労働時間を増加させるかぎりでのことであって，それが物質的生産のための労働時間一般を減少させるからではない。」(Ibid., III, S.274) 資本主義では，商品の低廉化と剰余価値増加とは両立するため，前者の運動によって後者をはかる資本家の行動様式がなりたつ。「資本に内在する商品低廉化法則」(『資本の流通過程』87ページ)とは，特別剰余価値の取得という特有な目的をもつ商品価値の低廉化をさす。

特別剰余価値の取得は，それ自身相対的剰余価値生産の一種をなし，それをポケットにいれる資本家は，資本が相対的剰余価値で全体としておこなうことを個別的におこなう。

すなわち，いま，ある任意の生産部面にぞくするすべての個別資本におい

て，労働力の価値と剰余価値がともに4000円（必要労働＝剰余労働＝4時間）で，労働者1人あたり1労働日に8個の商品をつくり，商品1個の価値は，生きた労働1000円分と死んだ労働1000円分とからなると仮定する。そこで，ある資本家が労働生産性の2倍化に成功し，1時間あたり2個生産できることになったとすれば，1時間あたりうまれる付加価値1000円が今度は2個の生産物にわりあてられる。そうすれば，1個あたり商品の個別的価値は，生きた労働500円と死んだ労働1000円の総計で1500円になる[2]。その個別資本家は，1労働日にできた2倍の量の新生産物を販売するために，以前に比して2倍のおおきさの市場を必要とするから，自分の商品が市場のよりひろいシェアをしめるには，社会的価値よりもやすく売るほかない。販売価格がたとえば1750円とすれば，販売価格のうち個別的価値をこえる250円は特別剰余価値になる。ここで，生産手段16000円（1個あたり死んだ労働1000円が16個分）は，1750円×$9\frac{1}{7}$個で補填されるため，付加価値がうまれる8時間の1労働日は，$6\frac{6}{7}$個の商品（16個マイナス$9\frac{1}{7}$個）で表現される。$6\frac{6}{7}$個の商品があらわす付加価値のうち，労働力の価値4000円は，1750円×$2\frac{2}{7}$個であらわされ，剰余価値は，$6\frac{6}{7}$個－$2\frac{2}{7}$個＝$4\frac{4}{7}$個で表現される。労働力の価値$2\frac{2}{7}$個と剰余価値$4\frac{4}{7}$個の比(1:2)は，1労働日にしめる必要労働と剰余労働の比にひとしく，8時間労働のうち$2\frac{2}{3}$時間が必要労働をあらわし，のこりの$5\frac{1}{3}$時間が剰余労働を表現する。つまり，ある個別資本家にとって，ほかの資本家が労働力の価値の補填に4時間必要なところを，$1\frac{1}{3}$時間すくない$2\frac{2}{3}$時間ですむことになり，必要労働の減少分の$1\frac{1}{3}$時間は剰余労働に転化する。労働生産性増進のさい，労働日にしめる必要労働の相対的な縮小は，個別的価値よりたかい商品の販売価格にもとづく。「個々の資本家にとって労働の生産性を高めることが賃金の相対的な縮小につながるのは，ただ彼が労働の生産物をその個別的価値以上で売ることができるかぎりでのことである[3]。」(MEGA, II /3.6 [9] S.2092)

相対的剰余価値生産の一般的な方法は，労働生産性増大にもとづく商品低廉化による方法である。労働生産性増進は，生産関係のもつ追加的な一面に起因し，必要労働分量をへらすもっとも基本的な方法だからである。しかし，

第5章 資本主義と高度な生産力

相対的剰余価値には、商品の低廉化によらない特殊的な方法がある。それは、労働者家族の就業にもとづく労働力の価値分割（第13章第3節a）[4]、労働力の価値の低下をもたらす修業費の減少（第12章第3節）[5]、労働日の短縮にともなう労働強化（第13章第3節c）の三つである。

1) 「奢侈生産物というのは、労働力の再生産に必要でないすべての生産物を意味する。」(*Kapital*, Ⅲ, S.116)
2) 労働生産性の増進とは、おなじ分量の生きた労働がよりおおくの生産物をつくりだすことだから、議論の簡単化のため、ここで生産手段の価値移転分の不変を想定する。労働生産性の増進が陳腐化した機械の高性能なそれへの更新によるとすれば、最新鋭機械は、生産物量の増大につれて絶対的には高価になるが、1個あたりでみれば相対的にはやすくなる (*Ibid.*, S.270)。自然力が特別に利用できる資本家にとっては、個別的価値が低下する分だけ、特別剰余価値が追加的に取得される (*Mehrwert* [6] S.1171)。
3) 労働生産性の増進に成功した資本家は、個別的価値で販売したとしても、全商品の付加価値のなかに以前とおなじ剰余労働があるため、ひとなみの剰余価値を取得できる。特別剰余価値は、販売価格マイナス個別的価値の部分だけ余分なプラス・アルファ分である。
4) 本書183-4ページ、注3) 参照。
5) 「修業費—労働者の天性を特定の労働部門における能力および熟練として発達させるのに必要なもろもろの支出—」(*MEGA*, Ⅱ/3.1 [4] S.38)。このばあい、労働日不変とすれば、労働の単純化のため付加価値は減少するとしても、必要労働の短縮分だけ剰余労働はふえ、単純労働の基礎上で、労働日の分割比率変更にもとづく相対的剰余価値がなりたつ (*Kapital*, Ⅰ, S.371)。労働強化のばあいも、短縮された労働日の前提上で、その分割比率が資本家に有利に変化する（本書第5章第4節）。

3　相対的剰余価値と生産様式

前前項で、資本主義の高度な生産力の社会的基礎には、資本家のもとでの生産条件の集積がある事情を指摘した。ところが、そうだとすれば、第10章「相対的剰余価値の概念」に登場する「生産様式[1]」には、生産条件の所有関係が前提されていることになる。つまり、限定のない生産様式は、労働過程に所属する超歴史的な生産方法ではなく、特定の生産関係をふくんでいる。第4篇にかんする古典派をこえるマルクスの独創性と生産様式が生産

条件の排他的所有を前提する事実とは，不可分である。本項で，工場で表現される生産様式という範疇は，生産関係をふくむ事実を主張する。

　さしあたり「生産様式」が登場する代表的な箇所をしめせば，つぎのとおりである。

　「労働の生産力を高くし，そうすることによって労働力の価値を引き下げ，こうして労働日のうちのこの価値の再生産に必要な部分を短縮するためには，資本は労働過程の技術的および社会的諸条件を，したがって生産様式そのものを変革しなければならない。」(Kapital, Ⅰ, S.334)

　ここで，生産様式とは，「分業にもとづく生産様式」(MEGA, Ⅱ/3.6 [9] S.2016, 圏点―マルクス) や「機械に対応する生産様式」(Ibid., S.2015) という表現がしめすように，協業[2]や分業・機械という生産力の三つの構成要素をさす。さしづめ，大規模生産としての協業は，資本家による生産条件の排他的な所有に起因する。「協業は，もちろん，資本家の手中への労働手段の集積ならびに生活手段の集積を必要とする。」(MEGA, Ⅱ/3.1 [4] S.234, 圏点―マルクス) 本源的蓄積で，100万人からなる独立生産者の99パーセントが賃労働者に転落する一方，のこりの1パーセントだけが資本家になると仮定すれば，資本家の生産規模は，生産条件の集積によって，こしだめでいえば，以前の独立生産者のばあいに比して100倍にたっする勘定になる。だから，同一空間で多数労働者の共同労働がなりたつには，個別資本家のもとでの生産条件の大規模な集積という物質的条件がなければならない。したがって，「協業はつねに資本主義的生産様式の基本形態である」(Kapital, Ⅰ, S.355) から，資本家による生産条件の排他的所有は，個別資本家に帰属する生産条件の大規模化（協業）を媒介にして，機械制大工業を規定していることになる。資本家による生産条件の排他的所有は，いわば合わせ鏡のように，自己を大規模な機械制作業場という特有な形態にうつしだす。

　第4篇で問題対象になる生産様式は，第3篇で捨象された資本家のもとでの生産条件の集積と対応するから，生産条件の所有関係を内包している。「剰余価値の第二の形態つまり相対的剰余価値としての形態においては，資本に立脚する生産様式の産業的でかつ独特の歴史的な性格が直接に現われ

る。」(*Grundrisse* [2] S.640) ここで，生産様式が独自な歴史的性格をもつ根拠は，それが資本家のもとでの生産条件の集積という生産関係のもつ追加的な一面に規定される点にある。マルクスのつぎの叙述は，資本家のもとでの生産条件の集積が資本主義に独特な生産様式を創造するという脈絡をうらづける点で注目にあたいする。「生産者からの生産条件の疎外には，生産様式そのものの現実の変革[3]が対応している。個々別々な労働者たちが大きな作業場に集められて，分業化され互いに補足しあう活動をする。道具は機械になる。」(*Kapital*, Ⅲ, S.610)

さらに，マルクスは，別の箇所で，「生産諸条件の分配は生産様式そのものの一特徴である」(『ゴータ綱領批判』46 ページ) という根本命題をあたえている。これは，無限定の生産様式が生産関係を内包するという事実の決定的な典拠の一つである。賃労働と対をなす資本は，それ自体で特定の生産関係の表現であるように，近代工場にしめされる生産様式は，独自な生産関係に立脚してなりたつ。

それゆえ，『資本論』には「資本主義的生産様式」(*Kapital*, Ⅰ, S.49) と限定のない「生産様式」(*Ibid.*, S.199) というように，生産関係を前提するか否かによって二種類の生産様式の使用法があるというのは，後世の虚構にすぎない。生産様式というかぎり，それは，生産条件の所有と不可分な関係にたち，『資本論』でのその使用法は，本質的にただ一つしかない[4]。富の基本形態である商品をうみだす工場すなわち個別の生産様式が生産関係を前提するため，その工場からなりたつ資本主義的な生産様式は，生産関係をふくむ。資本主義的生産様式は，個々の工場が表現する「独自に資本主義的な生産様式」を社会的に集計した存在にすぎない。前者が生産関係をふくむのは，その個別的な構成要素である後者の工場がそれを前提にしてなりたつためである。一つの社会的な生産形態としての資本主義的生産様式というカテゴリーは，それを構成する「独自に資本主義的な生産様式」にゆらいする。一般に，資本主義的生産様式とは，その細胞としての工場が代表する独自な歴史的性格を社会全体におしひろげた表現にほかならない。

ひるがえって，第10章で登場する特殊な規定のない生産様式が生産関係

を内蔵するという命題は,『資本論』研究にとって決定的な論点である。なぜなら, 限定のない生産様式は, 資本主義の高度な生産力をあらわす工場として存在するから, 生産様式が生産条件の排他的所有を前提するか否かは, 工場の生産力の高さがなにに起因するかを判定するきめてになるからである。工場で表現される生産様式が生産条件の排他的所有を前提になりたつとすれば, 資本主義の類例のない生産力は, その特有な生産関係から説明される。そもそも, 生産条件をだれが所有しているかをぬきにして, 生産活動はなりたたない。「経済学者たるプルードン君は, 人間が一定の生産諸関係においてラシャ, 麻布, 絹布を製造するものであることを非常によく理解した。」(『哲学の貧困』151ページ)「生産は生産諸用具の特定の分配から出発しなければならない。」(Grundrisse [1] S.33) だから, 生産様式が生産関係を前提しないという議論は, 生産活動が生産条件の所有に立脚してなりたつという初歩的な原理を等閑にふす背理にひとしい。生産様式が資本の存在形態をあらわすのに所有関係と無縁だとすれば, 資本は, 古典派のように, たんなる蓄積された労働だということになる。生産様式が生産関係と無関係だという発想は, 古典派が資本を蓄積された労働ととらえた見方とかわらない。ここには,「生産過程の素材的要素」(Kapital, Ⅲ, S.824) と「生産過程の社会的形態」(Ibid.) との同一視または「単純な労働過程」と「社会的生産過程」との「混同」(以上, Ibid., S.890) がある。生産様式が生産関係を前提しないという主張にこだわれば,『資本論』は鉄の胴体にたいして粘土の足でたつ事態におちいる。

1) 生産様式は,「労働過程そのものの仕方様式」(MEGA, Ⅱ /3.1 [4] S.121) とおなじである。
2) 協業も, それ自体一つの生産様式である (Ibid., S.235)。それは, 多数の労働力が完成生産物のために一つにむすびあわされ, 孤立的な労働の仕方様式の変化をもたらすからである。
3) 「新しい生産様式つまり資本主義的生産がなしとげる生産様式における革命」(MEGA, Ⅱ /3.6 [9] S.2014)。
4) 史的唯物論を定式化した『経済学批判』「序言」でも,「物質的生活の生産様式が, 社会的, 政治的および精神的生活過程一般を制約する」(Kritik, S.9) とい

第5章　資本主義と高度な生産力

う規定がある。ここで、「物質的生活の生産様式」は、たんなる生産様式とかわらないから、「社会的、政治的および精神的生活過程一般」＝上部構造を条件づける生産様式に、生産関係がふくまれていることになる。また、「社会的生産関係とそれに対応する生産様式」（*Kapital*, Ⅲ, S.801）という文言も、生産様式の基礎に生産関係がある両者のつながりをうらづける。

4　資本による労働の形式的包摂と実質的包摂

　マルクスによれば、絶対的剰余価値生産には資本のもとへの労働の形式的包摂が対応する一方、相対的剰余価値生産にはその実質的包摂が対応する。「絶対的剰余価値の生産が、資本のもとへの労働の形式的包摂の物質的表現とみることができるように、相対的剰余価値の生産は、資本のもとへの労働の実質的包摂の物質的表現とみることができる。」（『直接的生産過程の諸結果』87ページ）そこで、資本のもとへの労働の形式的包摂と実質的包摂とはいかに区別されるかという問題がうまれる。それをとくカギは、「資本のもとへの労働の実質的包摂または独自に資本主義的な生産様式」（同上、86ページ）という規定にある。本項では、生産関係の追加的な一面による「独自に資本主義的な生産様式」の形成という命題をバネに、資本による労働の形式的包摂と実質的包摂の相違をひきだす。

　すでにのべたように、独自に資本主義的な生産様式とは、生産条件の排他的所有に規定されてなりたつ社会的に結合された労働過程である。社会的な労働過程は、「資本関係に適合的な姿態」（*MEGA*, Ⅱ/3.6 [9] S.2142）をなすため、「独自に資本主義的な生産様式」を形成する。ここから、資本による労働の包摂にかんするつぎのような立論がみちびかれる。すなわち、絶対的剰余価値を分析するさい、既存の労働方法の前提のうえに、対立的な所有関係にもとづいて必要労働をこえて労働日が延長されるしくみがとかれた。第3篇では、「資本が労働過程をその歴史的に伝来した姿または現にある姿のままでとりいれてただその継続時間を延長する」（*Kapital*, Ⅰ, S.334）ため、「労働日の単純な延長による剰余価値の生産は、生産様式そのもののどんな変化にもかかわりなく現われた」（*Ibid.*, S.328）と説明された。絶対的剰余価値は、「与えられた既存の労働過程」つまり「資本関係が出現するより前に

すでに発展していた労働様式」(以上，『直接的生産過程の諸結果』82ページ，圏点―マルクス) の前提上で展開された。ここで，労働過程は，その仕方様式が資本による支配以前とかわらず，剰余労働支出の面でのみ相異なるため，価値増殖過程という一面をあわせもつ点でのみ，資本によって形式的に包摂される。これにたいして，相対的剰余価値のばあい，労働過程は，資本家のもとへの生産条件の集積に規定され，労働の独特な社会的形態である独自に資本主義的な生産様式に編成替えされる。ここで，資本は，社会全体の生産条件の排他的所有に照応し，労働の仕方様式を変化させる。資本に照応した生産規模の成立にともない，孤立的な労働にかわって協業や分業に代表される社会的労働の特有な形態があらわれる。だから，資本による労働の実質的包摂は，資本に適合的な大規模な生産方法のもとでの労働の特有な社会的形態の生成とおなじである。労働者は，労働の独特な社会的形態のなかにくみこまれることによって，剰余価値創造のみならず労働の仕方様式をふくめて資本に実質的に包摂される。資本による包摂対象の労働とは，労働過程[1]と等価をなし，形式的か実質的かという資本のもとへの包摂の相違は，労働過程が特有な社会的形態をとるか否かに帰着する。

　だから，資本による労働の形式的包摂は，まだ労働の特有な社会的形態が存在しない既存の生産方法のもとで，剰余労働支出が強制される労働様式である。伝来の労働様式がそのままなりたつ生産過程では，労働力が資本の成分として消費される結果，労働過程は，剰余価値創造という面からみて資本に包摂される一方，労働の特有な社会的形態が成立していないため，資本によって独自に編成されていない。剰余労働の強制の面からみて，資本による労働過程の包摂が形式的という規定をうけるのは，それが同時に価値増殖過程という面をあわせもつからである。価値増殖過程は，労働過程そのものの特定の社会的な一面である。価値増殖過程とは，「一定の社会的形態における労働過程―あるいは労働過程の一定の社会的形態―」(MEGA, II /3.1 [4] S.124) である。一方，労働過程の資本による実質的包摂とは，それが生産条件の排他的所有に対応して編成替えされ，労働の特有な社会的形態が成立する事態である[2]。

第 5 章　資本主義と高度な生産力

　以上，本項で，絶対的剰余価値生産で，労働過程は，労働の特有な社会的形態をとらず，価値増殖過程の面だけをもつため，資本のもとへの労働の形式的な包摂がなりたつ一方，独自に資本主義的な生産様式にもとづく相対的剰余価値生産では，資本に適合する労働の社会的な形態がなりたつため，労働過程は，資本のもとへの労働の実質的な包摂と規定される理由をといた。

> 1)　「資本のもとへの労働過程の形態的包摂」(*Ibid.*, S.84, 圏点—マルクス) という表現がしめすように，資本による包摂対象の労働とは，労働過程と同義である。形態的か実質的かという包摂のちがいは，労働者が労働力を発揮するさいの別の労働者との関連によって規定されるからである。マルクスは，つぎのようにいう。資本による労働の実質的包摂のさい，「ここで変化するのは，形態的関係だけではなくて，労働過程そのものである。」(*Ibid.*, Ⅱ/3.6 [9] S.2142) だから，生産力発展を規定する協業や分業などは，労働過程そのものの特殊歴史的な形態である事実が回帰的に検証される。「労働過程における変化」(*Kapital*, Ⅰ, S.333)・「労働過程そのもの」(*Ibid.*) の「革命」(*Ibid.*) と「労働の生産力の上昇」(*Ibid.*) とは等価である。
> 2)　「単純協業は，…資本のもとへの［労働の］形態的包摂を生産様式そのものの実質的変化に転化させる最初のものである。」(*MEGA*, Ⅱ/3.1 [4] S.237)

5　相対的剰余価値と「資本自身の生成」

　資本は，生産条件の排他的所有に照応した社会的な労働過程の形成によって，独自に適合的な生産方法をもつとすれば，『資本論』の草稿のなかで「資本そのものがどのように生産されるか」は相対的剰余価値論の問題だと明言するその含意がとける。マルクスは，つぎのようにいっている。「資本が相対的剰余価値を創造するための，生産諸力を高め生産物量を増加させるための手段は，すべて労働の社会的形態であるが，それらが反対に，資本の社会的形態—資本そのものの，生産の内部での定在様式—として現われるのである。その結果，資本がどのように生産するか，ということばかりでなく，資本そのものがどのようにして生産されるか，ということ—資本自身の生成—が示される[1]。」(*Ibid.*, S.285)

　ここで，「資本がどのように生産するか」とは，絶対的剰余価値論のテーマをなし，資本による剰余価値の本源的な創造のしくみをさす。一方，「資

本そのものがどのようにして生産されるか」という相対的剰余価値論に所属する問題がなにをいみするかは，生産条件の排他的所有に対応して「独自に資本主義的な生産様式」がなりたつゆえんをおもいおこせば，おのずから解決される。すなわち，資本は，高度な生産力をもたらす独自に資本主義的な生産様式によってはじめて，生産条件の排他的所有に照応した労働過程の独特な姿態をもつ。資本は，相対的剰余価値の次元上ではじめて，特定の生産関係に照応した生産方法によって労働生産性を増進させる。そこで，相対的剰余価値論にぞくする「資本自身の生成」とは，生産条件の排他的な所有からなる独自に資本主義的な生産様式の成立をさす。だから，「資本そのものがどのようにして生産されるか」とは，資本が生産条件の排他的所有に対応してとる独自に適合的な姿態の形成のことである。どのように生産されるかがとわれる「資本そのもの」または「資本自身」とは，社会的に結合された労働過程からなりたつ資本の独自な姿態にほかならない。

　ひるがえって，マルクスは，第4章第3節のおわりのほうで，生産過程を展望して，まえとおなじことをのべている。「ここでは，どのようにして資本が生産するかということだけではなく，どのようにして資本そのものが生産されるかということもわかるであろう。貨殖の秘密もついにあばき出されるにちがいない。」(*Kapital*, I, S.189)「どのようにして資本が生産するか」と「どのようにして資本そのものが生産されるか」という二つの問題は，あわせて「貨殖の秘密」を構成している。だから，ここでの「資本そのものがどのように生産されるか」は，資本による特有な大規模生産様式の取得という相対的剰余価値論にぞくする問題をしめし，「資本そのもの」とは，第14章でいう独自に資本主義的な生産様式をさす[2]。第4篇の相対的剰余価値論ではじめて，生産条件の排他的所有に照応した資本ほんらいの物質的な生産様式が考察対象になる。そこで，「どのようにして資本が生産するか」と「どのようにして資本そのものが生産されるか」とは，おのおの絶対的剰余価値論と相対的剰余価値論に帰属するテーマをなし，ともに剰余価値論を構成する。したがって，第22章「剰余価値の資本への転化」第1節冒頭での「どのようにして資本が剰余価値から生ずるか」(*Ibid.*, S.605)という問題提

第5章　資本主義と高度な生産力

起は,「どのようにして資本そのものが生産されるか」という相対的剰余価値論に所属する独自な課題とは相異なる。前者は,剰余価値を源泉として実現される資本蓄積の問題である一方,後者は,資本が剰余価値をうみだすさい独自にとる適合的な姿態の問題をなし,資本蓄積論にぞくするか剰余価値論にぞくするかで峻別される。「貨殖の秘密」＝「剰余価値の創造」(『フランス語版資本論』［上巻］75［原］ページ)は,剰余価値の資本への再転化の前提条件をなし,資本蓄積とはちがった問題領域だからである。第4章で予告される二つの相異なる問題が第3篇と第4篇のテーマだとすれば,後者が前者と対等にもつ積極的な意義がクローズ・アップされる。

1)　おなじ趣旨の規定は,『直接的生産過程の諸結果』149ページ, MEGA, II／3.6［9］S.2160　にもある。
2)　協業をはじめとする生産様式が「資本そのもの」の表現である事実は,一般に生産様式が生産関係をふくむことの証左でもある。

6　第3篇と第4篇の章別構成の相違

　第3篇と第4篇の章別構成を比較すると,両者のあいだには顕著な相違がある。前者では,資本家と労働者の関係を直接的な基礎にして,剰余価値の創造から標準労働日の成立まで考察されるのにたいして,後者では,高度な生産力をつくりだす三つの構成要素が基礎的なものから順番に展開される。両篇の章別構成の差異は,簡単にいえば,第3篇と第4篇とが着目する資本主義的な生産関係のもつ基底的な一面と追加的な一面とのちがいにゆらいする。第3篇のスポットは,生産関係の基底的な一面である資本家と労働者の対立的な所有関係にあてられる一方,第4篇では,生産関係の追加的な一面にもとづく個別資本のもとへの生産条件の大規模な集積に注目される。

　すなわち,第3篇は,対立的な所有関係が規定する絶対的剰余価値の生成をとき(第5章),つづいて,前貸しされた資本を剰余価値の母胎か否かで可変資本と不変資本とに区分し(第6章),さらに,可変資本と剰余価値の割合を剰余価値率として定立し(第7章),必要労働をこえる労働日延長の終点として標準労働日の成立を説明する(第8章)という章別構成をとる

（第3篇の付論としての第9章では，可変資本を軸にして剰余価値率とその量との関係が分析される）。これにたいして，第4篇は，少数の資本家のもとへの生産条件の集積にもとづく労働生産性増進が剰余価値生産にあたえる作用を分析する。まず，直接には労働生産力増大を根拠にして，必要労働の短縮がもたらす相対的剰余価値を概念規定し（第10章），つづく三つの章で，資本主義の高度な生産力をあらわす機械制大工業の構成要素を，単純で基礎的なものから，協業（第11章）・分業（第12章）・機械（第13章）の順番で，ボトム・アップにより考察する。

　第3篇と第4篇の章別構成の相違は，両篇の関連をもって，必要労働をこえる労働日の延長から労働日一定不変の剰余価値生産への移行とみなすかぎり，内在的には説明困難である。資本主義的な生産関係のもつ二面性から第3篇と第4篇の章別構成の相違が説明できることは，両篇の関連づけの正当性を回帰的に検証する。資本の生産関係のもつ二面性に着目すれば，これまでみたことのない『資本論』がそのすがたをあらわす。『資本論』は，よめばよむほどかくされたふかい意図がうかびあがる点で，つかうほど光沢がにじみでるうるし塗りのおわんに似ている。

第2節　社会的分業と工場内分業の区別

　すでにみたとおり，古典派とマルクスの相対的剰余価値論のあいだには，高度な生産力の社会的基礎を資本家のもとでの生産条件の集積という特殊歴史的な生産関係にもとめるか否かで，おおきな相違がある。それを別の面からみれば，生産力増進の基礎にある生産関係の特殊歴史性を看過した古典派の欠陥は，スミスによる社会的分業と工場内分業との混同にしめされる。「作業場内部の分業と社会全体における分業とは，本質的に区別されるものとして対立する。」（MEGA, II /3.1 [4] S.286）そこで，本節で，資本主義において，商品交換に媒介される社会的分業が個人的所有どうしの関係を表現するのにたいして，工場内分業は，資本家による生産条件の排他的所有に立脚する点で資本主義的所有をあらわすという命題をとく。一方，スミスによ

第5章　資本主義と高度な生産力

る二つの分業の見方には，個人的所有と資本主義的所有という私有の二種の混同がひそむ事実を主張する。

1　二つの分業の相異なる社会的基礎

第4篇で，生産力増大方法の一つとして工場内分業が分析対象になるのは，それが相対的剰余価値に結実する生産力増進の特殊歴史的な仕方だからである。相対的剰余価値という特殊歴史的な富の増大には，生産関係に起因する特殊歴史的な方法が対応する[1]。本項では，まず，資本主義において，資本家どうしの個人的所有の関連をあらわす社会的分業にたいして，工場内分業は，資本家による生産条件の排他的所有という独特な社会的基礎のうえになりたつ事実をたちいって展開する。

「社会的分業あるいは社会的労働の分割」(Ibid., S.241) とか「職業の分離すなわち社会的分業」(Mehrwert [7] S.1402) という表現がしめすように，社会的分業は，個々の生産者によって独立的に支出される具体的有用労働の全体からなりたつ。土地の天然産物のもつ多様性が「社会的分業の自然的基礎」(Kapital, I, S.536) をなしており，社会的分業は，生産形態のいかんによらず，超歴史的に存在する。商品交換とは，相異なる具体的有用労働の凝固した使用価値のもち手のとりかえだから，社会的分業を基礎にして商品交換がなりたつ。「社会的分業は商品生産の存在条件である。」(Ibid., S.56) そこで，社会的分業を媒介する商品交換は，生産条件の私的所有によって規定される。自己労働にもとづく生産物の個人的所有がなりたてば，社会的分業は，商品交換に媒介されてなりたつ。ちなみに，マルクスは，「社会の生産物が一般に商品という形態をとっている社会では，…独立生産者の私事として互いに独立に営まれるいろいろな有用労働の…質的な相違が，…社会的分業に，発展する」(Ibid., S.56) と明言している。ここで「社会の生産物が一般に商品という形態をとっている社会」とはうたがう余地なく資本主義社会であるが，資本主義で，社会的分業を構成する異種の具体的有用労働が「独立生産者」にみなもとをもつという規定に注意をようする。ここでの「独立生産者」とは，具体的には資本家をさすが，市場で，資本家は，たがいにた

149

んなる商品生産者として相対するかぎり,具体的有用労働の総体を構成する資本家どうしの関係は,社会的分業をになう独立生産者の関係と原理的にはおなじ単純な商品所有者間の関係に帰着する。多数労働者からなる大規模な生産方法であっても,生産された商品は資本家による所有の対象だから,市場で,資本家は,バックに生産条件の排他的所有がひそむのに,たんなる商品所有者として個人的所有を代表する。資本家どうしのたんなる商品所有者としての相対は,市場では資本家が個人的所有をあらわすという規定と同義である。社会的分業は,たがいに商品所有者とみとめあう資本家どうしの商品交換によって媒介されるから,それを構成する個々の独立した分肢は,たがいに個人的所有をあらわす。

これにたいして,工場内分業は,少数の資本家のもとへの生産条件の集積を基礎になりたつ。少数の資本家のもとへの生産条件の集積は,ほんらい,一つの作業場での労働者による協業の物質的な基礎である。個々の労働者によっておなじ一種類の商品がつくられる共同労働は,いくつかの特殊的な労働に分割され,全体の最終結果としてはじめて完成生産物ができあがる生産形態が成立すれば,ここに分業を編成原理としてくみたてられた協業がなりたつ。16世紀に勃興した資本主義は,そのなかばに分業にもとづく協業つまりマニュファクチュア(工場制手工業)という生産形態を確立した。マニュファクチュアは,機械制大工業とならんで,産業資本に独自な存在形態の一つである。「マニュファクチュアの第一の基礎」(*Ibid.*, S.380) は,「労働者にたいして生産手段が資本として独立化される」(*Ibid.*) ことにある。だから,少数の資本家のもとへの生産条件の集積を前提として,分業をともなう大規模生産がうまれるため,工場内分業は,社会的分業とちがって,資本主義的に特有な生産形態である。「マニュファクチュア的分業は,資本主義的生産様式のまったく独自な創造物である。」(*Ibid.*)「作業場内部での資本主義的分業」(*MEGA*, II /3.1 [4] S.287) という表現がしめすように,工場内分業は,「近代的な分業[2)]」(*Kapital*, I, S.670) にほかならない。工場内分業の独自な歴史性は,それが資本家による生産条件の排他的所有を社会的基礎にもつ事実に起因する。工場内分業という一見ちいさな事柄のなかに,資本主

義が凝縮されている。工場内分業には,「神は細部に宿りたまう」という金言があてはまる。だから,資本主義の基礎上では,資本家は,商品所有者としては個人的所有を代表するのに,生産条件の排他的所有者としては,資本主義的所有をあらわす。

　なるほど,中世の同職組合(ギルド)のもとでは,10人にみたない労働者による協業は成立したが,自由競争の排除こそ,同職組合の最重要原則をなし,同職組合規則によって一人の親方がやとえる職人と徒弟からなる労働者数の最大限が制限された。同職組合の仕事場では,協業だけがなりたち,分業は排除された[3]。「労働の分割は,……同職組合そのもののなかでは個々の労働者のあいだで全然おこなわれていなかった。」(『ドイツ・イデオロギー』国民文庫, 真下信一訳, 52［原］ページ, エンゲルスとの共同作品, 原著1845-46年執筆) 同種の同職組合では,協業によって同種の生産物が親方と職人や徒弟によってつくられる一方,種類の相異なる同職組合のあいだで,分業がなりたった。中世から近代にかけて,同職組合間での分業と交代に,工場内分業が発生したしたことになる。いうまでもなく,分業は,資本主義以前には,ピラミッドや万里の長城のような巨大建造物の建設のため,散在的・偶然的には存在したが,生産活動の恒常的な基本形態にはならなかった。そもそも,資本主義以前には,住居とは独立にもっぱら生産活動だけがいとなまれる特有な空間としての工場は,存在しなかった。「マニュファクチュア以前には,まだ自宅とは別個の存在としての仕事場がもたれることはなかった。」(*MEGA*, Ⅱ/3・1［4］S.269)

　そのいみで,工場内分業は,生産活動の恒常的な形態として,資本主義に特有な生産様式である[4]。ここに,資本主義以前にみられるカテゴリーでさえも,資本主義の基礎上では「独自に違う歴史的な性格」(『直接的生産過程の諸結果』154ページ)をうけとる典型例の一つがある[5]。たとえば,商品それ自体は,いろいろな前ブルジョア的な社会形態にぞくするが,資本主義の基礎上で,資本の必然的な所産として生産物の一般的な形態になる。これとおなじように,工場内分業は,資本主義ではじめて資本の特有な産物として生産活動の一般的な形態になる。商品も工場内分業も,資本主義の基礎上

で資本の独特な産物として形成されるため，それ以前に比して「独自な異なる性格―歴史的性格―」（*MEGA*, II /3.1［4］S.287）をうけとる。歴史上部分的な工場内分業の存在は，資本の特有な産物たるその独自な歴史的性格を解消しない。工場内分業を資本の特有な所産とみなすマルクスの発見には，闇夜をきりさく稲妻のような衝撃がある。発見とは，万人に周知の事実からだれもかんがえなかった因果をひきだすことである。

　以上，本項で，資本主義の基礎上での社会的分業は，資本家がたがいにたんなる商品所有者として相対する点で，個人的所有で構成されるのにたいして，工場内分業は，資本家による生産条件の排他的所有に規定される点で，資本主義的所有の表現である事実を指摘した。マルクスのとく社会的分業と工場内分業との「概念的な区別」（*Ibid.*, S.242）とは，個人的所有と資本主義的所有という私有内部での相違をさす。資本家は，市場と生産という二つの局面におうじて，個人的所有と資本主義的所有という私有の相異なる種類をおもてにあらわす。

　社会的分業と工場内分業の関連についていえば，前者が前提になってはじめて後者がなりたつという論理的な先後関係にある。「工場のなかでの分業は社会のなかでの職業の分割に基づいている。」（*Mehrwert*［7］S.1401）社会的総労働の相異なる生産部面への配分の結果として，各生産部面でおなじ種類の商品をつくる特殊的労働は，完成生産物に結実する部分労働へ分化するからである。社会的分業と工場内分業の関係は，商品流通と剰余価値生産という資本主義の二つの構成要素のもつ立体的な関連と同一である。

1)　社会的分業も，工場内分業と同様に生産力の増進に寄与する（*Kapital*, III, S.92）。第I巻第4篇で，工場内分業だけが問題になるのは，それが資本主義に対応した生産力増進の特殊歴史的な要素だからである。
2)　工場内分業の特殊歴史性が不明確な根因は，それと生産条件の排他的所有という社会的基礎とがむすびつけられない点にある。工場内分業は，その社会的な基礎のうらづけによってはじめてその特殊歴史性とむすびつく。結論は，その理由づけとセットになってはじめて，腹の底にストンとおちる説得力をもつ。
3)　「手工業，すなわち数人の職人と徒弟を使う小手工業親方。ここではどの労働者もみな完成品を生産する。」（エンゲルス『空想から科学へ』国民文庫，寺沢

第 5 章　資本主義と高度な生産力

恒信・山本二三丸訳，21 ページ）同職組合では，親方が生産手段を所有するため，つくられた生産物は親方に帰属する。
4)　マルクスは，『哲学の貧困』執筆時点（1847 年）で，工場内分業が資本に規定された労働過程の特殊歴史的な形態だという認識にたっしていた（*Kapital*, I, S.384）。その積極説の背後には，工場内分業を「永久的な一法則」（『哲学の貧困』173 ページ）に逆転させるプルードンにたいする批判がある。
5)　おなじ範疇でも生産形態が異なれば独自な歴史性をうけとるという指摘（*MEGA*, II /3.1 [4] S.286f.）には，砂漠にうもれた一粒の砂金のようなかがやきがある。

2　スミスによる二つの私有の混同

古典派の代表者の一人スミスは，生産力発展にはたす分業の決定的な役割を強調したことで有名であるが，社会的分業と工場内分業との本質的な区別に気づいていない。スミスによる二つの分業の混同は，個人的所有と資本主義的所有の混同に還元される。本項で，第 12 章第 4 節「マニュファクチュアのなかでの分業と工場のなかでの分業」でのスミスにたいする二つの分業の混同批判は，二つの私有の無区別に帰着することをしめす。

スミスの代表作『諸国民の富』の中心テーマは，労働者の物質的状態を改善する社会的富の増大が，一方で労働生産力の高さにより，他方では生産的労働者と不生産的労働者の割合つまり資本蓄積によって左右される因果の主張にある。スミスの問題意識の根底には，富を貿易差額に代表される金銀にもとめる重商主義批判がある。社会的富増大の二つの要因は，それぞれ第 1 篇と第 2 篇で考察される。そこで，まず，スミスは，「労働の生産諸力における最大の改善と，またそれをあらゆる方面にふりむけたり，充用したりするばあいの熟練，技巧および判断の大部分とは，分業（the division of labour）の結果であったように思われる」（『諸国民の富』I, 5 [原] ページ）として，社会的富のおおきさを規定する生産力増進の最大の要因を分業にもとめ，二つの分業にかんしてつぎのようにいう。

「社会全般の仕事におよぼす分業の効果は，いくつかの特定の製造業でそれがどのようにおこなわれているかを考察すれば，よりたやすく理解されるであろう。分業がいくつかのきわめて零細な製造業（trifling manufactures）

でもっとも進歩している，とふつうかんがえられているのは，おそらくそこでの分業が他のもっとも重要な製造業のそれよりもじっさいに進歩しているからではなくて，少数の人々のわずかの欲望を充足すべき零細な製造業では，職人の数も必然に少数にちがいないし，また仕事のさまざまの部門のおのおのに従事する者は，同じ仕事場に集められ，一人の観察者が同時に一目で見わたせるところにおかれているからであろう。これに反し，人民大衆の多大の欲望を充足すべき大製造業（great manufactures）では，仕事のさまざまの部門がきわめて多数の職人を雇用しているから，そのすべてを同じ職場に集めるのが不可能なほどである。われわれは，単一部門の従事者よりも多くのものを一時に見わたすことはめったにできない。」（同上，5-6［原］ページ）

ここで，社会的分業（＝「大製造業」）こそ生産力を増進する分業の基本形態をなし，社会的分業の生産力増大効果を明示するため，説明の便宜として工場内分業（＝「零細な製造業」）がひきあいにだされる。スミスにあっては，商品交換によって社会全体の個別的労働がむすびつき，統一的な分業を形成することが，生産力の増進を実現する。社会的分業と工場内分業とは，社会全体か工場内部かの相違はあれ，労働の分割によって生産力を増進する同一の要因だと理解され，両者の区別は労働分割の規模の大小にみとめられるにすぎない。社会的分業という分業の基本形態が作業場という縮小された生産単位で実現されるそのミニチュアが工場内分業だとみなされ，後者が前者とおなじ分業範疇に包括される。スミスが分業の生産力にあたえる効果をみるさいの主要な観点は，分業が職業の専門化をもたらすという事実にある[1]。分業が生産力発展におよぼす最大の根拠を労働の分割＝特殊的労働の成立という面にみるならば，工場内分業がなりたつ特殊歴史的な前提条件が閑却され，社会的分業にたいするその差別性は度外視される。「Ａ．スミスは二つの意味の分業を区別しない。したがって彼の場合，後者の意味の分業も資本主義的生産に特有なものとしては現われない。」（MEGA, Ⅱ/3.1［4］S.243, 圏点―マルクス）ひきつづいて，スミスが，分業の生産力増大効果の例証として有名な工場内分業としてのピン・マニュファクチュアをあげ，作業分割と生産力増進との正の相関を論じるのは，生産力増加にはたす二つの分業の同一

第 5 章　資本主義と高度な生産力

性だけを眼中におき，両者の差別性をみすごす典拠である。「分業は，それが導入されうるかぎり，あらゆる技術における労働の生産諸力を比例的に増進させる。」(『諸国民の富』Ⅰ，7［原］ページ)

　スミスによれば，分業は，人間だけがもつ交換本能の必然的な帰結である。たとえば，弓矢づくりと狩猟をおのおの得意とする甲と乙を仮定すれば，両者にとって各自が得意な労働に特化して生産物を交換したほうが自分の利益になる。つまり，各人が自分の得意とする生産物の余剰部分の交換によって利益をえる確実性は，ひとびとをして特定の特殊的労働に専門化させ，ここに職業分化としての分業がなりたつ。ところで，分業の拡大につれ，各人が他人の生産物でその欲望の大部分を充足する社会関係は，自分の生産物が販売されてはじめて可能になる。だから，分業がなりたつには，各自の生産物が販売されるまでに消費できる生産財や消費財からなるストックの蓄積が先行しなければならない。「織工が自分の特殊の業務に専念できるのは，自分の織物が完成されるだけでなく，売られてしまうまでのあいだ，自分を扶養し，その仕事の材料や道具類を供給するにたる資財が，自分の所有としてであれだれか他の人のそれとしてであれ，あらかじめどこかに貯えられているばあいだけである[2]。」(同上，258［原］ページ) ストックの蓄積に対応して，労働の分割が進展する。「資財の蓄積は事物の性質上分業に先だたざるをえないから，労働もまた，先だっておこなわれる資財の蓄積だけに比例してますます細分されうるのである。」(同上，259［原］ページ) スミスにあっては，生産力増進の最大要因である分業は，商品交換によって規定される一方，ストックの蓄積が先行してはじめてなりたつ因果関係にある。

　こうして，スミスのいう分業は，ストックの蓄積を物質的な基礎としつつ，交換本能に媒介されて成立する。マルクスと比較したスミス分業論の焦点は，二つの分業の先行条件としてのストックの蓄積の相違認識にある。スミスの議論には，二つの分業の相異なる基礎である資本主義的所有の個人的所有にたいする概念的区別が存在しない。「資財の増加は，労働の生産諸力を増進させ，より少量の労働でより多量の所産を生産させる傾向がある。多数の労働者を雇用する資財の所有者は，自分自身の利益のために，可能なかぎり最

多量の所産を生産しうるように，仕事を適当に分割し配分しようと必然的に努力する。……ある特定の仕事場における労働者におこることは，同じ理由から，一大社会における労働者のあいだにもおこる。かれらの数が多くなればなるほど，かれらはますます職業のさまざまの部門や小部門に自然に分れる。」（同上，88［原］ページ）ようするに，スミスにとっては，同一のストックの増加が，社会的分業でも工場内分業でも，その発展の原動力をなす面でだけとらえられ，両者のあいだの区別は存在しない。独立生産者と資本家との相違は，生産条件の個人的な所有か排他的な所有かにはなく，ストックの蓄積の量的なちがいによるにすぎない。「織工または靴屋のような独立の職人が，自分自身の仕事のために原料を購買したり，その所産が売りさばけるまで自分を扶養したりするのにたりるよりも多くの資財を獲得したばあいには，その仕事によって利潤をあげるために，かれはこの剰余で自然に一人またはそれ以上の日雇職人を雇用する。この剰余が増加すれば，かれは自然に自分の日雇職人の数を増加させるであろう。」（同上，71［原］ページ）独立生産者と資本家のストックの蓄積にかくされた本質的な差別性の閑却は，二つの分業にひそむ相違の看過とペアである。結局，スミスによる二つの分業の混同は，その社会的基礎をなす二種類の相異なる私有の同一視に立脚する。

　第Ⅰ巻第12章にそくしていえば，マルクスは，その第4節で事実上スミスを批判対象にすえ，二つの分業の本質的な区別を確認する。「社会のなかでの分業と一つの作業場のなかでの分業とのあいだには多くの類似や関連があるにもかかわらず，この二つのものは，ただ程度が違うだけではなく，本質的に違っている。」（*Kapital*, Ⅰ, S.375）そこで，二つの分業の本質的な差異はどこにあるのかは，つぎのようにとかれる。「なにが飼畜業者や製革業者や製靴業者のそれぞれの独立した労働のあいだの関連をつくりだすのか？それは，彼らのそれぞれの生産物の商品としての性格である。これにたいして，マニュファクチュア的分業を特徴づけるものはなにか？　それは，部分労働者は商品を生産しないということである。何人もの部分労働者の共同の生産物がはじめて商品になるのである。」（*Ibid.*, S.375f.）

第5章　資本主義と高度な生産力

　まず最初に，社会的分業で特殊的労働の生産物が商品になるという前段の主張は，資本主義の市場では，資本家が商品所有者としては個人的所有をあらわすという含意をもつ。つまり，ここでは，資本主義の基礎上での社会的分業は，そのにない手が資本家であるとしても，個人的所有の表現だと規定される。つづいて，今度は工場内分業で部分労働の共同生産物がはじめて商品になるという後段の主張がほりさげられる。「社会のなかでの分業は，いろいろな労働部門の生産物の売買によって媒介されており，マニュファクチュアのなかでのいろいろな部分労働の関連は，いろいろな労働力が同じ資本家に売られて結合労働力として使用されるということによって媒介されている。」(Ibid., S.376) ここでは，工場内分業で，部分労働の共同生産物が商品になる関係は，資本にもとづく多数の労働力の購買による媒介という事実に帰着するむね，一段ふかめられる。社会的分業は，資本主義の基礎上では，個人的所有の表現だという第一の規定にたいして，工場内分業は資本家による生産条件の排他的所有＝資本主義的所有の表現だという第二の規定がとかれる。最後に，以上をまとめて，労働の関連が商品交換によって媒介されるか否かという二つの分業の相違は，おのおの個人的所有と資本主義的所有という二種類の私有に還元される事実がつぎのように総括される。「マニュファクチュア的分業は，一人の資本家の手中での生産手段の集積を前提しており，社会的分業は，互いに独立した多数の商品生産者のあいだへの生産手段の分散を前提している[3]。」(Ibid., S.376) マルクスによれば，社会的分業で，特殊的労働の生産物の商品への転化は，商品生産者のあいだでの生産手段の分散による一方，工場内分業で，部分労働の生産物の商品への転化は，資本家のもとでの生産手段の集積を前提する。だから，二つの分業のあいだには，商品生産者による個人的な所有と資本家による排他的な所有という相異なる社会的基礎がひそむというのである。

　ひっきょう，マルクスにとって，二つの分業の区別である商品交換による媒介の有無とは，二つの分業で労働が媒介されるさい，資本家があらわす私有の種類の相違をいみする。社会的分業と工場内分業が個人的所有と資本主義的所有という二種類の私有の表現だという規定こそ，二つの分業の区別に

かんするマルクスの主張の核心である。社会的分業と工場内分業のあいだに，個人的所有と資本主義的所有という相異なる社会的基礎を発見した点に，古典派をこえるマルクスの前人未発の独創性がある。マルクスは，第Ⅰ巻第25章「近代植民理論」の冒頭で，つぎのように古典派を批判する。「経済学は二つのひじょうに違う種類の私有を原理的に混同している。その一方は生産者自身の労働にもとづくものであり，他方は他人の労働の搾取にもとづくものである。」（Ibid., S.792）古典派による二種類の私有の混同命題は，第12章第4節での二つの分業を混同したスミス批判の観点をかえた要約である。第12章第4節で，個人的所有と資本主義的所有が対応する二つの分業の混同が批判ずみであるため，第25章で古典派による二つの私有の混同命題が簡明に提出できたのである。

　以上，本項で，スミスによる二つの分業の混同は，その社会的基礎としての二つの私有の同一視のあらわれだという典拠を提出した。二つの分業が二種類の私有に還元される分析によって，第12章第4節と第25章冒頭命題のあいだにかくされた回路はつながる。スミスにあっては，思想の根底にひそむ二種類の私有の混同が，二つの分業のそれとなって具体化した。スミスによる二つの分業の混同は，本質的には二種類の私有の無区別に帰着する。第25章冒頭の古典派による二つの私有の混同命題がスミスによる二つの分業論批判と通底している両者の関連は，いまだ地下ふかく埋没した鉱脈のままの状態にある。

　　1)　「生産力の基礎を，何よりも商品生産者間の分業にもとめた……。……スミスが分業について語るとき，かれはもっぱら労働の分割によるそれを前面におしだした。」（内田義彦『増補経済学の生誕』未来社，1962年，231ページ，圏点―内田氏）
　　2)　おなじ主張は，すでに重農学派のチュルゴオの著作にある（『富に関する省察』69ページ）。
　　3)　第12章第4節全体のポイントは，その末尾に，社会的分業がさまざまな経済的社会構成体にぞくするのに，マニュファクチュアは資本主義特有の所産だという一文に要約されている（Kapital, Ⅰ, S.380）。

第5章　資本主義と高度な生産力

3　二つの私有の混同理由

それでは，スミスは，なにゆえ個人的所有と資本主義的所有という二種類の私有を区別できなかったのであろうか。本項では，スミスが二種類の私有を原理的に混同したそのなぞの封印をとく。

スミスにとって，ストックの蓄積を先行条件としてなりたつ分業こそ，生産力増進の最大の要因である。そうだとすれば，スミスにあっては，個人的所有をあらわす独立生産者は，社会的分業を構成する特殊的労働の支出によって剰余価値を創造する。なぜなら，独立生産者の特殊的労働は，生産力の増進によって本格的に蓄積財源をつくりだすため[1]，それがふくむ剰余労働は，市場で剰余価値に還元されるからである。スミスによれば，労働者は，自給自足の条件下では，蓄積財源の生産には従事しない。「分業がなく，交換もめったにおこなわれず，あらゆるひとが独力であらゆるものを調達するという社会の未開状態においては，その社会の業務をおこなうために，資財があらかじめ蓄積されたり，貯えられたりする必要はまったくない。」(『諸国民の富』Ⅰ，258［原］ページ) そこで，社会的分業の深化につれて，蓄積財源の生産が本格的になり，商品交換によって，蓄積財源に結実した剰余労働は剰余価値に還元される。ところが，独立生産者が剰余価値を創造するとすれば，その生産活動は，剰余価値生産の面では，資本家によるそれと概念的な区別がなくなる。両者のあいだの相違は，それぞれに帰属するストックの蓄積のおおきさとそれに起因する雇用労働者の有無による剰余価値のおおきさにあるにすぎない。だから，スミスが二種類の私有を区別しない究極の根拠は，両者ともに剰余価値がなりたつとみなす考え方にある[2]。スミスにとって，二つの分業が労働生産性増大という観点からのみ観察されるのと対応して，独立生産者と資本家とによる二種の生産活動は，蓄積財源の創造という面からのみ考察され，結局，二つの私有の概念的区別は抹消される。

以上，本項で，スミスが二つの私有を混同した理由は，商品交換にもとづく分業労働が生産力増進のにない手として剰余価値を創造するとかんがえた点にある事実を主張した。マルクスにあっては，個人的所有と資本主義的所有との相違は，剰余価値の有無に表現される。

ひるがえって，先行研究をみれば，社会的分業と工場内分業とのあいだに，前者が価値法則によってだけ規制される無政府的な性格をもつのにはんして，後者が生産者による計画的な性格をもつ点で，本質的な区別があると説明され，その区別をみのがしたところにスミスの問題点が指摘される。ここには，社会的分業と工場内分業の区別のあいまいさとともに，マルクスによるスミスの二つの分業の混同批判が不分明な現状がある。スミスといえば分業論が想起されるように，それは，スミスのトレードマークであるが，マルクス経済学では，スミスが混同した二つの分業の本質的な区別さえ確定していないのがいつわらざる実状である。『資本論』研究には，映画フィルムと映写機の関係とおなじ性格の深刻な問題がある[3]。

　1)　「スミス（は）文明社会における富裕と生産力の基礎，すなわち剰余生産物成立の物的な基礎を分業労働にもとめた。」（内田義彦『増補経済学の生誕』222ページ）
　2)　「筋の通らない帰結を引きだすということは，けっして独創的な思想家たちのすることではない」（*Kapital*, Ⅱ, S.389）とマルクスがいうが，剰余価値生産に着目して二つの所有を区別しないのは，一面でスミスの首尾一貫性である。
　3)　「撞木（しゅもく）と鐘とおなじである。鐘はたたき方で鳴り方がちがう。」（立花隆『「知」のソフトウェア』講談社，1994年，143ページ）

まとめ

　本節で，工場内分業が生産条件の排他的所有にもとづく特殊歴史的な社会関係である事実を考察し，資本主義において，社会的分業と工場内分業は，個人的所有と資本主義的所有の表現として区別される根拠をといた。二つの分業の区別をとくカギは，工場内分業を資本主義特有な創造物と規定するマルクス独自な分析にある。工場内分業が資本主義の独特な所産だとすれば，それが社会的分業にたいしてもつ差別性は，同時に解決される。その面からいえば，これまでの『資本論』研究には，酸性雨におかされたコンクリートのようなもろさがある。マルクスは，第Ⅰ巻第4篇で，資本家による生産条件の排他的所有が生産力にたいしてもつ特有な関係をとき，相対的剰余価値論に古典派をこえる独創性をのこす一方，古典派が混同した二つの分業の

第5章　資本主義と高度な生産力

あいだに明快な一線をひき，経済学に一つの進歩をかくした。社会科学において，マルクスは，神にゆびさされたひとである。

第3節　資本と機械
―道具と機械の社会的区別―

　資本は，排他的所有になる生産条件である一方，剰余価値は生きた労働によって形成されるから，資本による剰余価値の創造は，死んだ労働が他人の生きた労働を吸収して自己増殖する主客転倒の運動である。「対象化された過去の労働が生きた現在の労働の支配者となる。主体と客体との関係は転倒される。」(MEGA, Ⅱ/3.1 [4] S.100)「資本主義的生産は人格にたいする物象の支配として現われる[1]。」(Ibid., Ⅱ/3.6 [9] S.2164) だから，労働過程は，同時に価値増殖過程であるかぎり，労働者が労働手段をつかうのではなく，ぎゃくに労働手段が労働者を使用する主体と客体との逆転がなりたつ。ところが，労働手段と労働者との主客転倒は，労働手段が道具から機械[2]に転化してはじめて，客観的な現実性をうけとる。さきまわりすれば，労働手段が労働者をうごかす主客転倒性を現実的に実現するか否かにこそ，道具と機械という二種類の労働手段を社会的に区分するメルクマールがある。本節では，「生きている労働にたいする過去の労働の支配」(Ibid., Ⅱ/3.5 [8] S.1604)」という「資本の独自な本性」(Ibid., Ⅱ/3.1 [4] S.85) の観点から，道具と機械のあいだによこたわる本質的な区別を考察する。

 1) 主体と客体の転倒とは，死んだ労働をあらわす対象的な富が労働者を充用する主体に転化する一方，労働者がその自己増殖のたんなる手段として物化する不可分の関係を内包している。これこそ，「物の人間化と人間の物化」(『直接的生産過程の諸結果』134ページ, MEGA, Ⅱ/3.6 [9] S.2161) と規定される「一つの転倒」(Ibid.) をあらわす事態である。ここで，生産条件による自己増殖する属性の取得を起点として，生きた労働の支配がなりたつから，物の人間化と人間の物化とは論理的な先後関係にある。

 2) 「本来の意味での機械は18世紀末葉から存在している。」(『哲学の貧困』185ページ，圏点―マルクス)

161

1　死んだ労働による生きた労働の支配

　生産条件が主体となって生きた労働を充用する一方，生きた労働が客体として死んだ労働の自己増殖に奉仕するという逆転した関係[1]すなわち「主体の客体への転倒」（『直接的生産過程の諸結果』32ページ）は，生産条件が，その排他的な所有によって，自己増殖する特有な属性をうけとる事実に起因する[2]。だから，死んだ労働が生きた労働の吸収によって自己増殖する主客転倒は，資本主義に特有な事態である。ちなみに，奴隷制や封建制での搾取による富の形成は，身分的な支配・隷属関係による剰余労働の強制でなりたつため，労働者をたんなる手段とした死んだ労働そのものの自己増殖という形態をとらない。両者にあっては，資本主義のように，死んだ労働である生産条件は，生きた労働を直接に支配しない。生産条件が労働者から分離して労働力と交換される生産形態の基礎上でのみ，労働者に対立した過去の労働の自己増殖がなりたつ[3]。生産のための生産—自己目的としての生産—という資本の特色[4]は，生産条件による生きた労働の支配という資本の独自な本性とおなじである。

　死んだ労働による生きた労働の支配という関係は，労働過程が価値増殖過程であるかぎりなりたつ。「資本主義的生産がただ労働過程であるだけでなく同時に資本の価値増殖過程でもあるかぎり，どんな資本主義的生産にも労働者が労働条件を使うのではなく逆に労働条件が労働者を使うのだということは共通である。」(Kapital, I, S.446) 価値増殖過程は，概念上，生きた労働を吸収する生産条件そのものの自己増殖過程だからである。そのため，資本の生産過程では，労働過程としてみれば，労働者が労働条件をつかうが，価値増殖過程としては，労働条件が労働者を使用するという逆転した関係がなりたつ。価値増殖過程での労働条件と労働者の逆転した関係は，生きた労働に対立する死んだ労働の自己増殖という資本の独自な本性を別の形態で表現しなおしたものである。

　以上，本項で，剰余価値生産は，死んだ労働が生きた労働に対立して自己増殖する主客のさかだちした関係であることをといた。封建制で，農奴は，

第 5 章　資本主義と高度な生産力

土地に帰属する生きた付属物であるが，資本主義で，賃労働者は，資本のための生きた付属物になる。

1) 死んだ労働が生きた労働を無償ですいとって自己増殖する主客転倒すなわち資本による剰余価値創造は，資本主義での人間疎外を典型的にあらわす。賃労働者は，自分を支配する物質的財貨の自己増殖のため，その客体となって奉仕する。人間のつくりだした生産物という客体によって，主体である人間がぎゃくに支配される疎外がなりたつ。疎外（Entfremdung）という概念は，マルクスが「偉大な思想家」（*Ibid.,* S.27）とあがめたヘーゲル（1770-1831 年）によって代表作『精神現象学』（1807 年刊）で創始された。ヘーゲルのばあい，疎外は，外在化という含意をもち，マルクスは，それを鋳なおし，支配という内容をもりこんだ。

2) 資本家が資本の人格化だという規定の本旨は，資本生成が生産条件の排他的所有に直接起因する事実にある。「生きている労働を支配する過去の労働が，資本家において人格化される。」（*Kapital,* III, S.55）資本家を資本の本性の執行者としてあつかうマルクス固有の方法は，生産条件の排他的所有による資本の生成という因果関係に立脚する。

3) マルクスは，すでに 1848 年時点で，死んだ労働による生きた労働の支配という点に資本の独自な本性がある事実を看破していた。「ブルジョア社会では，生きた労働は蓄積された労働をふやすための手段にすぎない。」（『共産党宣言』47 ページ，エンゲルスとの共同作品，1848 年執筆，本書は，マルクス学説最高の指南書の一つである）

4) 資本主義は，「生存のための生産」（*MEGA,* II /3.6 [9] S.2142）ではなく，資本の価値増殖が生産を規定する「営業（trade）のための生産」（*Ibid.*）であるのにたいし，それ以外の生産形態では，欲望充足が生産を規定する。おなじ階級社会でも，奴隷制や封建制のばあい，支配者の欲望充足の限度によって，生産規模の範囲がかくされるところに，資本主義との相違がある。必要労働をこえる労働日の延長は，使用価値が社会の主要な契機であるばあい，支配者自身の需要充足によって制限される一方，交換価値におもきがおかれるばあい，生産の特有な性格から，制限性がなくなるのとおなじである（第 I 巻第 8 章第 2 節）。欲望充足が生産活動を規定するかそれとも剰余価値取得の目的が生産活動を規定するかは，剰余労働増大の衝動ともリンクしている。

2　道具と機械の区別に必要な歴史的要素

死んだ労働と生きた労働の転倒した関係は，労働の仕方様式にそくしてみるかぎり，資本に対応する二つの生産様式のうち，機械制大工業にのみあて

はまり，その前段階のマニュファクチュアには妥当しない。死んだ労働と生きた労働との転倒は，技術的には機械制大工業ではじめてなりたつ。つまり，マニュファクチュアから機械制大工業への移行にさいして，労働過程の仕方様式に，死んだ労働と生きた労働との主客転倒という一つの質的な変化がうまれる。ところが，二つの生産方法のあいだにうまれる主客転倒という関係こそ，マルクスのいう道具と機械の区別に必要な「歴史的な要素」(*Kapital*, Ⅰ, S.392) にほかならない。そこで，本項では，道具と機械の区別によようする「歴史的な要素」とは，労働手段と労働者との主客転倒の関係である要点をあきらかにする。

　資本主義は，資本に特有な生産形態としては，マニュファクチュアにはじまり，それが機械制大工業へと移行して確立した。その二つの生産様式には，労働手段としての道具と機械がおのおの対応する。それでは，道具と機械とはどこが本質的に異なるのであろうか。道具と機械の社会的な区別は，第Ⅰ巻第13章「機械と大工業」第1節「機械の発達」の最初で，問題対象になる。そのさい，マルクスは，さしづめ道具は簡単な機械である一方，機械は複雑な道具だというたぐいの従来の説明には経済学上「歴史的な要素」がかけていると批判をくわえた。「数学者や機械学者は—そして…経済学者たちも…—道具を簡単な機械だと言い，機械を複雑な道具だと言う，…しかし，経済学の立場からは，この説明はなんの役にもたたない。それには歴史的な要素がかけているからである。」(*Ibid.*) 道具の機械への転化は，「資本主義的生産様式を特徴づけるような労働手段の革命」(*MEGA*, Ⅱ/3.6 [9] S.1915) をなし，機械の道具にたいする差別性によって，マニュファクチュアから機械制大工業への移行のさい，工場内部に「社会的な変化」(*Ibid.*, S.1951) がうまれる。「ここでは，けっして〔道具と機械との〕厳密に技術学的な区分が問題なのではなく，生産様式とそれゆえにまた生産諸関係を変革するような，充用される労働手段における革命が問題なのである。」(*Ibid.*)。だから，道具と機械の区別が「社会的な変化」の根拠づけに必要な原理を内包するかぎり，「歴史的な要素」＝「社会的な変化」とはなにかの解決が両者の区別の根本前提をなし，それとの関連で機械の道具にたいする差別性が確定でき

第 5 章　資本主義と高度な生産力

る。さきまわりすれば，道具から機械への移行に対応して，工場内部に生じる「社会的な変化」とは，労働手段と労働者との主客転倒である。

　すなわち，マニュファクチュアでの労働手段である道具は，労働者のもつ専門的能力に依拠して使用され，熟練労働を主導因として労働対象の変化をひきおこすため，労働手段といっても事実上労働者の手の延長をなす。道具にあっては，労働対象を合目的的に加工するのは，本質的に労働者の手にもとづくたくみな労働である。たとえば，編み棒でセーターをあむ労働をとりあげれば，セーターは，なるほど毛糸を材料にして編み棒という一つの労働手段によってつくられるが，編み棒は，それ自体手の指のせんさいなうごきに対応して機能するにすぎない。そのいみで，道具は，「労働者自身の技能の伝導体」(*MEGA*, II /3.1 [4] S.269)・「彼の自然的器官に付け加えられた人工的器官」(*Ibid.*) である[1]。マニュファクチュアでは，手労働が生産の主要因をなし，労働者自身がマニュファクチュアの技術的な基礎である。だから，道具は，部分労働者の熟練を労働対象に媒介する手の追加的な器官にすぎないとすれば，マニュファクチュアでは，労働者が労働手段を主体的につかって生産活動に従事する労働様式がなりたつ。だから，「それ自体としてみた労働過程では，労働者が生産手段を使用する」(『直接的生産過程の諸結果』61 ページ) といわれるとおり，マニュファクチュアでは，労働者による生産手段の使用というほんらいの労働過程における作業様式がなりたつ。労働条件は，労働者に独立して相対しておらず，労働者は，労働手段にたいして主体的にかかわる。そのため，価値増殖過程としては，労働手段が労働者をつかう関係がなりたつといっても，マニュファクチュアでは，労働力の発揮は，労働手段のうごきに技術上従属していない。ここでは，労働手段のうごきが労働力をリードしないから，死んだ労働が生きた労働を支配するという資本の独自な本性は，労働の仕方様式の面には具体化されていない。

　これにたいして，機械制大工業のばあい，マニュファクチュアとちがい，労働の仕方様式の面で，労働手段が労働者をつかうというあべこべの関係がなりたつ。「手工業経営では，マニュファクチュアにおいてすらも，人間の運動が用具の運動を導くのであるが，機械制作業場では反対に，機械の運動

が人間の運動を導くのである。」(MEGA, Ⅱ/3.6 [9] S.2023) 主客転倒は，機械によってはじめて「技術的に明瞭な現実性」(Kapital, Ⅰ, S.446) をうけとる。労働者が労働手段をつかうのではなく，反対に，労働手段が労働者を使用するという労働の仕方様式の逆転こそ，「資本家と労働者との関係における完全な革命」(『直接的生産過程の諸結果』104 ページ) にほかならない。マニュファクチュアから機械制大工業への移行では「歴史的になにが転回点の標識であるか」(MEGA, Ⅱ/3.6 [9] S.1917, 圏点―マルクス) といえば，それは，労働過程での主体たる労働者と客体たる労働手段との転倒である。それゆえ，機械の道具にたいする差別性を社会的見地からみきわめるさいの試金石は，その区別による労働過程での主客転倒の説明にある。道具と機械の区別によって労働過程での主客転倒が説明されてはじめて，機械の道具にたいする差別性が社会的観点からとかれたことになる。だから，道具と機械の区別に前提となる歴史的要素とは，マニュファクチュアから機械制大工業への移行にともなう労働過程での主客転倒の成立にある[2]。

　以上，本項で，労働過程での主客転倒の生起という労働手段のはたす歴史的な要素との対応のもとで，機械の道具にたいする差別性が規定されるべきことをつきとめた。

　1)　法隆寺の修理に代々たずさわり，薬師寺の再建にかかわった宮大工の家系の棟梁は，つぎのように体験的にかたっている。職人にとって「道具は自分の肉体の先端」(西岡常一『木に学べ』小学館，1988 年，33 ページ) であり，「頭で思ったことが手に伝わって道具が肉体の一部のようになる」(同ページ)，と。
　　また，道具は，人間の手の創造物だから，その製作によって労働がはじまったともいえる (エンゲルス『猿が人間になるについての労働の役割』国民文庫，15 ページ)。人間を「道具をつくる動物」と定義したのは，かみなりの正体が電気だという発見から避雷針を発明し，「時は金なり」でしられるフランクリン (1706-90 年) である。
　2)　道具と機械の相違を，原動力が人力か自然力かのちがいにもとめる説明は，社会的な見地にとぼしい。道具と機械の区別が原動機の相違にあるとすれば，牛馬にひかれた犂(すき)は機械であるが，足踏みミシンは道具だという逆説がなりたつ。産業革命期を代表する機械の一つであるハーグリーブズの多軸紡績機は，最初手動であった。ちなみに，ミシン＝裁縫機械の歴史は，1790 年イギリス人

第5章　資本主義と高度な生産力

トマス・セイントの発明による特許取得にはじまる。マルクスは，ミシンを靴製造や帽子製造など多方面へのかかわりから，「決定的に革命的な機械」（*Kapital*, I, S.495）とよんでいる。ミシンは，machine にゆらいする。

3　作業機と主客転倒

　前項で，道具と機械の区別には，労働過程での主客転倒を説明する歴史的な要素が内包される必要があることをといた。そこで，本項では，労働過程での主客転倒は，機械の本質である作業機部分が労働者の手のはたらきをかりずに労働対象を加工する機能を基礎になりたつ事実を考察する。

　道具のばあい，手のはたらきが道具を媒介にして労働対象を変化させるため，道具は本質的に手の延長である。たとえば，綿花から糸をつくる紡績を具体例にとれば，糸をつむぐという作業は，引きのばし・撚りかけ・巻きとりの三つにわかれる。ここで，手回しの紡ぎ車という手工業道具をもちいるときには，糸を巻きとる紡錘を操作する手は，引きのばしと撚りかけという紡績作業を二段階にわけておこなう。もう一種の足踏みのサクソニー紡ぎ車のばあい，撚りかけと巻きとりは，その紡ぎ車によって同時に実現されるが，引きのばしは手のはたらきに依存する。マニュファクチュア時代の道具とは，「その作業過程が労働者の労働に媒介されなければならないような労働者の道具」（*MEGA*, II /3.6 [9] S.1950）である。これにたいして，機械は，原動機・伝動機構・作業機の三つの構成要素からなりたち，労働者の手のはたらきにかわって，労働対象に接触する作業機の部分がその対象を合目的的に形態変化させる。そこで，機械の道具にたいする本質的相違がどこにあるかをみきわめるため，産業革命期を代表する産業としての綿工業で稼働した機械について歴史的にあとづければ，以下のとおりである。

　すなわち，最初に道具の機械への転化がすすんだのは，マニュファクチュアの基軸産業の毛織物工業ではなく，綿工業とりわけ紡績業[1]であった。イギリスでは，最初，特許状によって外国貿易を独占する東インド会社（1600-1858年）をつうじて，綿花の一大生産地インドの農村家内工業でつくられる手おり綿織物が輸入され，上流階級の手にはいった。ナイロンなど

の化学せんいが普及した現在でもなお「せんいの王様」の地位をたもちつづける綿布は，毛織物にくらべて，軽くてじょうぶなうえ肌ざわりがよく，吸湿性・保温性にすぐれ，染色しやすく洗濯しやすいことなどから，ひとびとを魅了した。捺染キャリコ輸入禁止法（1700年）や捺染キャリコ使用禁止法（1720年）という毛織物工業サイドの利害を反映した法律制定は，インド産にかわって綿織物の国産化の気運をたかめる反作用としてはたらいた。国内的には，綿工業は，18世紀はじめごろから，プランテーションをもつ植民地の西インド諸島で，奴隷労働にもとづく綿花を原料にはじまった。紡績機の一番手として登場したジェニー紡績機＝多軸紡績機（ハーグリーブズによって1764年発明）のばあい，引きのばしと撚りかけの作業は，手紡ぎでは不可能な8本の紡錘と移動車の往復運動に代替され，手労働は，紡ぎ車を回転させ，移動車をうごかす動力の役割になかばちかくなった。多軸紡績機は，文字どおり，同時に8本の綿糸をつむぐという以前の紡ぎ車では不可能な労働生産性を実現する一方，ヨコ糸のみ生産可能で，最初職住一致の家内工業で稼働した。当時，タテ糸に使用できるはりのつよい糸が生産できなかったため，綿をヨコ糸にして麻をタテ糸につかう交織のファスティアンが，綿織物の主流であった。

　これにたいし，アークライトが発明した水力紡績機（1769年特許）のばあい，水車からとりいれた水力を原動力として運転された。人力を動力としたジェニー紡績機とはちがって，水力紡績機によって，つよい張力を必要とするタテ糸の生産が可能になり，ヨコ糸・タテ糸ともに綿でなりたち，インド産キャリコに対抗できるやすい純綿織物の技術的基礎が確立された。梳綿から精紡までの全工程が，機械による一貫したシステムをとって水力を利用したため，水力紡績機は，最初から河川のほとりに建設された本格的な工場のなかで稼働した。そのため，アークライトは，「近代工場制度の父」とよばれる。水力紡績機では，最初から水力が糸の引きだしにつかうローラーの動力として利用されただけでなく，引きのばし・撚りかけ・巻きとりの三つの作業が労働者の手のはたらきと独立して同時実現された。エンゲルスは，アークライトが発明した水力紡績機をもって，ワットの蒸気機関とともに

第5章　資本主義と高度な生産力

「18世紀のもっとも重要な機械的発明」(『イギリスにおける労働者階級の状態』241［原］ページ）とたかい評価をあたえた。

　紡績機の基本的な完成形態といわれるクロンプトンの発明になるミュール紡績機（1779年発明）—ミュールとは雌馬と雄ロバとのあいだにできた騾馬(ラバ)の意—では，糸を引きだすローラーの原理と引きのばしつつ撚りかけするストレッチの原理とが，おのおの水力紡績機とジェニー紡績機とから採用され，手労働に依存しない。クロンプトンの発明によって，それまで不可能であったほそくて強靭なモスリン（細番手の綿糸でおられたうすい高級綿布で，最初にうみだしたイラクの都市モスルにちなむ命名）用高番手の綿糸生産が可能になった[2]。イギリスにとって，ミュール紡績機によるモスリン用綿糸生産は，技術上インド産綿製品にたいする超克をいみする。紡績につづく織布工程は，手織機のばあい，人間によって足踏みペダルで動力が提供され，タテ糸とヨコ糸を交差させるため，タテ糸を上下にわける開口・ヨコ糸を杼によりタテ糸にとおす杼投げ・とおしたヨコ糸を筬(おさ)でおさえる筬打ちという織布の三つの主要操作を，手織工自身がおこなう。これにたいして，カートライトの発明（1785年）になる力織機は，織布の三つの基本作業を人間の手から独立した馬力でうごく作業機部分がになうとともに，ヨコ糸がきれれば自動停止するというすぐれた作業機の機能によって布地の品質を改善した。自動停止によって，ヨコ糸をつなぎ，不良品の産出を未然にふせぐことができるからである。その結果，力織機は，飛び杼のばあいに比して3.5倍の労働生産性をあげた（1789年，蒸気機関による動力化）。

　以上の説明が「機械経営の最初の姿である紡績業と織物業」(*Kapital*, Ⅰ, S.514)のごく簡単ななりたちである。だから，機械の本質的な部分は，その三つの構成要素のうち作業機にあって，機械の道具にたいする差別性は，労働対象に接触する作業機がその対象を手のはたらきによらずに形態変化させるところにある。機械では，「原料を機械的ないし化学的に直接に変形させる部分」(*MEGA*, Ⅱ/3・1［4］S.295)・「原料に直接に接触する道具部分」(*Ibid.*, Ⅱ/3.6［9］S.1916)である作業機は，「はじめから人間の手から独立してはたらき，それ以上人間の操作の介入を必要としない」(*Ibid.*, S.1919)。

マニュファクチュアでつかわれる道具は，労働者の手の延長された器官として機能する一方，機械の主要な成分の道具機は，労働者の手をかりず，それ独自に労働対象をつくりかえる。だから，道具の機械への転化とは，作業機が労働者の手のはたらきに依存する道具の機能を代替することである。機械は，道具にとってかわり手労働の主要部分をはぶくため，一定時間に加工される生産物の分量を増大させる。

　こうして，機械制工場では，作業機が労働対象に形態変化をくわえ，労働者は機械の運動を補助するという物質的な条件がととのえば，原動力が自然力か人力かをとわず，労働力は生産資本の一成分として消費される社会的な条件とむすびつき，労働手段が労働者をつかうという転倒的な関係がなりたつ。ここで，機械の助手としての労働とは，たとえば，機械への原料補給や，機械からの新生産物のとりはずし，あるいは糸のつなぎ・潤滑油の補充などである。「鉄の裁縫師」足踏みミシンのように，機械が人力でうごくとしても，作業機のうごきのほうが原動力を要求する関係にたち，労働力が資本の一成分としての機能を強制されるかぎり，機械への労働者の従属性は，機械の原動力が自然力のばあいと原理的におなじである。蒸気機関が作業機をうごかす原動機としてはたらくことになれば，労働手段のうごきは，労働者にたいする独立化の度合をさらにつよめる[3]。

　ひるがえっていえば，産業革命以前にも，水車をはじめとして機械は存在した。当時の機械は，労働対象に単純なはたらきかけをおこなう労働手段の機能に，動力としての自然力が応用されたものである。水車は，ひいたりくだいたりといった単純な労働の代替機能をはたすにすぎない。「人間がはじめからただ単純な動力としてそれに働きかけるだけの道具，たとえばひきうすの柄をまわすとか，ポンプを動かすとか，ふいごの柄を上げ下げするとか，うすでつくとかいう場合の道具は，…一部はマニュファクチュア時代のうちに，まばらにはそれよりもずっと前から，機械となるまでに成長する。」(Kapital, I, S.395) これにたいして，産業革命期における機械は，労働対象に単純な動力として作用するのではなく，労働する手が固有にはたす作業部分をみずから代替する。「産業革命が始まるのは，昔から，最後の結果が人

第5章　資本主義と高度な生産力

間の労働を必要とするところに，つまり，あの道具の場合のように本来加工されるべき素材が以前から人間の手を必要としないのではなかったところに，事柄の性質上人間がはじめから単なる力として作用するのではないところに，はじめて機械装置が応用されるときである。」(1863年1月28日づけエンゲルスあて手紙，『資本論書簡』1, 330ページ，圏点—マルクス）だから，おなじ機械といっても，労働対象に単純な動力として作用するだけの製粉機や砕石機と指のせんさいなはたらきのかわりをする紡績機や力織機とでは，代替される労働の性格に質的な相違がある。

　作業機の規模拡大は，いっそう強力な動力を要求する結果，人間の単純な労働に発する原動力から機械による原動力への交代をひきおこす。「道具機の創造こそ蒸気機関の革命を必然的にした。」(Kapital, I, S.396) シリンダーにはめこんだピストンを水蒸気で上下にうごかす蒸気機関[4]が，作業機の機能を増強する原動機の役目をになえば，機械は，道具にかわる機械としての完成度をたかめる。作業機の登場が「資本主義的生産様式を特徴づける産業革命の出発点」(MEGA, II /3.6 [9] S.1916) だとすれば，自然力以外をもって創造された人類最初の動力機すなわち動力を生産する機械である蒸気機関の発明は，「最初の大産業革命につぐ第二の革命」(Ibid., S.1917) である。「蒸気［機関］がなかったら，機械はまったく発展できなかったであろう[5]。」(Ibid., S.1975)

　こうして，従来，手の延長としての道具がになった作業を，機械が人間の手をかりずにはたすことによって，機械の運動が労働者を従属させる独特の労働様式がなりたつ。マニュファクチュアで，剰余労働の支出という面からのみ妥当する主客転倒の関係は，道具の機械への転化によって，労働の仕方様式の面で技術的にもなりたち，労働過程と価値増殖過程の両面で確立する。マルクスは「どのようにして，どんな労働手段でつくられるかがいろいろな経済的時代を区別する」(Kapital, I, S.195) というが，機械は，労働者と労働手段の立場の逆転をひきおこす点で，マニュファクチュアと機械制大工業とを区分する。「機械は，資本主義的生産様式から生ずる，生産様式一般の革命として登場する。」(MEGA, II /3.6 [9] S.2055, 圏点—マルクス）機械が資

本にとってもっとも適合的な生産手段をなし，機械制大工業によって資本主義が確立するのは，死んだ労働による生きた労働の支配という資本の独自な本性が労働過程次元上でもなりたつ点にある。「資本主義的生産様式は，大工業とともにはじめて完全なものとなる。」(*Ibid.*, S.2375, 圏点―マルクス) そのいみで，「典型的な工場すなわち機械制作業場」(*Ibid.*, S.2029, 圏点―マルクス) とか「工場（物質的基礎としての機械装置にもとづいて組織された社会的労働の形態としての）」(*Ibid.*, S.2161) とかいわれるとおり，資本主義で，工場とは，厳密には機械制作業場をさす。

産業革命以前，マニュファクチュアは，資本家的な経営の内部でのみ主要な生産形態にとどまり，社会的生産の全体を支配することはなかった。一方，機械制大工業は，資本にもっとも適合的な生産様式として，社会全体に支配的な生産形態になった。だから，機械制大工業を成立させる産業革命は，資本がその概念に適合的な労働手段である機械の採用によって，主要な生産部面で支配的な生産様式として機能する産業資本の確立をいみする。資本は，それに適合する独自な生産様式をもつことによって，産業資本としてなりたつ。産業革命がおわり機械制大工業が確立したころ，イギリスで，世界最初の周期性をもつ全般的過剰生産恐慌（1825年）が勃発した（政治的には，1832年の産業資本家のための選挙法改正が産業資本の確立の指標）[6]。だから，資本主義では，工場が技術的にいかに発展しようと，資本の独自な本性の実現としての機械制大工業をこえる新生産段階は生成しない。機械制大工業をこえる新生産段階の提唱は，機械制大工業が資本の独自な本性に適合的な生産段階であるゆえんに詰めのあまさをもつ。オートメーションは，資本の独自な本性に適合的な生産段階である機械制大工業の内部にあって，マルクスの時代からの生産技術上のいっそうの発展である。

機械は，それ自身が作業機として新生産物をつくりだし生きた労働をはぶくことから，手工業に比して，格段に労働生産性を増進する。機械による労働生産性の増進をみたばあい，商品価値のうち，生産手段のふくむ過去の労働のほうが生きた労働よりもふえる。一方，生産手段のうち労働手段があらわす過去の労働は，絶対的には増加するが，生産量に対応してはふえないた

め，生産された商品全体の価値に比して相対的にはへる。結局，1 単位あたりの商品において，過去の労働は絶対的にはへる一方，生きた労働は過去の労働よりも減少し，過去の労働は，生きた労働にたいして相対的におおきくなる（Kapital, I , S.411)[7]。

機械を労働生産性増進の手段としてみれば，機械の価値がそれによってかわられる生きた労働よりちいさければ，その採用条件として十分である。しかし，資本家は，商品のふくむ生きた労働にではなく，充用する労働力の価値にたいして支払う。だから，機械の価値のほうがそれによって節約できる労働力の価値よりちいさいかぎりで，労働生産性のよりたかい機械が導入される。たとえば，1000 万円の機械をつかい，おなじ 1000 万円の可変資本で労働者を雇用する資本家のもとでの生産量に比して，いま，労働生産性の 2 倍化をもたらす機械が登場したと仮定しよう。そうすれば，おなじ生産量の実現には，前者にたいして後者は，半分の生きた労働しか必要としないため，半分の 500 万円の可変資本でたりることになる。そこで，このばあい，あたらしい機械は，可変資本の節約額 500 万円よりもちいさい価値の増加になる 1500 万円未満のばあいにかぎって採用されることになる[8]。

以上，本項で，機械の道具にたいする差別性は，作業機部分が人間の手のはたらきをかりず労働対象に形態変化をくわえる点にあることから，道具から機械への移行に対応して，労働過程次元でも主客逆転がなりたつ根拠をつめた。

1) 紡績機が機械制大工業のトップバッターとして登場した背後には，ケイによる飛び杼の発明（1773 年特許取得）に起因する糸飢饉—綿糸の生産力と綿布のそれとの不均衡—という経済的な理由があった。ケイの飛び杼は，片手で握りをひくだけで，タテ糸のあいだに自動的にヨコ糸をとおせるため，織布の労働生産性をあげるとともに，幅のひろい織物生産を可能にした。それまでの手織機では，ヨコ糸をいれた舟形の杼という道具を，一方の手でタテ糸のあいだにとおし，他方の手でうけとめる作業を必要としたため，両手がいつもふさがった。糸飢饉に促迫されて紡績機が出現したとすれば，機械紡績にうながされて機械織布を実現する力織機があらわれた。一方，機械紡績は，綿糸の生産性増進のため，原料である綿花不足をまねいた。手作業による綿繰りつまり綿繊維と綿実（種子）の分離に，多大の労力をようしたからである。そこで，アメリ

カの発明家ホイットニーにより，手作業にくらべ 150 倍もの労働生産性をあげる綿繰り機が 1793 年に発明された。ここに，綿繰り機・紡績機・力織機三者の技術革新の連鎖が完成する。綿花の大幅な低廉化は，機械が原料の増加をひきおこしたため，イギリス綿業発展の強力な動因になった。ある部門での機械の採用は，生産部門間の生産力の不均衡を媒介にして，別の部門でのそれをともなう。

ちなみに，イギリスは，綿花を 18 世紀はじめから，主としてその植民地の西インド諸島（ジャマイカやバルバドスなど）から輸入したが，18 世紀末には，綿花輸入の中心は，綿繰り機によって労働生産性の画期的な増大に成功したアメリカ南部にうつった。1619 年にはじめて黒人奴隷を輸入したアメリカのプランテーションは，18 世紀すえまで中心的にはタバコや砂糖キビ・藍（染料）を栽培していたが，19 世紀には，イギリスからの需要への対応と繰綿機の発明に起因する綿花生産の障害のクリアによって，そこでの最大作物は，「白い黄金」綿花に移行した。アメリカ南部は，19 世紀中葉には，400 万人の黒人奴隷をかかえ，世界の綿花生産の 8 割をになう「綿花王国」にまで発展し，イギリスでは，米国南部からの輸入が約 8 割にたっした。黒人奴隷の供給源は，アフリカの部族間のあらそいにもとづく捕虜である。19 世紀なかごろ，綿花輸入額は，イギリスの全輸入額の 2 割以上にたっし，ぎゃくにアメリカの全輸出額の半分以上を綿花輸出がしめた。綿花は，19 世紀最大の世界商品である。綿と鉄の生産が世界の半分をしめたところに，1830 年代から 70 年代にかけてのイギリスが世界にたいして工業製品の圧倒的な供給者の役割をはたす「世界の工場 (workshop of the world)」とよばれるゆえんがある。この間でさえ，イギリスの綿花輸入量は 4.6 倍にふえ，綿製品の生産額も 3.3 倍に増加した結果，その輸出量は 3.7 倍にもなった。

ロンドンで開催の第 1 回万国博覧会は，ビクトリア朝（1837-1901 年）時代に，外国から農産物を輸入し工業製品を輸出する「世界の工場」として君臨したイギリスが，その経済力を誇示する晴れ舞台であった。イギリスは，1825 年の恐慌から 73 年のいわゆる大不況（1893 年まで）の開始まで，「世界の工場」としての地位をしめ，1851 年第 1 回万国博覧会から 73 年の大不況までの 20 年余の期間は，自由貿易の黄金時代であった。とりわけ 1860 年は，イギリス綿業が絶頂にあって，産業史上無類の好景気を謳歌した年である。しかし，1880 年代には，アメリカがイギリスをぬいて世界最大の工業国にのしあがった。自由競争の時代（産業資本主義）は，19 世紀すえをさかいめにして 20 世紀はじめには，独占の時代（独占資本主義）に転化する（レーニン『帝国主義論』国民文庫，副島種典訳，28 ページ，原著 1917 年刊）。世界各地での英語やクリケットの普及は，イギリスの帝国主義的な植民地支配とふかいつながりがある。

2) 中世から羊毛を輸出し毛織物を輸入していたイギリスでは，14 世紀後半から毛織物工業が発展しはじめた。そのご，イギリスは，羊毛輸出が減退してヨー

第5章　資本主義と高度な生産力

ロッパ随一の毛織物工業国になり，毛織物は，18世紀前半でもイギリスの輸出額の過半をしめるほど，近世以降最大の輸出品になった。18世紀はじめに，機械制大工業の基軸産業になる綿工業がおこった。それまでは，自国産毛織物の売りこみを目的の一つに，ロンドンの特権商人によって組織されたイギリス東インド会社（1600-1858年）をつうじ，ぎゃくに，インド産の手おり織布が輸入された。カルカッタは，イギリスによるインド支配の拠点としてさかえた。キャラコは，産業革命までイギリス東インド会社最大の輸入品をなし，中国茶（紅茶＋緑茶）が第二位をしめた。

ちなみに，古来手つむぎの良質細番手の糸による高級綿布製造は，18世紀前半に最盛期をむかえたインドの独壇場―その中心都市はのちに「インドのマンチェスター」といわれたダッカ―であった。産業革命以前のイギリスでは，インド産のキャリコ（ヴァスコ・ダ・ガマが到達したインド西岸のカリカットにちなむ）やモスリンのようなタテ糸にもヨコ糸にも綿糸をつかった純粋な綿布製造は，不可能であった。ジェニー紡績機では，つむがれた綿糸は，タテ糸として必要な強靱さにかけ，ヨコ糸だけが生産された。その一方，水力紡績機ではふといタテ糸しかできず，ミュール紡績機が薄地の高級綿織物用の極細綿糸生産を可能にし，イギリス綿工業の繁栄を決定づけた。

アジア貿易を目的に国王の特許状で設立された商社・イギリス東インド会社による独占を打破して，インド貿易が自由化されて以降，イギリスからインドへの綿製品の輸出額は，インドからのそれをこえて急増した。そのため，1813年，インドは，これまでとはぎゃくに，イギリス綿製品の最大の輸出先に転化し，「ランカシャの生命線」になった。インドの伝統的な農村家内工業にもとづく綿布生産は，機械制大工業に敗北して1830年ごろには凋落し―15万人のダッカの人口は2万人に減少―，ここに史上まれにみる産業興亡のドラマが完結した。19世紀中頃には，イギリス綿製品は，その全輸出額の3分の1の比率をしめ，世界綿製品貿易の過半をせいした。

なお，綿花輸出と対応して，安価なイギリス製品の輸入を利益とするため，自由貿易の立場にたつ南部のプランターと，外国資本から国内産業をまもるためイギリス製品の輸入にたかい関税をかけ，保護貿易の立場をとる北部の産業資本のあいだで利害関係が対立した。その結果，62万人というアメリカ史上最大の死者をだした南北戦争（1861-65年）が勃発した。イギリス綿工業は，1860年ごろすでに過剰生産ぎみであったが，南北戦争を契機に，販売不振と設備の遊休化を余儀なくされた。ミシシッピー河口のニューオーリンズをはじめとする南部の積出港が北部の海軍によって封鎖され，綿花輸出激減のあおりで，綿糸・綿布の価格が急騰したためである（綿花飢饉1861-63年）。そこで，アメリカ南部にかわって，一時的に，インドがイギリスへの綿花供給の中心的なにない手になった。イギリスの機械経営は，インドの手おり綿布を破滅においやり，原料の生産部面にぬりかえた。インドでは，内陸部の綿花集散地から港湾都市へ輸送手段として鉄道建設が進展する一方，ぎゃくに，敷設された鉄道

は，イギリス産綿布の販売市場を開拓する役割をはたした。インドでの鉄道敷設は，港湾都市のボンベイ（1853年）やカルカッタ（1854年）を起点にしかれ，アジアで一番ふるい（1872年，新橋・横浜間の鉄道開通）。

3) 紡績機や力織機は，はじめ木材でできていた。しかし，機械の発達は，蒸気機関の出現による材質の強靱性や部品の精巧性の必要から鉄にたいする需要をうみだした。さらに，鉄の生産は，木炭にかわる銑鉄生産の方法を開発したエイブラハム・ダービー父子のコークス精錬法（1709年）により，石炭への新たな需要を創出した。蒸気機関の普及は，石炭需要をさらにいっそう増加させた。石炭輸送の低廉化こそ，1700年代中葉からはじまり90年代に「運河狂時代」をむかえた運河開削の最大の目的である（馬車時代→運河時代）。鉄鋼業と石炭業とは，機械をつくる材料と機械をうごかす燃料を生産する機械制大工業の双子の所産である。「鉄と石炭は近代産業のおおきなテコである。」（『フランス語版資本論』［下巻］273［原］ページ）機械制大工業を確立する産業革命期が「鉄と石炭の時代」とよばれるゆえんである。馬車時代の存在は，日本とちがって，道路の拡幅整備をもたらし，自動車（1886年発明）の世紀のつゆはらい役をはたした。

そのご，炭坑からの石炭輸送の手段として，1825年世界最初の鉄道が開通し，イギリス経済の大動脈は，運河から鉄道に交代した（運河時代→鉄道時代）。広域にわたる石炭輸送の低廉化の必要性が鉄道の発明をうながしたのである。1840年代の鉄道ブームは，ぎゃくに，レールがその3割をしめるほど鉄鋼業への爆発的な需要をうみだす一方，旧来の特許主義とちがって，法律できめられた条件をみたせばだれでも設立できる準則主義にもとづく近代的な株式会社への傾向を決定づけた（1862年「統括的会社法」の成立）。当時，株式会社の設立は，おおきな設備投資をようする運河や鉄道あるいは保険などの事業にみられ，綿工業の企業形態は，株式会社以前の個人経営か，企業の債務に無限責任をおう出資者からなる合本会社（共同出資によるパートナーシップ経営）であった。

4)「蒸気機関は産業革命以前に発明されていた」（MEGA, Ⅱ/3.6 [9] S.1975）といわれるように，ワットに代表される動力革命には，ともにイギリス人のセイヴァリやニューコメンによる，炭坑の揚水ポンプの動力を使用目的とした先駆的なこころみがあった。イギリスでは，構造的な森林破壊にともない，16世紀ごろ薪炭から石炭への燃料の転換がおこったが，蒸気機関のもともとの開発は，炭鉱での揚水の必要性によってもちあがったものである。

ワットの発明した蒸気機関は，第一に，蒸気の凝結をシリンダーとは別の復水器（コンデンサー）でおこない，シリンダーの加熱と冷却を交互に実現するニューコメン機関のもつ燃料浪費を解消し，第二に，ピストンの上下運動を軸の回転運動にかえ，第三に，蒸気がピストンを下降運動させるだけの単動機関をもって，上下に運動させる複動機関に発展させた三つの功績をもち，これによって「大工業の一般的な動因」（Kapital, Ⅰ, S.398）になった。ワットの蒸気

第 5 章　資本主義と高度な生産力

機関が実現した排水の効率化によって，ふかい炭層の採掘が可能になり，採炭量は 10 倍にもふえた。蒸気機関の性能は，シリンダーの内壁とそこを上下運動するピストンの接合部分の機密性に左右される。だから，ワットの蒸気機関は，精密なシリンダーづくりを実現したウィルキンソン発明による工作機械の一種の中ぐり盤（1774 年）におうところ大である。なお，以前には，回転する対象の金属に労働者が手ににぎるバイト（刃）をあてて切削した。これにたいし，工作機械を代表する旋盤では，チャックという部分に円柱状の金属材料をセットして回転させ，送り台にとりつけられたバイトを作業機としてあて，自在に金属が加工される。機械をつくる機械＝金属加工機械としての工作機械の発明によって，機械制大工業は，自立する技術的基礎をかためた。

5) 蒸気機関は，マニュファクチュア時代の水車にかわって機械制大工業の原動力をなし，綿紡績業にもっともひろく普及した。蒸気機関は，工場立地を水流のある場所から解放した点で，工業都市の生みの親でもある。

6) 日本の産業革命は，大型紡績機がつぎつぎに設置された 1880 年代後半から，日清・日露戦争をはさむ 20 年間におこなわれた。世紀のかわり目ごろまで，日本の最大の輸入品は，インドからの綿花とイギリスからの綿製品の二つがしめていたが，産業革命を契機に，綿製品の輸出がその輸入をうわまわった。幕末開港（1859 年）にともなう海外需要によってうまれ，アメリカを最大の相手国とした輸出品の大黒柱の生糸とひきかえに，綿製品が輸入される関係は，機械制大工業の成立とともに逆転した。

7) 不変資本と可変資本の割合は，投下資本でみたばあいと個別の商品のなかのそれとは相異なる（*Kapital*, Ⅲ, S.271）。投下資本のなかでの不変資本は，絶対的にも相対的にも増大するが，商品価値内部での割合は，投下資本のそれよりちいさい。

8) 本間要一郎『競争と独占』新評論，1974 年，101-5 ページ参照。

まとめ

本節で，資本の独自な本性は，死んだ労働による生きた労働の支配という独特な関係の仕方にあるという観点から，労働手段による労働者の使用という主客転倒は，手のはたらきをかりず，労働対象を形態変化させる作業機の機能を技術的な基礎になりたつ因果を主張した。あらためて強調すれば，労働手段による労働者の使用というさかだちした関係は，あくまでも生産条件の排他的所有という生産関係に起因する。生産条件が労働者にふたたび帰属することになれば，労働者は，機械の所有者として主体的にそれをつかい，

労働軽減か生活改善かに役立てる。おなじ機械でも，その所有の労働者への帰属いかんで，労働者にたいして正反対の役割をはたす。同一対象がその所有形態によってぎゃくの作用をはたす事実は，経済学が生産関係の科学だという根本命題と等価である。

第4節　労働強化と相対的剰余価値

　マルクスによれば，「労働の強度が増されるか労働の生産力が高くされるかする場合，一般的に言えばより多くの相対的剰余価値が生産されるという場合…」(*Kapital*, Ⅲ, S.88)というとおり，労働強化[1]は，相対的剰余価値の生産にぞくする。フランス語版『資本論』の現行版第Ⅰ巻第13章第3節c「労働の強化」に相当する箇所でも，つぎのようにいわれる。「$6\frac{2}{3}$の必要労働にたいする$3\frac{1}{3}$時間の剰余労働は，資本家にたいして，8時間の必要労働にたいし4時間の剰余労働が以前に提供したのと少なくとも同量の相対的剰余価値を提供するのである。」(『フランス語版資本論』[下巻] 177 [原ページ[2]])『資本論』第13章で問題になる労働強化は，標準労働日の基礎上での労働日の短縮分を，労働時間と労働強化とのぎゃくの相関から，労働の濃縮でおぎなおうとする資本の反作用である。だから，労働強化の基本性格は，標準労働日と交差点規定との関連を明確にしてはじめて解決できる。両者の関連は，労働強化の基本性格をとくさい，幾何学における1本の補助線に相当する。そこで，本節では，標準労働日の成立にともなう労働強化は，相対的剰余価値生産にぞくする根拠を提出する。

　　1)　労働の強度とは，「一定の時間に遂行される実際の労働量」(*MEGA*, Ⅱ /3.6, S.1908)である。だから，労働強化は，「同じ時間内の労働支出の増加」(*Kapital*, Ⅰ, S.547)・「労働時間の濃縮」(*MEGA*, Ⅱ /3.1 [4] S.307, 圏点―マルクス)をいみし，作業速度の増大と作業範囲の拡大によっておこなわれる。とりわけ作業速度の増大は，機械採用にともなう労働の連続性を基礎にもつ。
　　2)　フランス語版『資本論』は，翻訳原稿へのマルクスによる加筆のため，ドイツ語版と重要箇所でちがった表現をとる点で「一つの科学的な価値」(*Kapital*, Ⅰ, S.32)をもつ。9セット44分冊で出版のため，刊行にあしかけ4年間かか

第 5 章　資本主義と高度な生産力

った。マルクス存命中の翻訳は，ロシア語版（1872 年）とフランス語版（1872-75 年）だけである。

1　標準労働日と労働強化——いわゆる交差点規定

　労働強化の性格をとくさいの最大のカギは，その特有な問題設定にある。第 13 章第 3 節 c で，まず労働日の無制限な延長が標準労働日をまねいたと第 8 章がふりかえられたあと，過去半世紀にわたる産業革命期に，労働日延長と労働強化とが同時にすすんだ事実が指摘されたうえで，いわゆる交差点規定が，つぎのように展開される。

　「だれにでもわかるように，一時的な発作としてではなく，毎日繰り返される規則的な均等性をもって労働が行なわれなければならない場合には，必ず一つの交差点が現われて，そこでは労働日の長さと労働の強度とが互いに排除しあって，労働日の延長はただ労働の強度の低下だけと両立し，逆に強度の上昇はただ労働日の短縮だけと両立するということにならざるをえない。しだいに高まる労働者階級の反抗が国家を強制して，労働時間の短縮を強行させ，まず第一に本来の工場にたいして一つの標準労働日を命令させるにいたったときから，すなわち労働日の延長による剰余価値生産の増大の道がきっぱりと断たれたこの瞬間から，資本は，全力をあげて，また十分な意識をもって，機械体系の発達の促進による相対的剰余価値の生産に熱中した。」(*Ibid.*, S.432)

　ここで問題になる交差点規定は，標準労働日の基礎上で，資本が労働日の短縮分を労働強化で失地挽回しうる客観的な根拠をしめす理論装置である。そこで，労働日決定の軸心に標準労働日をすえ，その前提上に交差点規定をうわづみする両者の論理的な先後関係に注意すれば，以下のような推論がなりたつ。すなわち，労働時間と労働強度の積が最大値をしめす交差点（最適労働時間）が存在するというばあい，マルクスは，標準労働日の基礎上では，潜在的な最適労働時間が標準労働日よりもおおきいという想定にたつ。というのも，第 3 節 c で「イギリスでは半世紀のあいだに労働日の延長が工場

労働の強度の増大と並行して進んでいる」(*Ibid.*) として，交差点規定という布石をうったうえで，標準労働日の制定から労働強化におよぶ因果の脈絡から推論すれば，標準労働日確立以前はそれよりも長時間労働であったということだから，ここでは，潜在的な最適労働時間＞標準労働日　という大小関係の成立が唯一合理的な関係だとかんがえられるからである。じっさい，「ひとたび伝統によって労働日が強制的に延長されてしまえば，イギリスでのように，労働者がこれを標準的限界にまで戻すことができるようになるまでには，何世代も必要である」(*MEGA*, II /3.1 [4] S.303) という叙述からも，最適労働時間＞標準労働日　という関係がなりたつ。

　ところが，最適労働時間＞標準労働日　という大小関係を承認したうえで，その確定された標準労働日の前提上で，なお労働強度が以前とおなじままだと仮定しよう。そうすれば，労働支出分量は，以前と比較して労働日の短縮分だけ減少してしまう。しかし，交差点規定がおしえるとおり，一般に労働時間と労働強度とは負の相関にたつ。「労働日が短縮されればされるほど労働の強度は増大することができる。」(*Kapital*, I, S.552) そこで，資本家は，最適労働時間よりみじかい標準労働日の決定のため，労働力の作用時間の短縮による労働損失分を，労働力の作用能力のよりおおきな緊張でおぎなおうとする。現実に，労働強化は，工場のさらにいっそうの機械化によって可能となった。だから，標準労働日の概念と一見矛盾する交差点規定がうわづみされるゆえんは，標準労働日成立による労働の逸失分をその内包的な濃縮で補填できる客観的根拠をとく点にある。標準労働日が確立した瞬間から，資本が労働のいっそうの濃密化を強制できるのは，労働者に労働の濃縮をおしつける客観的条件が実在するばあいにかぎられる。

　ところで，最適労働時間＞標準労働日→標準労働日の決定→労働日短縮分の労働強化による補填　という因果の連鎖をふまえれば，以前よりも単位時間あたり濃縮された労働をふくむ標準労働日には，即自的に労働日の再度の短縮の必然性が内包されていることになる。けだし，せっかくの標準労働日の基礎上で，労働日短縮分が労働強化により相殺され，労働支出量が以前のレベルに増大すれば，労働者にとっての標準労働日という既得権益は帳消し

第 5 章　資本主義と高度な生産力

になるからである。そこで，標準労働日の基礎上では，労働日短縮分を労働強化によりつぐない，労働支出量を標準労働日以前の水準にひきもどす資本のリアクションがはたらくため，労働者は，ふたたびほんらいの標準労働日をうばいかえす反撃を開始する（労働日短縮分の労働強化による補填→標準労働日の再度の短縮運動）。労働日短縮分の労働強化による回復のこころみのなかで，労働日の再度の短縮が不可避なのは，労働強化による労働支出分量が標準労働日以前にぎゃくもどりし，労働者の反作用をまねく事実に起因する。

　以上，本項で，交差点規定は，標準労働日のもとで労働日短縮分を補填する労働強化が可能な説明原理である秘密をとき，先行の標準労働日の概念と後続の交差点規定との立体的なつながりを考察した。標準労働日への交差点規定のうわのせは，珠玉のアイデアである。『資本論』は，前人未到のアイデアからなる点で，いくつものたかい嶺がつらなるヒマラヤ山脈のようにみえる。

2　労働強化の基本性格

　労働強化の性格をとうばあい，標準労働日の基礎上での労働日短縮分を回復する労働濃縮こそ，ほんらいの問題対象である。ところが，第10章で，相対的剰余価値は，労働日一定の前提上で概念規定されたためか，従来，労働強化のさいの本源的な問題設定がつかまれていない。そこで，本項では，相対的剰余価値の主眼は，必要労働短縮にもとづく剰余労働増加にある要点をふまえ，労働日の短縮分をとりもどす労働強化は，相対的剰余価値に相当するゆえんを解決する。

　すでにふれたように，第3篇と第4篇との関係は，生産関係のもつ基底的な一面と追加的な一面とに対応する。そこで，相対的剰余価値は，生産関係の基底的な一面にもとづく労働日の長さを前提になりたつ。つまり，第4篇第10章が労働日一定の仮定にたつ理由の一つは，それが生産関係の基底的な一面に規定される与件だからである。しかも，労働日が不変であるかぎり，労働生産性増進にもとづく必要労働短縮分は，そのまま剰余労働の増加になり，相対的剰余価値をシンプルにしめすことができる。だから，労働日

不変の想定は，労働日決定の因果を別にすれば，必要労働短縮分が剰余労働の増加になる相対的剰余価値の本質的な契機を明示できる簡明さにもとづく。第10章での労働日不変の想定は，同章で，労働生産力増進による商品の低廉化を論じるさい，生産手段からの旧価値移転不変を想定する手法とおなじである。労働生産性が生きた労働にぞくするかぎり，商品の低廉化は，1単位の商品に付加される生きた労働分量の減少から生じるため，生産手段からの移転価値の変化は議論の複雑化になる。労働日短縮の前提上で，その損失分を必要労働短縮による剰余労働への振り替えでおぎなうことができたと仮定しても，剰余労働の増加が相対的剰余価値である性格はかわらない。かりに，労働日短縮分の一部しか必要労働短縮によって回復できないと仮定しても，剰余労働の増加分については相対的剰余価値の概念が妥当する。ようするに，相対的剰余価値の主眼は，労働力の価値の等価を再生産するのにようする必要労働の縮減分の剰余労働への転化にある。マルクスは，「必要労働の剰余労働への転化による剰余価値の生産」(*Ibid.*, S.333)とか「総労働日の延長からではなく必要労働時間の短縮から生ずるところの相対的剰余価値」(*Mehrwert*〔5〕S.621,圏点—マルクス)とのべ，相対的剰余価値の概念をあたえる。相対的剰余価値とは，必要労働短縮分の剰余労働への転化による両者の関係の変更をあらわす。労働日不変の想定は，相対的剰余価値が必要労働の短縮に発する因果を抽出する簡単化仮定である。

そこで，今度は，第13章第3節 c でとかれる例解を説明すべき順番である。マルクスによれば，以前に12時間であった労働日は，いまや2時間短縮され10時間になった半面，資本家は，労働日の強制的な短縮分をとりもどすため，労働の濃縮を労働者に強要する。資本家は，労働強度を20パーセントひきあげれば，10時間労働日のうちの1時間の生産物は，12時間労働日のうちの密度のうすい1時間の生産物と同等の価値をもつ。そこで，つぎのようになる。「$6\frac{2}{3}$時間の必要労働にたいする $3\frac{1}{3}$ 時間の剰余労働が，以前には8時間の必要労働にたいする4時間の剰余労働が与えたのと同じ価値量を，資本家に与えるのである。」(*Kapital*, Ⅰ, S.433) 結局，マルクスの例解にあっては，8時間の必要労働と4時間の剰余労働からなる12時間労

第5章　資本主義と高度な生産力

働日が10時間労働日に短縮され，短縮された2時間分の労働日を回復するための20パーセントの労働強化によって，必要労働時間は$6\frac{2}{3}$時間に圧縮される。その帰結として，$1\frac{1}{3}$時間の必要労働短縮分が剰余労働に転化し，20パーセントましの労働密度をもつ剰余労働$3\frac{1}{3}$時間は，以前の剰余労働4時間分とおなじ剰余価値をつくりだす。ここで，労働日の短縮にはんして以前とおなじ分量の剰余労働が回復されるには，労働強化による必要労働の短縮が必須だから，労働強化は相対的剰余価値の概念に包括される[1]。

マルクスの例解で注意すべき要点は，資本家が，労働日短縮によって労働強化をせまられ，それにもとづく必要労働の短縮分が剰余労働に転化する関係にある。労働日一定の前提上で労働強度をひきあげ，そのため必要労働の短縮によって剰余労働増大がなりたつという一部の理解は，マルクスの例解とは相異なる[2]。

ただし，労働強化のばあい，労働生産性増大による一般的方法とちがって，商品価値したがって労働力の価値は不変のままであるから，「相対的剰余価値の性格」(Ibid., S.432)に「一つの変化」(Ibid.)がうまれる。労働強化は，商品価値の低廉化によらない「相対的剰余価値のいろいろな特殊な生産方法」(Ibid., S.340)の一つである。

以上，本項で，標準労働日の基礎上で，労働日短縮の補償措置としての労働強化は，必要労働短縮分を剰余労働へ転化させるため，相対的剰余価値にぞくする根拠をかためた[3]。

    1)　「10時間法案は，労働日を短縮したにもかかわらず，イギリスの工場主の利得を減少させなかった。」(MEGA, II /3.1 [4] S.310)
    2)　第13章第3節cにかんする一部の学界状況は，ものづくりでいえば，生産過程以前の段階で注文された製品の図面がよみとれない事態に匹敵する。そのいみで，『資本論』研究は，マルクスの設定した独自な問題対象にたいするおどろきに発する。「おどろきから哲学がはじまる」(『形而上学』第1巻第2章)とは，アリストテレスの金言である。
    3)　労働生産力が不変でも，機械の普及にともない，労働者家族が賃労働者として就業すれば，おなじ分量の可変資本でうまれる剰余価値の増加，したがって労働者1人でみれば以前よりすくない分量の可変資本での剰余価値の生産（=

必要労働の縮小にともなう剰余価値の増加）によって，相対的剰余価値がなりたつ。「相対的剰余価値は，必要労働時間の減少の結果としてだけではなく，同時に，同じ可変資本によって搾取される労働者の数が増加する結果としても生じる。」(MEGA, Ⅱ/3.6 [9] S.2037)「相対的剰余価値では，（実際，婦人労働と児童労働を引きいれることによって）同じ賃金でより多くの労働能力が引きよせられるようになる。」(Ibid., S・2038, 圏点—マルクス)

　ほんらい，労働力の価値には，本人の再生産費のみならず，家族の扶養費もふくまれる。そこで，労働者家族が賃労働者化すれば，成年男子労働力の価値は，その減価分が家族就業者へ配分される勘定になり，おなじ分量の可変資本による就業者数をふやすことによって，相対的剰余価値をもたらす。剰余価値の増大は，必要労働の短縮からだけではなく，おなじ分量の可変資本による就業者数の増加からもうまれる。家族の賃労働への編入による就業者数の増加は，労働力の価値を低下させつつ剰余労働を増大させるから，相対的剰余価値の概念があてはまる。1家族の労働力の総価値が付加価値にしめる割合は，その賃労働の本格化によって剰余労働の総量が1人のそれを超過するのに対応して低減するため，剰余価値率はあがる。そのばあい，家族就業にともなう労働力の価値総額が以前よりうわまわっても，男子労働力の価値がさがるかぎり，家族就業による剰余価値増進の性格はかわらない。労働力の価値総額があがっても剰余価値率が上昇する因果は，労働生産性の増進のもとで実質賃金増大と剰余価値率上昇が両立するのとおなじ相関である。おなじ相対的剰余価値でも，その一般的方法では，必要労働短縮が商品価値低廉化に起因する労働力の価値低下によるのにたいして，ここでは労働力の価値分割による点が相異なる。

まとめ

　本節で相対的剰余価値に帰属する根拠を提出した労働強化の性格は，標準労働日と交差点規定とを立体的に関連づけてはじめて，解決可能になる。つまり，労働支出量増大による必要労働の短縮という事実は，問題の労働強化の後半部分にすぎない。問題の労働強化の前半部分は，最適労働時間＞標準労働日　なる関係に起因する労働日短縮分の労働強化による回復という事実にある。先行研究では，労働日の短縮との関連で，労働強化の基本性格が考察されていない。そのいみで，「真理とは全体のことだ」（ヘーゲル『精神現象学』作品社，長谷川宏訳，12ページ）あるいは「真なるものは具体的なものである」（同『小論理学』上巻，岩波文庫，松村一人訳，84ページ，圏点—ヘーゲル，原著1817年刊）る。『資本論』における労働強化の分析は，ヘーゲル

哲学の周知の命題のもっともわかりやすい実例である。

第5節　資本主義と生産的労働

　マルクスによれば，資本主義での生産的労働をもって，資本を生産する労働と規定した功績は，アダム・スミスに帰属する。「ここでは，生産的労働は，資本主義的立場から規定されており，A・スミスは事柄そのものを概念的に論じつくし，その本質をついている，――かれが生産的労働を直接に資本と交換される労働として規定していること，…これこそは，A・スミスの最大の科学的功績の一つである。」（Mehrwert［5］S.443, 圏点――マルクス）スミスは，剰余価値を貨幣でとらえる重商主義や農産物でとらえる重農学派とは一線をかくして商品でつかみ，価値にもとづく生産形態としての資本主義の理解から生産的労働の概念を的確に規定した。

　ところが，不思議なことに，スミスは生産的労働とはなにかを規定するおなじ文脈のなかで，資本を生産する労働があたかも商品を生産する労働と同一であるかのようにいいかえ，二つの相異なる定義をあたえた。スミスにあっては「第一の正しい規定」（Ibid., S.439）と「第二の誤った見解」（Ibid., S.442）とがおなじ文脈のなかに併存している。そこで，経済学史上はじめて資本主義の生産的労働概念を提出しえたスミスが，なぜおなじ箇所で二つの相異なる規定を並立させるほど深刻な混同をおかしたのかという疑問がうまれる。生産的労働の第二規定は，独立生産者の場合がしめすように，必ずしも資本を生産する労働ではないからである。商品を生産する労働は，それ自体としては剰余価値をうみだすという労働の資本主義的規定を内包していない。先行研究では，スミスによる相異なる二規定の同一視を，商品生産と資本主義的生産との混同にまではほりさげるが，スミスがなにゆえ両者をおなじ生産形態とみなしたかにまでたちいった本寸法の論証は存在しない。スミスによる生産的労働の混同問題には，中間のコンマはあっても，まだ最終のピリオドはうたれていない。

　そこで，本節では，マルクスによるスミス批判の基本線にそくし，スミス

が生産的労働の二つの規定を区別しない根本原因をつきとめる。じつは，経済学史というせまい一領域にぞくするかにみえる生産的労働の二重規定の問題は，剰余価値の秘密の問題とおなじである。

1 資本主義における生産的労働概念

本項では，スミスによる二つの規定をみるさいの前提として，マルクスが最終的にレールをしいた資本主義での生産的労働の概念を再構成する。

人間にとっての生命の特有な発現とは，労働力の発揮である。労働の支出を正常な生命活動ととらえるのは，マルクスの根本思想の一つである。ところが，労働力の発揮は，労働過程の内部でも外部でも例外なく，物質的財貨ぬきには成立しない。まさに，生産的労働の最初の意義は，社会存立の基礎である労働支出が物質的財貨なしには実現されないところにある。いま労働力の発揮の典型例として生産活動をとりあげれば，まず第一に，労働力の発揮は，労働過程の内部では生産手段なしには実現されない。物質的財貨を形成する労働過程は，それが具体的有用労働の支出からなるかぎり，特定の生産手段との接触をつうじてはじめてなりたつ。第二に，労働力の発揮は，たんに労働過程の内部で生産手段を前提するのみならず，その外部での生活手段の存在を不可欠の条件とする。「客体的な労働条件（生産手段）」にたいして「主体的な労働条件（生活手段）」（以上，『直接的生産過程の諸結果』89ページ，圏点―マルクス）と規定されるように，労働力の発揮は，労働過程の内部でも外部でもひとしく物質的財貨を前提になりたち，生産手段も生活手段もともに労働力の実現条件を形成する。

しかし，物質的財貨を生産する労働過程のみならず，具体的有用労働を提供して人間自身に直接はたらきかけるサービスの支出もまた，生産手段なしにはなりたたない。サービスは，特定の物質的財貨を媒介にしてのみ，合目的的に支出される。しかも，物質的財貨は，サービスが支出される労働過程の内部で必須要件をなすのみならず，その外部で労働者の消費にはいりこむ。そうじて，物質的財貨を生産する労働は，生産形態のいかんに関係なく，あらゆる社会存立に第一義的に必要な労働である。物質的財貨を生産する労働

第5章　資本主義と高度な生産力

が，超歴史的な労働過程の観点から，「生産的労働の本源的な規定」（*Kapital*, Ⅰ, S.531f.）と命名されるゆえんはここにある。

ところが，物質的財貨は，資本主義では，資本家の排他的な所有にぞくする。そこで，一つの独自な生産形態では，本源的規定とはちがった生産的労働の特殊歴史的な規定が必要になる。資本主義での生産活動は，物質的財貨が資本家の排他的所有になるため，資本を生産する労働として実現されるからである。つまり，物質的財貨をうみだす労働力の発揮は，資本家の排他的所有になる富の増大のためにいとなまれる。換言すれば，労働者にとって労働の成果である富が等価なしで剰余価値として資本家に帰属するところに，資本主義での生産的労働の独自な性格がある。資本主義に固有な生産的労働とは，剰余価値をもたらす労働にほかならない。独立生産者のばあい，生産条件の所有のため剰余価値を生産しないのにたいして，賃労働者は，対立的な生産関係の特有な歴史的所産として，剰余価値を創造する。ここに，剰余価値論の天空を社会的生産関係という光芒できりひらいたマルクスのブレークスルーがある。

したがって，「直接に剰余価値を創造する労働」（『直接的生産過程の諸結果』111 ページ，圏点―マルクス）という表現は，一義的に資本主義特有の社会的生産関係をしめし，資本主義での生産的労働の歴史的規定になる。マルクスのばあい，生産的労働と資本主義的生産関係のむすびつきは，剰余価値の独自な歴史性[1]によって担保される。特有な生産関係のうえに剰余価値がなりたつため，生産的労働概念は，その労働が実現される特有な生産関係[2]をしめす。だから，資本主義に特有な生産的労働といえば，それは，たんに物質的財貨をつくる労働ではなく，資本の自己増殖にやくだつ労働にほかならない。マルクスが「生産的ということについての資本主義的な意味―剰余価値を生産するということ―」（*Mehrwert*〔6〕S.763, 圏点―マルクス）というとおりである。社会的富が資本家だけに帰属する資本主義では，生産的労働は，物質的財貨をつくる労働という本源的規定から，物質的財貨を素材的実体とする資本の自己増殖に奉仕する労働へと転化する。「労働能力にたいして自立化した対象的労働のその価値を維持し増加させる労働が，生産

的労働である。」(*MEGA*, II /3.6 [9] S.2168, 圏点―マルクス) ちなみに, 資本家は, 生産活動をいとなむか否かという事業内容の相違に無関係に, 支配階級として物質的財貨を独占的に所有する。だから, 資本家のもとでの労働はすべて, それが資本の自己増殖にやくだてば, 生産的労働という規定をうけとる。資本主義での生産的労働とは, 資本の自己増殖にやくだつ労働である。

ひるがえっていえば, 生産的労働の本源的規定と歴史的規定の関係いかんという係争問題は, 超歴史的な富である物質的財貨の資本家による排他的所有への移行の問題に還元される。労働過程次元上で生産的労働とはなにかがとわれるさい, 労働力が合目的的に発揮される関係だけが対象になり, 物質的財貨の所有は度外視される。これにはんし, 資本主義で労働力の発揮は, 資本家のもとで生産活動としていとなまれる。つまり, 労働過程から資本の生産過程という高次の次元への移行にあって, 労働力の実現は, 物質的財貨の存在だけを前提する問題から, その所有形態にかかわる特定の社会的な問題へと転化する。そのため, 生産的労働は, 本源的規定から歴史的規定へのきりかえをともなう。本源的規定を前提すれば, 資本主義での生産的労働とはなにかをとう意義は, 労働力発揮の実現条件である物質的財貨が資本家の排他的所有にぞくするため, 労働支出が資本家の富を増大する手段になる点にある。物質的財貨が資本家に独占された富だとすれば, それをつくる労働は, 資本に剰余価値をもたらす労働という特有な規定をうけとる。

以上, 本項で, 資本主義での生産的労働とはなにかを, その本源的規定にさかのぼってときおこした。労働支出はもっぱら資本家の排他的所有になる富をふやす特有な性格をもつため, 資本主義での生産的労働とはなにかという問題領域がなりたつ。生産的労働概念の重要性は, 資本主義を独自な生産形態とみなす問題とおなじ性格をもつ[3]。

> 1) 生産的労働概念が賃労働者による剰余価値創造の特有性と通底している事実がしめすように, 『資本論』研究では, ある論点の正否が, それとは一見無関係にみえる別の領域での説明によって実況検分をうけるところに, かくされたおもしろさがある。『資本論』の主要な論点は, まるでみえない地下茎のようにつながっている。

第 5 章　資本主義と高度な生産力

2)　「生産的労働者の概念は，…労働者に資本の直接的増殖手段の極印を押す一つの独自に社会的な，歴史的に成立した生産関係をも包括する。」(*Kapital*, Ⅰ, S.532)
3)　「生産的労働と不生産的労働とを区別することは，…資本主義的生産様式にとっては，決定的な重要性をもつ。」(*Mehrwert* [5] S.603)

2　スミスによる生産的労働の二つの規定

前項で，本節の扇のかなめとして，資本主義での生産的労働概念を本源的規定からといた。そこで，本項では，スミスが資本主義での生産的労働をもって，一方で剰余価値をうむ労働と規定する半面，同時に商品を生産する労働ともみなした典拠をしめし，両者が概念上相異なる規定である事実をとく。

『諸国民の富』で生産的労働が問題になるのは，社会的富の増大が，労働生産力の高さのみならず，生産的労働と不生産的労働の割合によっても，左右されるという立論による。スミスは，第 2 編第 3 章「資本の蓄積についてすなわち生産的労働と不生産的労働について」の冒頭で，ずばり正当に資本主義での生産的労働とはなにかという規定をあたえる。

「労働には，それが加えられる対象の価値を増加させる（add）部類のものと，このような結果を生まぬ別の部類のものとがある。前者は，価値を生産するのであるから，これを生産的労働（productive labour）とよび，後者はこれを不生産的労働（unproductive labour）とよんでさしつかえない。そこで，製造工の労働は，一般に，自分が加工する材料の価値に，自分自身の生活維持費の価値と，自分の親方の利潤の価値とを付加する。これに反し，召使の労働はどのような価値も付加しない。」(『諸国民の富』Ⅰ，313〔原〕ページ)

ここで，生産的労働は，資本家に剰余価値をもたらす労働として「資本主義的生産の立場」(*Mehrwert* [5] S.443) から，「労働が実現される一定の社会的形態」(*Ibid.*, S.444) に即応して規定されている。資本の観点からする生産的労働の規定は，価値の実体を労働にもとめ，剰余価値の源泉を資本にやとわれた労働者の生産活動に普遍的にみいだすスミスがはじめて到達した成果である[1]。

ところが,「資本の立場からはなにが生産的労働であるかという問い」（MEGA, II /3.6 [9] S.2166, 圏点―マルクス）にひきつづいて, スミスは, 生産的労働の第一の規定をふえんし, 第二の規定を論じる。

「とはいえ, 後者の労働もその価値をもっており, 前者のそれと同じように当然その報酬をうけるべきものである。しかしながら, 製造工の労働は, ある特定の対象または販売しうる商品に固定され実現されるのであって, こういう商品はこの労働がすんでしまったあとでも, すくなくともしばらくのあいだは存続する。それは, いわば, なにか他のばあい必要に応じて使用されるために, 貯蔵され貯えられる一定量の労働である。…これに反し, 召使の労働は, ある特定の対象または販売しうる商品に固定されたり実現されたりしない。かれのサーヴィスは, 一般にそれがおこなわれるまさにその瞬間に消滅してしまう…。」（『諸国民の富』I, 同ページ）

ここで, 生産的労働の第一の規定は, 製造工によって商品に固定される労働という第二の規定にいいかえられる。生産的労働イコール商品を生産する労働という第二の規定は, 生産的労働イコール資本を生産する労働という第一の規定と相異なり, 資本主義的立場からの脱線がある。商品を生産する労働は, 直接的には生産条件の対立的な所有関係に立脚せず, 必ずしも剰余価値をうむ労働ではないからである。生産的労働の第二の規定は,「労働者自身が自分の生産条件の所有者であった場合と同じ」（Mehrwert [5] S.449）である。独立生産者は, 商品の売り手であって労働の売り手ではないため, 資本主義での生産的労働と不生産的労働の区別に無関係である（MEGA, II /3.6 [9] S.2180）。商品に固定される労働をあらわす第二の規定は, 労働が実現されるさいの対立的な社会形態を内蔵していないため, 生産的労働の第一の規定と抵触する。

以上, 本項で, スミスが資本主義での生産的労働の正しい規定をうちたてたはんめん, 資本を生産する労働と商品を生産する労働とを二重うつしにみる弊害におちいった事実を確認した。マルクスがスミス批判のカードをきったのは, 商品を生産する労働は直接には剰余価値をふくんでいないからである。

第 5 章　資本主義と高度な生産力

1)　重商主義のばあい，剰余価値が国家間での貿易差額とみなされたことから，商業労働が生産的労働として把握された。重農主義のばあい，地代が剰余価値の基本形態とみなされたため，農業労働が生産的労働を代表する。

3　二つの規定の混同理由

前項で，スミスによる生産的労働の二重規定を確認したうえで，第二の規定は，労働が実現される資本主義の生産関係を表現しない理由をといた。それでは，スミスは，なぜ二種類の労働とを同等とみなしたのであろうか。本項では，スミスが二つの規定を混同した根因を分析し，両者の同一視は，スミス分業論の凝縮された表現である事実をつきとめる。

生産的労働の二つの規定の混同とは，単純な商品生産と資本主義的生産との混同と等価である。スミスには二つの生産形態の区別がない事実については，マルクスが再三強調した事柄であった。「アダム・スミスは商品生産一般を資本主義的生産と同一視している。」(Kapital, Ⅱ, S.387)「スミスは資本主義的生産をまだあちこちで直接的生産者のための生産と混同している。」(『直接的生産過程の諸結果』129 ページ)

それでは，スミスには，なぜ二つの相異なる生産形態の区分がないのであろうか。結論をさきまわりすれば，生産物の商品への転化は，同時に剰余価値の生成をともなうからである。スミスにとって，商品生産は，剰余価値形成と不可分の関係にたち，独立生産者は，商品生産によって同時に剰余価値を創造する。スミスにあって，分業はストックの蓄積を物質的な基礎となしつつ，交換本能にうながされて成立する。商品交換によって，労働者が自分の欲望を他人の生産物で充足する割合がおおきくなるほど，社会的労働の細分化である分業の発展によって，労働生産力が増進する。労働生産力の増大は，労働日不変の前提上では，労働者の消費財源の生産にかかる労働分量を短縮せしめ，蓄積財源を本格的に形成する。蓄積財源がふくむ剰余労働は，商品交換によって剰余価値に還元されるから，独立生産者は，商品生産によって同時に剰余価値を創出する。スミスにあって，商品を生産する労働は，剰余価値をうむ労働支出としてなりたつ。商品生産者間での社会的分業は，同時に剰余価値形成をともなうことが生産的労働の二重規定のあいだの「隠

れた思想的結びつき」(Mehrwert [5] S.508) である。

　だから，スミスにとって，資本を生産する労働は，剰余価値創造の面で，商品を生産する労働と皆既日蝕のさいの太陽と月のように完璧にかさなる。スミスが単純な商品生産と資本主義的生産とを混同したのも，独立生産者が剰余価値を創造するとみなす考え方に起因する。じっさい，スミスにとって，独立生産者と資本家とは，ともに剰余価値創造という同一のいとなみを実現するため，蓄積にもとづく資産の大小によってのみ区別される。独立生産者と資本家とのあいだに資産の量的なちがいしかないのは，個人的所有と資本主義的所有の概念的無区別にひとしい。スミスには，個人的所有と資本主義的所有との区別がない帰結として，その区別が剰余価値生成に結実する因果関係は識別されない。

　以上，本項で，スミスが生産的労働の二つの異質な規定を混同した究極の原因は，剰余価値形成をとく社会的分業論にかくされている因果をさぐりあてた。生産的労働の二つの規定は，スミス分業論のはらむ問題点をうつしだす鏡である。ようするに，賃労働者に特有な剰余価値創造をみちびくマルクスの立場にたてば，生産的労働の二重規定にたいするスミス批判がなりたつ。一方，剰余価値形成を独立生産者にもみとめれば，マルクスのスミス批判は，なだれをうってくずれる。スミスの生産的労働にかんする問題は，剰余価値形成を賃労働者にのみみとめるか否かの論点にひとしい。

むすび
―『資本論』の核としての剰余価値論―

　これまで，生産条件の排他的所有がもたらす生産関係の二面性に着目し，その基底的な一面から富と貧困を形成する絶対的剰余価値をみちびく一方，追加的な一面から高度な生産力形成の根拠をつきとめ，相対的剰余価値のしくみをといた。ところが，高度な生産力形成と貧富の存在とからなる二面は，資本主義の二大特色である。前者と後者とは，資本主義という特殊歴史的な生産形態のもつポジティブな面とネガティブな面を形成する。そこで，以下，

第5章　資本主義と高度な生産力

　前章と本章をふみ台にして議論をさらに一歩すすめ，剰余価値論は，高度な生産力と貧困の形成という資本主義の対照的な二面をふくむため，資本主義全体の原型をなすゆえんを論じる。

　まず，高度な生産力形成は，労働過程の社会的な結合にもとづくより高級な生産形態成立のための物質的な基礎である。資本は，結合労働にもとづく生産方法によって，事実上「社会的生産経営」(*Kapital*, I, S.791)を実現し，あらたな生産様式の物質的な前提を暗黙のうちにつくりだす。労働の社会的な形態に対応して，資本が剰余価値生産のためにつくりだす生産力の増進は，その半面に「より高度な生産形態の物質的諸条件」(*Ibid.*, III, S.269)を形成する。「大規模に組織された協同労働の物質的諸条件」(マルクス「ヴェ・イ・ザスーリチの手紙への回答の下書き」『マルクス・エンゲルス全集』第19巻，405［原］ページ)は，「資本主義制度によってつくりあげられた肯定的な諸成果」(同ページ)である。大規模な結合労働にバックアップされた高度な生産力形成は，よりたかい段階での社会的な生産形態に継承される点で，「資本の歴史的な任務」(*Kapital*, III, S.269)である。労働の社会的な形態に起因する高度な生産力形成は，「ある未来の社会の歴史的な前提」(*MEGA*, II /3.6 [9] S.2270, 圏点—マルクス)をなすため，資本主義の歴史的な使命だというのが，マルクスの根本思想である。別の箇所では，「資本主義的生産の利点すなわち労働の社会的諸形態とそこから生ずる労働の生産力との発展」(*Mehrwert* [7] S.1488)と積極的な評価があたえられ，「自由な人間社会の物質的基礎を形成しうる社会的労働の無容赦な生産力の創造」(『直接的生産過程の諸結果』32ページ)とか「各個人の十分な自由な発展を根本原理とするより高い社会形態の唯一の現実の基礎となりうる物質的生産条件の創造」(*Kapital*, I, S.618)と明言される。そのいみで，生産条件の排他的所有は，高度な生産力をもたらすプラスの要素をもつ面で，労働者自身による全労働成果の享受のため，通過すべき不可欠の歴史的な契機である。「所有と労働との分離は，生産諸条件の所有が社会的所有に転化するための避けることのできない通り道なのである。」(*MEGA*, II /3.6 [9] S.2145)

　一方，おなじ生産条件の排他的所有がうみだす富と貧困の形成は，資本主

義最大の否定的な面である。労働者は，生産のにない手であるのに生産条件を所有しないため，資本家に無償で剰余価値を取得される分だけ自分の労働成果からおしのけられ，たんに労働力を再生産するだけの抑圧されたみじめな存在にあまんじる。搾取がなければ，労働者は，ほんらい，労働に生命のあかしとよろこびをみいだすのにはんして，剰余労働の強制によって，労働が生活のかてをえるための手段とかしてしまう。資本主義にあって，労働者は，剰余価値の創造とひきかえにのみ生産活動に従事できるため，労働苦と生活苦からなる貧困の享受なしには，みずからを維持できない特有な存在形態にある。まさに，資本による剰余価値創造は，「近代諸国民の貧困の根本原因」（*Kapital*, I, S.784）である。剰余価値創造が資本主義の本質だということは，貧富の存在こそ資本主義のもっとも根本的な否定面だというにひとしい。資本にとって剰余価値創造がその本質的機能だとすれば，資本主義にとって剰余価値生産がうみおとす貧富こそ一番の欠陥である。富と貧困との対立は，資本家と労働者とのあいだの階級関係のあらわれにほかならない。

　高度な生産力と貧富の形成という資本主義の二大特色は，じつは剰余価値をうみだす資本そのものに内属する二つの基本性格にもとづく。マルクスは，第2篇のおわりちかくで，剰余価値論では「どのようにして資本が生産するか」（第3篇「絶対的剰余価値の生産」）と「どのようにして資本そのものが生産されるか」（第4篇「相対的剰余価値の生産」）が分析されると予告した（本書145-7ページ）。これをいいかえれば，資本は，本質的機能である剰余価値の母胎としての一面と独自に資本主義的な生産様式という別の一面の統一としてなりたつことをいみする。資本自体が二つの面をあわせもつため，それを細胞になりたつ資本主義体制は，高度な生産力と貧困の形成という二大特色を内包する。

　高度な生産力にあらわされる生産の社会的な性格と貧富の存在にしめされる取得の資本主義的な性格とは，同一の生産条件の排他的所有に発しながら，同時に排除しあう矛盾を構成する。生産の社会的な性格は第4篇でとかれる一方，取得の資本主義的な性格は第3篇で規定されるから，資本主義の矛盾は，剰余価値論にふくまれる。過剰生産恐慌は，資本主義のもつ基本矛

第5章　資本主義と高度な生産力

盾が累積して火をふく最高のあらわれにほかならない。「恐慌においては，社会的生産と資本主義的取得とのあいだの矛盾が強力的に爆発する。」（エンゲルス『反デューリング論』[2] 国民文庫，村田陽一訳，479ページ）恐慌の根本現象である過剰生産は，共同的にうみだされる社会的生産物が搾取による消費制限のため，結局は発現する資本主義の矛盾をあらわしている。恐慌では，遊休化した生産手段と生活手段が工場内にとどこおる一方，倒産や生産縮小で生産活動にたずさわれない労働者が路頭にさまよう自己矛盾があらわになる（Kapital, Ⅲ, S.268）。恐慌のさい，工場の倉庫や商店に消費物資が山積みされているのにたいして，それを生産した労働者が消費できないという理不尽さが刃物のようにするどく露呈する。資本主義の矛盾の最大のあらわれとしての恐慌（crisis）は，同時に資本主義の体制にとっての危機（crisis）である。遊休化した生産条件と労働力がむすびあわされれば，生産物が豊富にうまれる物質的な条件があるのに，両者が生産的に消費されないゆえんは，生産活動の主体が貨殖を目的とする資本だからである。

　高度な生産力の恩恵を享受できないそのにない手の存在は，資本主義という特定の生産形態の歴史的に一時的な性格をしめす。資本主義は，剰余価値生産のなかに，資本主義の否定を内蔵し，その増進によってそれ自身の転覆をつくりだす。剰余価値論のなかに，資本主義が自分自身をくつがえす要素をうみだすという『資本論』の通奏低音がひそむ。

　資本蓄積のなかで，ぎゃくに，生産条件の排他的な所有は，大規模な共同労働にもとづく生産力がさらにいっそう発展するための制約条件に転化する。生産条件の排他的な所有にともなう労働者のうけとり分の圧縮は，商品の実現があしかせになって，生産のより一層の増加をおさえる作用を発揮する。そこで，労働の社会的な形態に基礎をもつ生産力がいっそう増進するため，生産条件の排他的所有にかわって，労働者による生産条件の共同所有が樹立される。生産条件が排他的な所有のわくぐみからときはなされ労働者すべてに帰属する——「一般的な共同的な社会的な生産条件」（Ibid., S.274）の成立——ことになれば，労働の共同的な形態は，社会的なひろがりのなかで展開できる。

「資本が創造する物質的な基礎」(Mehrwert [8] S.1855)のうえで,「労働者と労働条件との本源的統一」(Ibid., S.1854)が回復され,「生産様式それ自体のより高度な形態への止揚」(Grundrisse [2] S.589)がなりたつ。あたらしい生産様式では,労働者による生産条件の共同所有のため,一方で,労働の社会的な形態にもとづく高度な生産力が資本主義から継承されいっそう発展させられる。他方,労働者自身による生産条件の共同所有は,剰余労働を廃絶して貧富の存在を止揚する。全労働者への生産条件の帰属にもとづき,生産の社会的性格の継承と取得の資本主義的な性格の廃棄とがともに実現され,生産の社会的性格に取得の共同的性格が照応する。「資本そのものの廃棄」(Kapital, Ⅲ, S.620)にもとづく生産条件と労働者の分離の「歴史的な転倒」(Mehrwert [7] S.1404)によって,「社会的生産のより高い段階」(Grundrisse [2] S.623)が実現される。資本は生産条件の排他的所有によってなりたつから,その廃棄は,生産条件の排他的所有の解除(＝生産条件の労働者による共同所有)に帰着する。労働者に対立的な社会的な富の生産形態がくつがえれば,ここに「各人の自由な発展が万人の自由な発展の条件となるような一つの協同社会」(『共産党宣言』56ページ)が誕生する。

　したがって,労働の社会的な形態を基礎になりたつ高度な生産力発展は,相対的剰余価値論でとかれる一方,貧富の形成は絶対的剰余価値論にふくまれるとすれば,剰余価値論は,資本主義のエキスをそれ自体のうちに内蔵する点で,『資本論』の核を形成する[1]。「剰余価値の形成,それが唯一の秘密である」(Kapital, Ⅱ, S.331)ということばは,大局的には,剰余価値論が資本主義の基本性格である積極面と否定面をあわせもつことをあらわす[2]。剰余価値論は,資本主義の矛盾する二面からなる基本性格を縮約してふくむ点で『資本論』の原図をなし,『資本論』全巻をたばねるはがねのようなかなめである。資本主義とは剰余価値の生産だという一見簡単そうにみえる命題の含意は,予想外にふかい[3]。『資本論』体系にあって,剰余価値論は,多彩なスペクトルをはなつ一つの光源である。映画にたとえれば,それは,設計図である脚本に相当する。

第5章　資本主義と高度な生産力

1) 剰余価値論は,「マルクスの著作のもっとも画期的な功績」(『反デューリング論』[2] 376ページ) といわれる。「二つの偉大な発見すなわち唯物史観と剰余価値による資本主義的生産の秘密の暴露」(『空想から科学へ』87ページ) によって,「社会主義は科学になった」(同ページ)。「剰余価値説は,マルクスの経済理論の礎石である。」(レーニン「マルクス主義の三つの源泉と三つの構成部分」『カール・マルクス』国民文庫, 88ページ)
2) 剰余価値論がしめす資本主義の対立的な契機のうちに,「現状の肯定的理解のうちに同時にまたその否定, その必然的な没落の理解を含む, いっさいの生成した形態を運動のなかでとらえ」(*Kapital*, Ⅰ, S.28) る弁証法の見本がある。
3) 社会の土台における富の支配者は, 同時に, 上部構造の社会的意識形態にたいして圧倒的な影響力をおよぼす。「支配的階級の思想はいずれの時代においても支配的思想である。ということは, 社会の支配的物質的力であるところの階級は同時に社会の支配的精神力であるということである。」(『ドイツ・イデオロギー』89ページ, 圏点—原文) そのいみで, 経済学は, 資本主義の解剖学として, 社会科学の基礎である。

第6章　労働力の価値の労賃への転化

　労働力の価値という本質は，労働の価格という転倒した現象形態をとる。労働の価格をあらわす賃金という形態では，労働そのものが販売される商品として価値をもち，そのすべてが支払労働としてあらわれる。「ブルジョア社会の表面では，労働者の賃金は労働の価格として，すなわち一定量の労働に支払われる一定量の貨幣として，現われる。」(*Kapital*, I , S.557) ところが，古典派経済学は，資本家と労働者とのあいだの交換を対象化された労働と生きた労働とのそれととりちがえ，賃金をもって本質的に「労働の価格[1)]」(『諸国民の富』I , 35 [原] ページ) と規定した。「リカードウは資本家に，かれの貨幣で直接に・労働を—労働能力の処分権をではなく—買わせている。」(*MEGA*, II /3.1 [4] S.42, 圏点—マルクス) 古典派は，賃金の本質を外面的に労働の価格としてつかみ，価値法則の前提上での剰余価値の秘密解決に失敗したため，学問上沈没の憂き目にあうことになった[2)]。剰余価値を説明するには，労働の価格を，労働の生産費で規定する不整合をおかさねばならない。労働の価格を労働そのものではなく，労働者の再生産費で規定するのは，等価交換の否定になる。他方，賃金イコール労働の価格に固執すれば，労働者に労働の成果が全部還元され，剰余価値の源泉はなくなる。賃金イコール労働の価格という見方は，賃金の本質をあやまり，剰余価値の秘密を説明しない。賃金の本質をもって労働力の価値と看破し[3)]，価値法則の基礎上で貨殖のなぞに決着をつけたのはマルクスである。そこで，マルクスにとって，あらためて本質としての労働力の価値がなにゆえ労働の価格というさかだちした現象形態をとるのかという基本問題の解決がもとめられる。第6篇「労賃」第17章「労働力の価値または価格の労賃への転化」のテーマは，労働力の価値が労賃という現象形態をとる「必然性」・「存在理由」(以上, *Ibid.*, S.562) の独自な分析にある。本章では，労働の価格の必然的な成立根拠を

第6章　労働力の価値の労賃への転化

貨幣関係のなかにさぐりだす。

1)　1947年制定の労働基準法第11条で，賃金は，「労働の対償」と規定されている。
2)　*Kapital*, Ⅰ, S.557,『賃労働と資本』「エンゲルスの序論」を参照。
3)　「もし事物の現象形態と本質とが直接に一致するものならばおよそ科学は余計なものであろう。」(*Kapital*, Ⅲ, S.825)

第1節　物質的財貨の商品化と労働の商品化

　労働力商品の二要因である使用価値と価値とは，ともに生産条件の排他的所有に規定された固有に歴史的な産物である。必要労働をあらわす労働力の価値が1労働日全体の労働の価格として現象する秘密は，労働力が商品として売買される貨幣関係そのものに内在する。本節では，労働生産物にかんする商品交換の法則のうちに，労働力の価値が労働の価格として現象する契機がかくされている事実をあきらかにする。
　物質的財貨が商品になるばあい，商品体である使用価値が価値を追加的にもつため，そのしくみが基準になって，商品売買にあっては，一般に，使用価値が価値をもち，売り手は，使用価値の譲渡とひきかえに，その価値を貨幣としてうけとるという通念がなりたつ。そこで，労働力の売買のばあい，その使用価値である労働自身が価値をもつ存在としてあらわれ，労働の価格が成立することになる。だから，問題の焦点は，なぜ労働力の使用価値である労働が商品として必然的にあらわれるかにある。「ここで労働がなにかある価格をもっているのは，それが商品とみなされるからである。」(*Ibid.*, S.872) 労働力の使用価値である労働の商品としての必然的な現象は，売買関係そのものにかかわる。『資本論』にそくしていえば，労働力とその使用価値である労働との関係は，すでに第2篇第4章第3節「労働力の売買」であたえられている。第17章は，労働力とその使用価値である労働との関係を前提にふまえ，労働がなぜ商品とみなされるかに光をあてる。したがって，マルクスが労賃形態を前提にしているというとりちがえは，労働の商品

199

化の秘密が物質的財貨の貨幣関係にある問題の所在の看過にゆらいする。そして，労働力の売買時点での使用価値の譲渡をみのがすことが，マルクスの説明の消化をさまたげるブレーキの役割をはたす。

すなわち，労賃形態の成立メカニズムをとくさい，まず物質的財貨が商品として売買されるばあいを商品売買の基本形態にすえるのが本筋である。労働生産物が商品になるばあい，生産物そのものが，特定の欲望をみたす使用価値である。だから，物質的財貨のばあい，生産物の使用価値そのものが販売対象としての商品である。リンゴが店頭に陳列されているばあい，リンゴの使用価値そのものが販売対象としての商品である。だから，生産物が商品になるばあい，使用価値が販売対象としての商品だから，生産物が商品として価値をもつのは，使用価値が価値をもつこととおなじである。マルクスが，「ある使用価値または財貨が価値をもつ」(*Kapital*, I, S.53) というとおりである。ようするに，生産物が商品として販売されるばあい，「いろいろに違った使用価値または商品体[1]」(*Ibid.*, S.56) といい，「商品すなわち価値をもつ使用価値」(*Mehrwert*〔7〕S.1515) というように，生産物である使用価値が，販売対象としての商品体をなし，価値をもつ。一般に，商品売買は，実物的にあるがままに，使用価値と貨幣との交換としてあらわれる。これにはんして，労働力のばあいには，使用価値が商品体をなし，使用価値と商品体とはおなじである物質的財貨のばあいとちがい，使用価値である労働が商品本体の労働力から分離した存在形態をとる。労働力の売買のばあい，労働者は，本質的には労働力の価値である貨幣とひきかえに，資本家にその使用価値を譲渡する。労賃形態成立の基礎には，物質的財貨とちがって，労働力のばあいは，商品体とその使用価値とが分離して，労働だけが外面的にあらわれる事実がよこたわる。そこで，生産物の販売で，使用価値が商品として価格をもつのと対応して，労働力の販売では，その使用価値である生きた労働が商品として価格をもってあらわれる。

なるほど，労働力の発揮は生産過程ではじめておこなわれるから，「売りによる使用価値の形式的譲渡と買い手へのその引き渡しとが時間的に離れている商品の場合[2]」(*Kapital*, I, S.188) というとおり，労働力の使用価値は，

第6章　労働力の価値の労賃への転化

売買契約によって形式的にのみ労働者から資本家にひきわたされる。しかし，使用価値が消費によってその属性を実証するという事実は，それ以前の使用価値の存在を解消しない。「商品はすべて，可能性から見て使用価値であるにすぎない。」(*MEGA*, II /3.1 [4] S.68)「使用価値としての労働能力」(*Ibid.*, S.42) というとおり，労働力の使用価値は，その消費に先行して存在する。労働力は，市場での取引時点ですでに特有な使用価値をもつため，商品として売買対象となる。労働力の販売時点での使用価値の譲渡にかんして，第II巻には注目すべき文言がある。「第一に。流通過程で行なわれる諸行為。労働者は，自分の商品—労働力—を資本家に売る。…ここでは，ただどんな商品販売でも起きることが起きるだけである。すなわち，売り手は使用価値（ここでは労働力）を手放して，貨幣でその価値を受け取る（その価格を実現する）。買い手は自分の貨幣を手放して，そのかわりに商品そのもの—ここでは労働力—を受け取る。」(*Kapital*, II, S.378f., 圏点—マルクス)

　労働力の使用価値は，形式的であるにせよ，売買成立時点で譲渡される事実をふまえれば，その1日の使用権をなすことから，生きた労働というすがたであらわれる。一般商品のばあいとおなじように，労働力の販売は，使用価値の譲渡をともなうため，労働力の労働への転化を内包している。「資本家が交換で手にいれる生きた労働時間は，労働能力の交換価値ではなく，それの使用価値である。」(*Grundrisse* [2] S.555) 物質的財貨と労働力とのちがいは，前者のばあい，使用価値と商品体とがおなじであるのに，後者のばあい，商品体と使用価値とが分離してあらわれるところにある。商品として売買される労働力の使用価値は，その一時的な使用権したがって労働そのものだから，労働力の商品化のうちには，商品本体が労働力ではなく，労働として表面的にあらわれる事態がふくまれる。第2篇「貨幣の資本への転化」で「労働力の使用価値」(*Kapital*, I, S.188) がかたられるかぎり，すでに，労働力がその使用価値である労働としてあらわれるゆえんは説明ずみである。労働力とその使用価値とのあいだの関係がついているかぎりで，労働力の商品としての売買が主張できる。そこで，労働力は，その商品本体とは別個の生きた労働という使用価値の形態をとるため，正反対に，生きた労働という

使用価値は，販売対象の商品体に転化してあらわれる。物質的財貨のばあい，その使用価値が販売対象としての商品であることから，労働力の売買のばあいも，その使用価値としての生きた労働が販売対象の商品本体だというとりちがえがうまれる。ここで，生きた労働は，価値をもたないため，物質的財貨とはちがって本来的に価値をもつ商品体ではないという内面が認識されない。

こうして，物質的財貨のばあい，使用価値が商品になる事情にならい，労働力のばあいも，使用価値である生きた労働が商品になるという認識が固着する。生きた労働が販売対象としての商品としてあらわれれば，本質としての労働力の価値は，生きた労働の価格として現象する。「労働の価値ないし価格は，労働能力の価値が現われるさいの直接的な姿態である。」(MEGA, Ⅱ/3.6 [9] S.2111, 圏点—マルクス) 使用価値が価値をもつ合理性の取得こそ，労働の価格の規定的な契機である。

だから，商品交換の法則こそ，労働力本体と生きた労働という使用価値との販売対象の混同をひきおこす究極の原因である。使用価値のもつ価値が支払われる貨幣関係が不払労働を隠蔽するという文言 (Kapital, Ⅰ, S.562) のうちに，労賃形態の秘密がすでにひそんでいる。「賃金は労働者と資本とのあいだの交換の産物である。」(Grundrisse [1] S.215)「貨幣関係つまり資本家と労働者のあいだの売買が無償労働を変装させる。」(MEGA, Ⅱ/3.6 [9] S.2134, 圏点—マルクス)

これにたいして，客体的な富からの自由という点では，賃労働者と同一の立場にある奴隷のばあい，必要労働部分でさえ，人身的隷属によって主人に帰属する無償労働として，賃労働者のばあいと正反対に現象する。奴隷は主人の所有物であるため，みずからを再生産する消費財が主人に帰着する財貨としてあらわれ，必要労働でさえ剰余労働という仮装をまとう。支払労働と不払労働とが感覚的に区別されるのは，農奴が領主に封建地代（労働・生産物・貨幣の三形態の総称）をおさめるばあいだけである。

以上，本項で，使用価値が商品として販売される貨幣関係こそ，労働力の使用価値である労働を商品として外面的に現象させる原因である脈絡をとい

第6章 労働力の価値の労賃への転化

た。まさに、生産物に基礎をもつ商品交換の法則は、労働力の価値を労働の価格にボタン一つできりかえる転轍機である。生産物の価値規定を前提にして、労働力の価値が成立するのと同様、物質的財貨である使用価値が価値をもつ関係に従属して、労働の価格がなりたつ。

ひるがえっていえば、労賃形態の成立根拠によって、労働力の価値こそ労賃の本質だという主張の正当性が検証される。時間ぎめでの労働力の販売は、労働力のそれ以外にない唯一の販売方法であることから、使用価値としてあらわれる生きた労働は、商品体としての労働力に還元されるからである。

1) 「使用価値である上着やリンネルなど簡単にいえばいろいろな商品体」（Kapital, I, S.57）。
2) 一般に、商品の掛売りにあって、売買は、売り手と買い手のあいだでの合意形成時点でなりたち、そこで、商品所有権は売り手から買い手へと移転する。売り手と買い手は、債権者（過去の売り手）と債務者（過去の買い手）となり、貨幣支払いまでは債権債務関係にはいる。最後に支払われる貨幣は、債権債務の決済に出動するため支払手段として機能する。これによって、売買された商品の価格が実現される（Kritik, S.116ff.）。

第2節　第17章での本源的根拠と補強要因

ひるがっていえば、マルクスは、当の第17章で、労働力の価値を本質とする「労賃の秘密」の看破は困難性をともなう一方、労賃形態の成立根拠は、容易に理解できるむねきりだし、その本源的な根拠をつぎのように提出する。

「資本と労働とのあいだの交換は、人間の知覚には、さしあたりは他のすべての商品とまったくおなじ仕方で現われる。買い手は或る貨幣額を与え、売り手は貨幣とは違った或る物品を与える。」（Kapital, I, S.563, 圏点―頭川）ここで、「資本と労働とのあいだの交換」は、貨幣の資本への転化での表現である事実（Grundrisse [1] S.199）からも、労働力の売買のいいかえをなし、「資本と賃労働とのあいだの交換」（Mehrwert [5] S.379）と同義と判断される[1]。また、それが生産過程での労働支出をふくまない事実は、ここでの物品と貨幣との交換の例証が雄弁にものがたる。そうだとすれば、第一

の根拠は,つぎのように解される。すなわち,ここで,物品の販売が,商品販売の基本形態にすえられている事実に目をこらすべきである。物品の販売にあっては,物質的財貨である使用価値そのものが価値をもち,使用価値をあらわすその財貨が価値を代表する貨幣と交換される。そこで,労働力の販売は,物品の販売と寸分ちがわない同一の仕方であらわれる。物品の販売では,使用価値が価値をもつのと対応して,労働力の販売では,その使用価値である労働が価値をもつ商品として現象する。物品の販売では,使用価値それ自身が価値をもつ商品であるため,それにならって,労働力のばあいも,固有な使用価値である生きた労働が商品としてあらわれる。労働力の使用価値である生きた労働は,使用価値が商品となる面で,物質的財貨と基本性格をおなじくする一方,使用価値を構成する素材の面でのみ相異なる性格の商品種類とみなされる。「ここでは労働がその所持者の商品として現われる。」(Kapital, II, S.36) じっさい「汝が与えるために我は与える」または「汝がなすために我は与える」(以上, Ibid., I, S.563) というローマ法で定式化された範式は,物質的財貨と生きた労働との交換対象としての同等性をあらわす表現である。貨幣関係とは,使用価値をあらわす商品と価値を代表する貨幣との交換だから,労賃形態の必然性にかんする問題の焦点は,労働力の使用価値である労働がそれ自体で商品とみなされる根拠いかんにある。マルクスの説明が労賃形態を前提にしているかにみえるのは,使用価値そのものがなぜ商品とみなされるかという労賃形態のポイントの看過にゆらいする。労賃形態の存在理由とは,物質的財貨のばあいにならって,生きた労働が商品としてあらわれる根拠である。背中の子を三年さがすということわざがある。

　したがって,労賃形態成立の根拠を商品の売買関係にもとめるかぎりでは,第一の根拠は,生きた労働が商品としてあらわれる理由づけである点で,もっとも本源的な位置をしめる。商品は,例外なく価格をもつから,労働力の販売の労働の販売への推転は,同時に労働の価格を即自的に含有する。あとの三つの主要な根拠はすべて,そこでの「労働の価値または価格」(Ibid.)という表現がしめすとおり,第一の根拠での労働の販売を根本前提に展開される。第17章で,第一の根拠説明に一文節が充当される一方,のこる三つ

の根拠は，つぎの文節に「Ferner:……」(*Ibid.*)として一括説明されている。だから，叙述形式上も，第一の根拠は，労賃形態の補強要因である後続の三つの根拠にたいして，労働が商品としてあらわれる本源的な根拠としての位置づけをもつ。

以上，本項で，第17章における第一の根拠は，生きた労働が一つの商品種類としてあらわれる理由説明として，労賃形態の本源的な成立根拠であることを主張した。労働の価格は，労働力の使用価値である労働が商品としてあらわれる仕方だという要点がつかめれば，労賃の必然性にかんする第17章での説明に一本のすじみちができる。第17章にたいする批判的な議論は，使用価値が商品体となる貨幣関係にこそ労働の価格の秘密があるという事実の看過に起因する。労賃の成立をかんがえるばあい，第17章の立場からいわば逆算して，マルクスの意図をおしはかる必要がある。

労賃形態の成立の説明は，それ自身が労働力の売買という本質の正当性の回帰的な検証でもある。労賃形態成立の重要な柱である労働力とその使用価値との分離は，労働力の切り売りというその本質的な契機にもとづくからである。つまり，労働力がひとまとめに販売されれば，労働者が奴隷に転化することからわかるように，時間ぎめでの販売は，労働力商品の本質的な要素として存在する。そうだとすれば，労働力の販売のさい，使用価値が商品として労働力から分離してあらわれる事態は，ぎゃくに，本質的には労働力本体こそ商品である性格をうらづけることになる。

1) 資本と対をなすつぎの「労働」も，厳密には賃労働をさす。「資本と労働との同一性」(*Mehrwert* [7] S.1392, 圏点—マルクス)・「資本と労働との敵対的な対立」(*Ibid.*, S.1503)・「資本と労働とのあいだの関係の特徴である契約の形式」(*MEGA*, II /3.6 [9] S.2025, 圏点—マルクス)。

むすび

本章で，労働の価格成立の原理的な理由説明である第一の根拠をふかめ，それを前提してなりたつ三つの根拠が労働の価格の補強要因であるゆえんを

といた[1]。

　労賃形態成立の急所は，生きた労働が商品のすがたをとってあらわれる因果にあるが，マルクスのとく労働の価格の存在理由は，ひとをまどわせて，サービスが価値を形成するかのようにあらわれる必然性を内蔵している。マルクスのとく労働の価格の存在理由は，同時にサービスが価値形成する外観発生の根拠説明でもある。

> 1) 三位一体的定式のうち，労働—労賃という定式では，労働によって創造された価値が労賃と一致する関係をあらわすため，労働には依存しない独自な生産要素は，それとは独立した収入の源泉となってあらわれる（*Kapital*, Ⅲ, S.834）。だから，労働—労賃という定式は，土地—地代や資本—利子というそれの基礎をなす（*Mehrwert*〔7〕S.1525）。

第4篇　剰余価値の資本への再転化

第3篇では，資本によって剰余価値生産がおこなわれる仕方を分析した。資本の規定的な目的は剰余価値生産であるから，よりおおきな剰余価値生産のためには，剰余価値の資本への再転化すなわち資本蓄積が必須のいとなみになる。資本蓄積は，剰余価値生産にとって不可欠な一部分である。だから，剰余価値生産を本質的機能とする資本主義的生産[1]は，必然的に資本蓄積の過程である。「蓄積過程は，それ自身，資本主義的生産過程の一つの内在的な契機である。」(『直接的生産過程の諸結果』143ページ，圏点—マルクス) 本篇では，第3篇をふまえ，資本蓄積によって，剰余価値をうみだす労働者サイドに，貧困の深化拡大としてのその蓄積が二つの基本形態をとってなりたつしくみをとく。

　資本蓄積は，資本そのものの増大と生産力の増加[2]をともにもたらす二面的な作用によって，剰余価値の増進を促進する。だから，剰余価値生産が規定する富と貧困は，資本蓄積によって，富の蓄積と貧困の蓄積として拡大再生産される。資本蓄積がもたらす剰余価値生産の増進は，富の蓄積の反面に貧困の蓄積を形成する。富の蓄積に対応する貧困の蓄積という資本主義の基本命題の樹立こそ，第7篇第23章「資本主義的蓄積の一般的法則」のテーマである。「資本主義時代すなわち社会の富がますますおおきくなる度合で，絶えず繰り返し他人の不払労働を取得する地位にある人々の所有になるという時代」(*Kapital*, I, S.613) という第22章の文言は，含蓄がふかい。資本蓄積が問題になる第23章で貧困の蓄積がテーマになるのは，資本蓄積は，うらがえせばそれ自身貧困の蓄積をあらわすからである。資本蓄積というおなじコインの両面が富の蓄積と貧困の蓄積だから，資本蓄積は，それ自身貧困の蓄積という正反対の要素をふくむ。

　そこで，『資本論』研究にあって，資本主義批判の最大の標的である貧困の蓄積とはなにかという根本問題の解決がせまられる。19世紀すえのベルンシュタイン (1850-1932年) による実質賃金増大などを根拠にしたマルクス批判にたいして，カウツキーが反論した周知の修正主義論争以来，資本蓄積と労働者の物質的状態との関連が連綿と議論され，いまだ未決着の状況にある。カウツキーの議論は，貧困化法則をもって，労働者の物質的状態の以前に比しての悪化とみなす絶対的貧困化と労働者の物質的状態の資本家のそれにたいする格差の拡大ととらえる相対的貧困化とに二分する点で，貧困化をその二つの基本路線上で展開する後世の議論の濫觴(らんしょう)である。しかし，先行研究のもつ一番の欠陥は，第23章で問題対象の貧困の蓄積が，貧困の概念規定ぬきに議論される点にある。つまり，富の蓄積と貧困の蓄積とはうらはらの関係にたち，剰余価値生産によって富と貧困がうまれる。だから，先行研究では，富の対極に形成される貧困は，労働者が労働成果を全部取得するばあいに比して剰余価値部分だけ収縮するその取得の落ちこみをさ

すという基本認識が，欠落している。絶対的貧困化や相対的貧困化という考え方には，剰余価値の創造に対応した貧困の概念がない。実質賃金低下説・生活水準低下説・賃金の労働力の価値以下への低下説・搾取関係深化説などの第二次大戦後に提出されたどのタイプの主張にも，富に対応する貧困の概念規定がない。そこで，第7章では，富に対応する貧困は，剰余価値の資本への再転化のなかで，富の蓄積に対応する貧困の蓄積に発展し，二つの基本形態をとってあらわれる必然的な因果を分析する。貧困の蓄積＝絶対的貧困化という見方の社会的な流布にたいして，本家本元の『資本論』研究のもつ責任はおもい。

1) 生産の連続性は，資本主義の特色の一つである。ながい耐用期間をもつ固定資本は，生産過程で稼働しなければ，価値を商品に移転しないまま，その使用価値をうしなう。ナイフやのこぎりは，日常的につかわれてさびからまもられ，あき家は，風どおしがないためいたみがはげしい事実がしめすように，労働手段の使用には，その使用価値を維持するはたらきがある。「生産過程の連続性」(*Grundrisse* [2] S.580, 圏点―マルクス) は，「資本にもとづく生産様式の外的に強制する条件」(*Ibid.*) になる。また，生産の連続性がなりたつばあい，生産資本は，投下資本の一部分にかぎられる。つまり，生産過程を中断なしに実現するには，完成生産物が販売されるまでの流通期間中，生産過程を継続するため追加的貨幣資本の投下が必要となり，投下資本の一部分は流通過程で機能する。生産の連続性のもとで，生産資本が投下資本の一部に限定される法則の析出は，『資本論』第Ⅱ巻第2篇第15章の主題である (*Kapital*, Ⅱ, S.269, S.353)。生産の連続性実現に必要な追加的貨幣資本は，第3篇の再生産表式では，商品資本の実現が可能になる貨幣資本の投下となって発展的に具体化される (久留間健『貨幣・信用論と現代』大月書店，1999年，第Ⅱ部第1章)。
2) 「蓄積そのものも，またそれとともに与えられる資本の集積も，それ自身また生産力の増進の一つの物質的手段である。」(*Kapital*, Ⅲ, S.228) 「生産手段に対象化された労働をより大きな規模で充用することは，生きた労働の生産性を増大させる。」(*MEGA*, Ⅱ /3.6 [9] S.2227, 圏点―マルクス)

209

第7章　富の蓄積と貧困の蓄積

第1節　資本蓄積による富の蓄積の推進

　本節で，貧困化法則論証の隅の首石である貧困概念をふまえ，資本蓄積に対応した貧困の蓄積は，就業者にあっては労働成果に比しての取得分の落ちこみの拡大と相対的過剰人口の増加という二つの基本形態からなりたつことをひきだす。

1　資本蓄積と労働生産性増進の利益

　「現実の蓄積すなわち生産規模の直接的拡大」（Kapital, Ⅱ, S.347）というとおり，資本蓄積は，剰余価値が個人的消費ではなく生産的消費にまわされてなりたつ工場規模の拡張したがって拡大再生産とおなじである。剰余価値の資本への再転化[1]は，既存の工場の規模拡大かそれとも新規事業への投資かによらず，どちらの形態でもなりたつ（Ibid., Ⅰ, S.607f.）。

　資本蓄積は，剰余生産物が，前貸資本の補填に必要な分量以上の追加的生産手段と追加的生活手段をふくむばあいにのみ，なりたつ。剰余生産物が生産手段と生活手段をふくむばあいにのみ資本蓄積がなりたつのは，資本の生産過程が資本家による生産条件の排他的所有を前提するという基本命題の系論である[2]。つまり，資本蓄積のための条件は，剰余価値生産のための条件とおなじである。「新しい資本の蓄積は，既存資本の再生産と同じ条件のもとでのみ行なうことができる。」（Mehrwert [6] S.1107）なぜなら，資本による剰余価値の創造は，たんに生産手段の存在だけではなく，労働力の再生産にはいりこむ生活手段の存在をも前提するからである。資本の生産過程が生産手段のみならず生活手段の存在も前提することは，今期の労働者が消費

第7章　富の蓄積と貧困の蓄積

する生活手段が前期の労働者による生産物だという命題に帰着する。「先週とか過去半年間とかの労働者の労働によって彼の今日の労働とか次の半年間の労働とかが支払をうけるのである。」(*Kapital*, I, S.593) まさに，資本家は，今期の労働者に支払った労働力の価値を，前期の労働者がつくった生産物の販売によって回収する。資本による剰余価値の創造が生産条件の排他的所有を前提にするということは，資本蓄積にさいして剰余生産物が追加的生産手段と追加的生活手段をふくむことを内蔵している[3]。ここに，単純再生産と拡大再生産とのあいだの内的な関連がある。

　資本蓄積は，一層すすんだ協業や分業の効果をもつ生産規模の拡大のみならず，追加資本の投資や既存資本の更新による最新鋭の機械設備の採用によって，労働生産性を増進する。資本蓄積にともなう剰余価値生産の増加は，労働生産性の増進を媒介にしてなりたつ。資本蓄積は，同時に労働生産性の発展でもある。だから，資本蓄積があらわす富の蓄積は，いいかえれば，生産力増大の利益がそのにない手である労働者からひきはなされ，資本家によって壟断(ろうだん)される事態である。つまり，貧困の蓄積とは，本来労働者状態を改善する原資としての労働生産力増進の利益が，富の蓄積として資本家サイドにあつまる関係をさす。労働者からの労働生産力増大の利益の排除は，そのまま労働者の側での貧困の蓄積になる。けだし，労働者にとって，享受する消費財分量がおなじであるばあいでも，剰余価値生産によって，労働生産力増進の利益が労働者からうばわれ，その物質的状態の落ちこみがうまれる関係にあるからである。一歩つっこんでいえば，資本蓄積の進展に対応しつつ，実質賃金が上昇するとしても，富の蓄積に対応して貧困の蓄積は進行する勘定になる。資本蓄積過程で，実質賃金の増加をうわまわる労働生産力の増大が達成され，両者の差額が資本家に取得されるかぎり，うまれた富に比しての労働者の物質的な状態の落差は，拡大するからである。資本蓄積がすすめば，うみだされた物質的な富が労働者からひきはなされる度合が拡大する点で，貧困の蓄積は，資本蓄積に対応しておおきくなる[4]。

1) 資本蓄積といっても，「現実の蓄積すなわち剰余価値の生産資本への転化」

(*Kapital*, Ⅱ, S.323) には，剰余価値の貨幣資本への転化すなわち貨幣蓄積が先行する。「資本主義的蓄積過程の契機は，まず第一に貨幣蓄積として現われる」(*MEGA*, Ⅱ /3.5 ［8］ S.1699，圏点—マルクス）貨幣資本の循環 G…G′ が価値増殖と資本蓄積とを内包するのは，貨幣蓄積による (*Kapital*, Ⅱ, S.51, S.63)。貨幣蓄積が資本蓄積にぞくするのは，単純流通における貨幣の資本への転化にもとづく。最初の生産活動開始のさいの最低必要資本量とおなじように，工場の拡大は，剰余価値がその必要額にたっするまでの貨幣蓄積をようする。ここに，ヘーゲル論理学がおしえるとおり，平板な量的増加が質的な相違に一変するという量の質への転化の法則がなりたつ（ヘーゲル『小論理学』［上巻］岩波文庫，325-7 ページ）。

2) 「生産にはすでに生産物すなわち個人的消費のための生産物ならびに生産的消費の生産物が，前提されている。」(*MEGA*, Ⅱ /3.1 ［4］ S.58)『資本論』第Ⅱ巻第3篇の再生産表式では，生産手段と生活手段とからなる1年間の新生産物が年末に一挙に販売され，つぎの1年間の生産活動を準備すると想定される。ここで，今年の新生産物中の生活手段は，つぎの1年間はたらく労働者の個人的消費にはいる。だから，第3篇は，生産条件の資本家による排他的所有という本質的な条件を優先するため，賃金前払いの想定にたつ。

3) A・スミスは，c 部分が究極的には v＋m に分解されるという立場—スミスのドグマまたは v＋m のドグマ—から，資本へ再転化される剰余価値部分は，すべて v へ投下され労働者に消費されるとみなすあやまりをおかした（『資本論』第Ⅰ巻第22章第2節）。

4) 資本家は，生産のための生産を強制される点で資本から疎外される。資本による疎外は，資本家にとって，価値増殖を目的とする資本の化身になるため発生する（『直接的生産過程の諸結果』33ページ）。貧困を享受する労働者のみならず，富を享受する資本家にも，資本による自己疎外を直視するところに，マルクスの思想のふくらみがある。

2　貧困の蓄積の二つの構成要素

　資本蓄積につれて増加する失業者は，直接剰余価値を生産しないのに，貧困の蓄積をあらわす一つの基本的な支柱である。けだし，就業機会からの労働者の排除は，労働生産力増進の利益の資本による襲断すなわち富の蓄積に対応して発生するからである。本項では，貧困の蓄積は，失業者の形成をふくめて，二つの構成要素からなりたつことをとく。

　『資本論』における貧困概念の一番の特色は，貧困が先行的に創造される富の対極として規定されるところにある。ところが，そうだとすれば，失業

第7章　富の蓄積と貧困の蓄積

者の形成は，なぜ貧困の蓄積に帰属するのかという疑問に直面する。マルクスにあっては，失業者の形成は，労働力の価値をうけとる就業者とおなじように，富の蓄積との対応関係のもとではじめて，貧困の蓄積を構成する一要素をなす。それでは，失業者の形成をもって貧困の蓄積の一構成要素たらしめるその規定要因である富の蓄積とは，いったいなんであろうか。結論をさきまわりすれば，相対的剰余価値生産は，別の面からみれば，不変資本と可変資本の割合である資本の有機的構成の高度化を内包し[1]，その帰結として相対的過剰人口をつくりだす。つまり，相対的剰余価値に結実する生産力増大と相対的過剰人口を形成する資本の有機的構成高度化とは，同一の性格をもつ。労働生産性の増進とは，生きた労働の減少による死んだ労働の増加にひとしく，1人の労働者がよりおおく生産手段をうごかす関係に表現される。そこで，労働生産性の増進は，資本の有機的構成に反映して，不変資本にたいする可変資本の割合の低下としてあらわれる[2]。労働力にたいする需要の増加は，資本蓄積には比例しない。しかし，可変資本の増加が人口増加をうわまわれば，賃金上昇によって剰余価値削減をまねく。そこで，直接には，可変資本増加を人口増加率よりもひくくおさえることによって，相対的過剰人口はうまれる。だから，資本の運動様式には，労働者人口を絶対的にふやす傾向とともに，労働者人口のうち不断に増加する部分を過剰人口に転化させる傾向の両面が内包される。

　不変資本増加にたいする可変資本増加の抑制は，それ自体特別剰余価値を目的とした相対的剰余価値生産の反面にほかならない。有機的構成を高度化しつつ相対的過剰人口をもたらす資本蓄積の内実は，相対的剰余価値生産にもとづく富の蓄積である。したがって，相対的剰余価値生産にともなう富の蓄積を能動的な要因として，相対的過剰人口がつくりだされる必然的な因果関係がなりたつとすれば，失業者の形成は，富の蓄積に従属的に規定されてうまれる貧困の蓄積の基本要素を構成する。相対的剰余価値に結果する生産力増大が，有機的構成高度化によって同時に過剰人口をもたらす因果は，過剰人口が資本家サイドでの富の蓄積の反面になりたつ両者の対応関係をうらづける。現役労働者における付加価値からのその帰属分の落ちこみの拡大と

産業予備軍形成とは，ともに資本蓄積にともなう富の蓄積という同一原因に発する点で，貧困の蓄積の基本形態である。就業労働者による富の蓄積は，就業者自身のうける貧困の蓄積と就業機会をうばう失業者形成とをむすびつける連結器である。失業者の形成を貧困の蓄積ととらえるさいの中心問題は，それに貧困の蓄積という規定をあたえる富の蓄積の所在確認のほうにある。就業者における貧困の蓄積も，問題の所在はおなじである。貧困の蓄積は，富の蓄積の対極にうまれるため，富の蓄積とはなにかが独自に確定されれば，おのずから，その反面に貧困の蓄積が規定される論理的な先後関係にたつ。先行研究の一部にあっては，失業者の増加は，就業者をふくむ労働者全体の物質的状態をおしさげるおもりとして位置づけられる傾向がある。しかし，ここには，就業者における貧困の蓄積の看過とともに，その一方での富の蓄積は，他方での失業者の形成をふくめて二つの基本形態にある貧困の蓄積をうみおとすという要点の閑却がある。ニュートンがリンゴと月という二つの物体の正反対の運動を，万有引力の法則で統一的に説明したのと同様，独創的な発想とは，一見無縁にみえる事柄のあいだにあたらしい因果関係を発見することである。

　最後に，念のため，第23章第4節で富の蓄積に対応する貧困の蓄積が定式化された決定的な箇所を引用してしめせば，以下のとおりである。

　「われわれは第4篇で相対的剰余価値の生産を分析したときに次のようなことを知った。すなわち，資本主義体制のもとでは労働の社会的生産力を高くするための方法はすべて個々の労働者の犠牲において行なわれるということ，生産の発展のための手段は，すべて，生産者を支配し搾取するための手段に一変し，労働者を不具にして部分人間となし，彼を機械の付属物に引き下げ，彼の労働の苦痛で労働の内容を破壊し，独立の力としての科学が労働過程に合体されるにつれて労働過程の精神的な諸力を彼から疎外するということ，……これらのことをわれわれは知ったのである。しかし，剰余価値を生産するための方法はすべて同時に蓄積の方法なのであって，蓄積の拡大はすべて逆にかの諸方法の発展のための手段になるのである。だから，資本が蓄積されるにつれて，労働者の状態は，彼の受ける支払がどうであろうと，

第7章　富の蓄積と貧困の蓄積

高かろうと安かろうと，悪化せざるをえないということになるのである。最後に，相対的過剰人口または産業予備軍をいつまでも蓄積の規模およびエネルギーと均衡を保たせておくという法則は，ヘファイストスのくさびがプロメテウスを岩に釘づけにしたよりももっと固く労働者を資本に釘づけにする。それは，資本の蓄積に対応する貧困の蓄積を必然的にする。だから，一方の極の富の蓄積は，同時に反対の極での，すなわち自分の生産物を資本として生産する階級の側での，貧困，労働苦，奴隷状態，無知，粗暴，道徳的堕落の蓄積なのである[3]。」(*Kapital*, Ⅰ, S.674f.)

ここで引用した一節は，内容上最初から「悪化せざるをえない」までの第一部分，つぎの「最後に」から「貧困の蓄積を必然的にする」までの第二部分，そして「だから」ではじまる最終の一文の第三部分に区分すれば，マルクスは，第一部分で，第4篇を回顧しつつ，相対的剰余価値生産に結実する労働生産力の発展が，労働者の犠牲のうえになりたつとともに，資本蓄積がそれを加重することによって，労働者の状態がわるくなる傾向をもつとのべている。ここで，剰余価値生産に従事する就業労働者にかんして，資本蓄積に対応するその物質的な状態の悪化が帰結されている事実に注意をようする。つづく第二部分では，相対的過剰人口が，労働者の資本への絶対的従属を完成することで，富の蓄積に対応する貧困の蓄積を不可避的にすると確言される。最終の第三部分で，以上の最終結論として，労働者全体にのしかかる貧困化法則が定式化される。したがって，マルクスは，まず就業労働者ににないわれる富の蓄積に対応した貧困の蓄積をといたうえで，相対的過剰人口形成にともなう貧困の蓄積を追加的にうわづみするという二段がまえの展開で，貧困化法則を論証したことになる。つまり，資本蓄積に照応する貧困の蓄積は，就業者による剰余価値生産の増進と，それと背中あわせの関係でなりたつ失業者の増加の二本の支柱からなりたつととかれている。就業者における搾取の深化と失業者の増加という二つの基本形態をもつ貧困の蓄積は，ともに就業者ににないわれる富の蓄積という一つの光源に発する二つの性格の相異なる影である。また，ここで，「資本の蓄積に対応する貧困の蓄積」または一方の極での富の蓄積は「自分の生産物を資本として生産する階級の側

215

での」貧困の蓄積だという文言に注目すべきである。その文言は，貧困の蓄積が資本蓄積に対応するとともに，労働生産力増大の利益からの労働者の排除をもって貧困の蓄積とするあたい千金の記述である。

以上，本節で，富の蓄積は，労働者に搾取の増進という形態でのみならず，相対的過剰人口の増大という別の形態でも貧困の蓄積をもたらし，それは，二つの構成要素からなりたつという事実を主張した。そうじて，貧困の蓄積は資本主義最大の構造的な欠陥だから，それが明確になれば，資本主義にたいする根本的な批判がなりたつことになる。

1) 資本の有機的構成高度化は，社会的総資本に適用すれば，二大生産部門である第Ⅰ部門と第Ⅱ部門のうち，前者が後者よりも急速に発展するという経済法則として具体化される。個別資本における有機的構成高度化と第Ⅰ部門の第Ⅱ部門にたいする優先的な発展法則とのあいだの因果の発見は，レーニン『いわゆる市場問題について』国民文庫，副島種典訳，19ページ の功績である。第Ⅰ部門の第Ⅱ部門にたいする優先的発展は，有機的構成高度化のほか，蓄積率（蓄積分／剰余価値）の上昇によっても実現される（林　直道「第Ⅰ部門優先発展法則」横山正彦編『マルクス経済学論集』河出書房新社，1960年　所収）。

価値からみた資本の有機的構成は，実物的にみた生産手段と労働力の技術的構成をちいさく表現する。その理由は，第Ⅰ部門の労働生産性のほうが第Ⅱ部門よりもはやくすすむためである。各部門での労働生産性増進のため，生産手段が労働力よりも増大する傾向をもてば，第Ⅰ部門でのほうが蓄積にもとづく生産規模の拡大がよりすすみ，労働生産性増進がより促進されるからである。

2) 「労働の生産諸力が発展するのにつれて，労働の対象的諸条件，対象化された労働が，生きた労働と比べて増大しなければならない。」 *Grundrisse* [2] S.697)

3) 「奴隷状態」から「道徳的堕落」までの4項目は，労働苦と生活苦の二つで代表される貧困の土台のうえになりたつ派生的な契機をなし，いわば貧困が貧困をうむ負の連鎖である。まず，奴隷状態とは，資本が絶対的立法者として君臨し，工場規則を執行する職制によって工場内の行動がことこまかく規制される監視体制をはじめとして，つぎのような事実をふくむ。思想・信条・意見の相違による昇進・昇格の差別，企業目標に批判的な人材や内部告発者の窓際族としての排斥，あるいは企業ぐるみ選挙活動への動員や御用組合の役員選挙での秘密投票制の侵害など，ようするに，職場で憲法の効力が停止され，民主主義が工場の門前でたちすくむ状況である。1日10数時間の長時間労働のつみかさねによって，心臓発作や脳卒中での急死や自殺においこまれる事態も，労働苦の域をこえ奴隷状態にはいる。また，無知とは，労働力の価値をたかめるだけ

第7章　富の蓄積と貧困の蓄積

の実務的で断片的な知識の偏重，さらには受験体制の強化による論理的な思考力の抑圧の反面にうみおとされたはばひろい文化や教養の欠如である。すぐれた古典的な書物や作家のなまえあるいはことわざの正確な知識さえも欠如する現状は，文化や教養が身につかない企業社会のあらわれである。資本主義では，ほんらい社会的で文化的な存在であるはずの人間が資本にやくだつようにしむけられる基本傾向をもつため，労働力商品としてたかまる知識が重視され，バランスのとれた関心の欠如がうまれる必然性がある。

　粗暴には，アルコール中毒による暴力行為やドメスチックバイオレンス・学校や職場での目につかないいじめ・飲酒運転や無謀運転，タクシーがわりに救急車をよびつける行為などがあげられる。とりわけ，いたましいのは，04年度相談件数3万件を突破した，いたいけな児童にたいする虐待と学校でのいじめである（2000年「児童虐待防止法」成立）。児童虐待とは，身体的虐待・養育の拒否・ことばによるおどし・性的な行為の強要をふくみ，のちの人間形成におおきなつめあとをのこす。08年度に児童相談所が対応した児童虐待件数は，4万3千件と過去最高をかぞえ，96年度の4102件から10年間のあいだに，10倍にふえた。学校内のこどものいじめは，職場でのおとなのいじめの反映である。毒ガスの検知器の役割をはたす炭鉱のカナリアにて，こどもは，社会の生きづらさを察知するセンサーである。給食費支払い拒否をはじめとした保護者による学校への理不尽な要求や，患者や家族による病院内での暴力行為・図書館での迷惑行為（かきこみ・きりぬき・付録ぬきとり）なども，粗暴にかぞえられる。最後に，道徳的堕落には，騒音・ゴミやあき缶あき瓶のなげすてにみられる公徳心の欠如をはじめ，振りこめ詐欺や悪徳商法にかかわる犯罪などがふくまれる。とろける社会秩序をあらわすモラルの低下やマナーの液状化は，富の対極にうみおとされた貧困の構成要素である。

　そうじて，日本に冠せられる経済大国の呼称は，富の蓄積のたかさをあらわし，その反面に，物質的にも文化的にもまずしい国民の生活小国＝貧困大国がある。

第2節　生産力発展と就業者の貧困の蓄積

　前節で，富の蓄積は，就業者における搾取の増進と失業者の増加の二つからなる貧困の蓄積をもたらすという結論をさきまわりしておいた。本節では，さしづめ就業労働者を対象にすえ，資本蓄積がもたらす労働生産性増進のもとで，実質賃金が上昇する一方，富の蓄積に対応する貧困の蓄積がなりたつ関係を考察する。

1 剰余価値増大と実質賃金上昇

　資本蓄積の過程では，同時に労働生産性が増進し，相対的剰余価値の生産がすすむ。だから，労働生産力発展にともなう剰余価値率の上昇は，一つの経済法則である。一方，資本蓄積の過程では，実質賃金—「実質労賃（すなわち労働者が同じ量の労働によって受けとるであろう使用価値の量）」(*Kapital*, Ⅲ, S.869) —は，労働生産性増大におくれて上昇する。「労働の生産性の上昇につれて，…労働者の低廉化，したがって剰余価値率の上昇がすすむのであり，実質労賃が上がる場合にさえもそうなる。実質労賃はけっして労働の生産性に比例しては上がらない。」(*Ibid.,* Ⅰ, S.631) そこで，価値生産物（付加価値）にしめる実質賃金の相対的割合は，資本蓄積につれてたえず低下する。労働日一定を想定すれば，価値生産物にしめる実質賃金の割合の縮小は，生きた労働にしめる必要労働分量の割合の低下をいみする。労働生産性増進よりも実質賃金増加がちいさいという事実は，賃金が使用価値で評価すればあがるが，価値ではさがることである。それゆえ，労働生産性増加＞実質賃金上昇の関係には，労働生産性増進による商品価値低廉化→労働力の価値低下→不変の1労働日にしめる必要労働分量の減少→剰余労働の増加という因果関係がふくまれ，相対的剰余価値の概念があてはまる。労働生産性増加＞実質賃金上昇という蓄積論での関係は，実質賃金一定を想定する相対的剰余価値論よりも高次の段階でのその発展的な具体化である[1]。生きた労働によってあらたに創造される付加価値全体をみれば，剰余価値部分に相当する労働者の生存条件の落ちこみは，資本蓄積にともなう剰余価値増加とともに拡大する。だから，実質賃金上昇による労働者の生存条件向上という前提上で，剰余価値増大としてあらわれる富の蓄積は，貧困の蓄積を必然的に刻印する[2]。

　第23章で，相対的過剰人口の形成がとかれるさい，「可変資本の増減には精確に従業労働者数の増減が対応する」(*Ibid.,* S.664) と想定された。このばあい，労働者1人あたり可変資本量不変の想定は，実質賃金上昇が労働生産性増進をしたまわる関係をあらわす。というのも，労働生産性と商品1単位にふくまれる生きた労働分量とは，正確に反比例する関係にたつ一方，

第7章 富の蓄積と貧困の蓄積

商品価値は，不変資本部分をふくむため，労働生産性増大に反比例しては低廉化しないからである。労働生産性の増加に正確に照応して実質賃金がふえる条件は，貨幣賃金不変の基礎上で，消費財価値が労働生産性の増大と反比例して低下することである。二つの変数 x と y との反比例をあらわす xy ＝ K（定数）の関係のように，いま労働力の価値（貨幣賃金）を不変と仮定して，労働生産性が2倍になれば，ぎゃくに消費財価値が半分にさがるばあい，実質賃金は，労働生産性とおなじ2倍に増加する。しかし，消費財は，労働生産性増大に正確に反比例しては低廉化しない。たとえば，1時間に1個の商品がつくられ，その1個の商品価値2000円は，死んだ労働と生きた労働とによって等分に構成されると仮定すれば，労働生産性が2倍になっても，生きた労働が2個の商品にわりふれられ，1個の商品価値は，4分の1だけ低下し1500円になるだけで，けっして半分にはやすくならない。だから，消費財の価値は，労働生産性増進に反比例して低廉化しないから，一定不変の貨幣賃金で買える消費財分量すなわち実質賃金の増加は，労働生産性ののびをしたまわる関係にたつ。資本蓄積過程では，消費財の低廉化につれて労働力の価値は低下するから，付加価値のうちよりおおきな割合が剰余価値として資本家に帰属する。実質賃金上昇が労働生産性増進をしたまわる資本蓄積のもとで，富の蓄積に対応して貧困の蓄積がなりたつ。1人あたり可変資本量不変の想定には，実質賃金増加の基礎上での富の蓄積に対応した貧困の蓄積が内包されている。第23章がとく貧困の蓄積は，実質賃金上昇という前提上でなりたつ[3]。

  1) 「生活諸手段の量，分量が増え，それゆえ平均労賃が上がるが，しかし，労働者が前よりも生産的になったのと同じ割合では上がらないと仮定しよう。この場合には，労働能力の価値は下がるが，それと同じ割合で剰余価値が増える。というのは，労働者は，前よりも多くの量の諸商品を受けとるとはいえ，それらは，彼の労働日の前よりも小さい部分の生産物だからである。」(*MEGA*, II/3.6 [9] S.2094，圏点―マルクス)

    ようするに，労働生産性増加のもとで（労働日不変），実質賃金上昇と剰余価値増加とは両立する。

  2) エンゲルスのつぎの主張は，至言である。「文明の基礎は一階級による他の階

219

級の搾取であるから，その全発展は一つの不断の矛盾を通じて進行する。生産のあらゆる進歩は，同時に，被抑圧階級すなわち大多数者の地位における退歩である。」(『家族，私有財産および国家の起源』国民文庫，村井康男・村田陽一訳，230 ページ)

3) 平均寿命向上のおおきな要因として，物質的状態の改善が医学の発達や保健衛生思想の普及とともに，あげられる (1955 年の日本人の平均寿命，男子 63 歳・女子 67 歳)。所得の高低が疾病率と有意の関連をもつという事実も，興味ぶかい。

2 生活苦と労働苦の深化

資本蓄積にともなう剰余価値生産の増進は，就業労働者にとっては，生活苦と労働苦双方の蓄積である。労働生産性が増大する基礎上で，実質賃金が上昇しながら剰余価値に比して労働力の価値が低下する (＝相対賃金の低下) と仮定すれば，付加価値のうち，搾取のないばあいに対比して，労働者がうけとる労働成果の落ちこみが拡大する分，生活苦は蓄積される。しかし，労働者の物質的な状態は，生活条件のみならず，工場内部での労働条件によっても規定される (*Kapital*, Ⅲ, S.96)。剰余価値生産の増進は，たんに労働力の低廉化によって生活苦だけでなく，同時に労働苦をも蓄積する。ほんらい，労働生産性の増進は，消費可能な富の増加のみならず，支出すべき労働分量軽減のための原資でもある。たとえば，労働生産性が増進するばあい，消費する生活手段の分量を以前のままにすえおけば，その生産にようする労働時間は短縮できる。そのいみで，付加価値のうち労働者がうけとる労働成果の落ちこみの拡大は，消費制限のみならず，ほんらいならば軽減できる労働分量の増加をあらわす。したがって，剰余価値生産の進展は，可能な生活改善をおしつぶす生活苦の蓄積だけでなく，労働軽減できる原資の増加をふくむ点で，労働苦の蓄積も内蔵している。だから，剰余労働が強制労働という本質的な性格をもつかぎり，剰余価値生産増進にともなう貧困の蓄積は，労働苦の蓄積という性格をあわせもつ。労働苦には，労働条件とふかいつながりをもつ疾病[1]や職業病さらに労働災害も内包される。

それゆえ，協業や分業・機械の採用などの生産力発展の方法は，ほんらい支出すべき労働分量をへらし，享受可能な富をふやす手段であるから，労働

第7章　富の蓄積と貧困の蓄積

日が年間総労働としてはわずかに短縮されるばあいがあるとしても，資本家サイドでの富の蓄積に対応して，生活苦も剰余労働にともなう労働苦も，ともに蓄積される[2]。

1) 「白いペスト」とおそれられた慢性伝染病の結核は，産業革命がひろめた社会的な疾病の代表選手である（エンゲルス『イギリスにおける労働者階級の状態』327 [原] ページ）。製糸工場や紡績工場では，夜間労働をふくめた長時間労働にくわえて，高温多湿の労働条件が体力の消耗度を加速化し，寄宿舎などでの生活条件とタイ・アップしつつ，風邪を媒介項として結核につながった（過労状態→風邪→結核感染の連鎖）。結核は，1935年から1950年まで，わが国の死亡原因の首位を独占しつづけた疾病である。1934年以前の死亡原因第1位は，おおむね肺・気管支炎がしめ，2位と3位を胃腸炎と結核があらそう状況にあった。1951年以降は，脳血管疾患が第1位につき，第2位と第3位にガンと心疾患がならび，1981年からは，ガン（3人のうち1人の割合）・心疾患・脳血管疾患が死亡原因の御三家をしめる（2007年現在，第4位肺炎，第5位不慮の事故，第6位自殺）。
2) 生活苦と労働苦を集約した貧困の特筆すべきあらわれは，1998年から2009年まで，12年間連続3万人をこえる自殺者—そのうち男性が約7割，交通事故死（2008年，5155人）の6倍以上—の地獄の底をみるようなむごい現状である。わが国の自殺率は，ロシアや中東欧諸国をのぞく先進国中もっともたかく，男子中高年層のそれは，世界で最高レベルにある。2007年現在，自殺は，20歳代の男女と30歳代の男子の死亡原因のトップである。生活苦による自殺は，約7000人で全体の約2割強をしめ，月100時間超の残業による過労→うつ病→自殺の連鎖のばあいもすくなくない。ここには，富のぶあつい蓄積にたいする火柱のたつような告発がある。

第3節　相対的過剰人口と貧困の蓄積

　資本は，労働者人口の増加から独立した過剰人口をつくりだし，労働力需給の調整によって，労働力の価値からの賃金の上方背離を抑制する。労働生産力増大に対応した相対的剰余価値の生産は，相対的過剰人口[1]の形成とかさなりあう。労働生産性増進の物質的な基礎をなす最新鋭機械の導入は，追加資本を媒介にして実現されるから，相対的剰余価値生産は，それ自身のなかに相対的過剰人口の形成をふくむ資本蓄積を内蔵している。敵対的な性

格をもつ資本蓄積という同一原因は，一方で生活苦と労働苦のせめを就業者におわせ，他方で就業機会さええられない相対的過剰人口をつくりだす。相対的過剰人口は，自然的人口増加の資本蓄積にたいする制約回避のため，社会的総資本がとる緩衝装置である。本節では，有機的構成高度化を内包する資本蓄積から相対的過剰人口の形成をみちびき，それが労働生産性増大にともなう富の蓄積に対応する関連を考察する。

1) 相対的過剰人口は，過剰人口を労働者の過度増殖からみちびくマルサス『初版人口の原理』での絶対的過剰人口論にたいする用法である（*Kapital*, I, S.663）。マルサスは，貧困の原因を搾取にではなく，生活資料をうわまわる自然的な人口増加にもとめた。マルクスのいう相対的とは，人為的とおなじである（*Ibid.*, III, S.265）。

1 労働者人口増大の想定

労働可能な人口の調節弁として機能する相対的過剰人口は，有機的構成高度化という資本自身の積極的な対応からうまれる。しかし，その過剰人口をみちびく説明は，労働者人口の増加という前提条件を排除しない。むしろ，資本蓄積をその本質的な契機としてもつ資本主義は，労働者人口の増加を包含している。資本は，労働者人口の増加の基礎上で，それには左右されない過剰人口を独自な蓄積様式にもとづいてつくりだす。資本蓄積には，労働者人口の増大と就業者の増加という二つの基本傾向がともにふくまれる。「社会的総生産物のうち資本として働く部分の増加から生ずるいろいろな刺激が労働者人口を現実に増加させる作用をすると同時に，ただ相対的でしかない過剰人口をつくりだす諸能因も作用する。」（*Ibid.*, III, S.259）

資本蓄積が労働者人口の増加をふくむのは，以下の理由からである。すなわち，資本と賃労働とは，生産条件の排他的所有という同一の関係の二面である。ところが，生産条件の排他的所有の二面が資本と賃労働だとすれば，資本の増大は，同時に対極での労働者数の増加と対応する。つぎの命題は，同一の関係の二面としての資本と賃労働の命題の系論である。「資本の増大とプロレタリアートの増殖とは，同じ過程の対極的に分かれた所産だ。」

第 7 章　富の蓄積と貧困の蓄積

(『直接的生産過程の諸結果』144 ページ，圏点―マルクス)「資本の蓄積はプロレタリアートの増殖なのである。」(Kapital, I, S.642) そもそも，排他的に所有される生産条件は，生産手段と生活手段から構成され，生活手段は基本的には労働力の再生産にはいりこむ物質的財貨である。そのばあい，資本蓄積によって排他的に所有される生産手段も生活手段もともに増加するため，生活手段の増加は，賃金を媒介にした労働者人口の増加の財源になる。だから，排他的所有になる生産条件の増加は，生産要素の主柱になる労働者人口の増加に対応する。つまり，資本蓄積は，労働者人口の増殖を可能ならしめる物質的財源を本質的に含有している。だから，労働者人口の不断の増大は，資本蓄積がそれを可能ならしめる生活手段の増加をふくむ事実に起因する。労働者人口の増大は，資本蓄積にひそむ本質的な要素である。労働者人口の増加は，資本蓄積の条件であるが，資本蓄積そのものが労働者人口の増加をつくりだす。「資本は人間の数を，なによりもまず労働者階級を，絶対的にも増加させる。」(MEGA, II /3.1 [4] S.275)「労賃は，もともとすでに，人口の増大を，すなわち，拡大された規模での労働者の再生産を含んでいる[1]」(『資本の流通過程』263 ページ，圏点―マルクス) というのは，資本蓄積が労働者増加の物質的基礎をふくむ事実に起因する。資本の増大とイコールの労働者の増殖には，その人口増加もふくまれる。

　したがって，資本蓄積が労働者人口増加の物質的基礎を内包するかぎり，人口増加の想定は，資本蓄積をかんがえるさいの必須の一条件である。ぎゃくにいえば，過剰人口の説明にさいして，労働者人口不変の想定にたつことは，資本蓄積の内包する本質的要素の抹消である。労働者人口不変の想定は，資本と賃労働とがおなじ関係の二面だという命題の否定に帰着する。第 23 章で「労働力または労働者数の増大」(Kapital, I, S.641)・「通常の労働供給」(Ibid.) が前提されるゆえんは，資本の増加が労働者の増殖の物質的基礎を包含する事実にある[2]。

　　1)　「人口の増加は，たえず進行する蓄積過程の基礎として現われる。しかし，それは，労働者人口の再生産だけではなくその不断の増大をも許す平均賃金を前

223

提する。」(Mehrwert [6] S.1101, 圏点—マルクス)
　　相対的過剰人口形成の論証にさいして，労働者人口増大の仮定は，証明すべき結論を前提する同義反復の要素をもつという立場から，労働者人口一定の想定を採用する議論がある。しかし，蓄積財源の形成と剰余労働の生成とは概念上別個であるように，労働者人口増大の仮定と相対的過剰人口形成の論証とは，相異なる事柄である。剰余労働生成の現実性は，生産条件の労働者からの分離にあるように，相対的過剰人口生成の秘密は，可変資本の逓減的な増加をもたらす資本蓄積のほうにある。人口一定の想定は，資本と賃労働がおなじ一つの関係の二面をなすという命題と背反する。

2) 相対的過剰人口の形成が労働者人口の趨勢と無関係である事実は，アイルランドの事例でもしめされる。ジャガイモは，南アメリカ大陸原産で，旧大陸の生活に一番の変化をもたらした植物である。ところが，1845年から49年までアイルランドをおそった胴枯れ病は，主食のジャガイモの大飢饉をひきおこし，大量の餓死と移民をもたらした。100万人の餓死と150万人の移民によって，1846年から20年間に人口が3分の1減少した。にもかかわらず，耕地の牧場化や機械化・大農場の創出・労働の節約などにもとづく農業革命によって，相対的過剰人口の形成が人口減少のもとですすんだ。それと同時に，農業利潤と地代もたえず増加した（『資本論』第Ⅰ巻第23章第5節ｆ「アイルランド」）。

2　有機的構成不変のもとでの労働力需要の増加

　労働力の価値を中心価格とするせまい範囲内に賃金騰貴を調整する必要性にくわえて，既存生産部門での市場のにわかな拡張や発明・発見・技術開発による新規生産部門の突然の実現が可能なためには，未就業労働者の供給源がなければならない。それでは，その余分の労働力供給源である相対的過剰人口は，いかにして形成されるのであろうか。相対的過剰人口形成のきめ手は，人口増加率一定の想定上で，有機的構成高度化にともなうそれよりひくい可変資本の増加率の実現にある。そして，その逓減的な増加が法則的になりたつ秘密は，第23章第1節「資本構成の不変な場合に蓄積に伴う労働力需要の増加」にひそむ。もし第1節の文脈にくみこまれた二つの基本論点をみすごすならば，可変資本の逓減的な増大にもとづく相対的過剰人口形成は，不可知論におちいる宿命をもつ。

　すなわち，資本主義の一大特色は，生産のための生産だから，通常，資本の増加率は労働供給増加率をうわまわり，早晩賃金上昇がはじまる。賃金上

第7章　富の蓄積と貧困の蓄積

昇は剰余価値削減とうらはらの関係にある。そこで，労働の価格上昇がゆるやかで蓄積がなお進展しつづける事態を第一のケースとすれば，それは，労働の価格騰貴のため労働者一人あたりの剰余価値が減少するとしても，就業者数が増加するならば剰余価値総量がふえる可能性をもつ。だから，第一のケースは，労働の価格騰貴と剰余価値総量増加による資本蓄積とが同時進行する事態をあらわす。しかし，労働の価格がもっと上昇して，利得の刺激が鈍化するより高度な局面がおきれば，資本蓄積が減退してしまう第二のケースをむかえる。有機的構成一定の前提上で資本蓄積が減退してゆけば，労働需要はそれに比例して減少する。だから，おそかれはやかれ蓄積の減退に随伴した減少傾向をたどる労働需要の増加率は，人口増加率とつりあいのとれる水準にまで低下する。したがって，第二のケースのうち，蓄積が減退する以前の段階にあっては，搾取可能な労働力は，蓄積の進展により涸渇する傾向にむかい，後半の段階では蓄積のおとろえにより労働力の涸渇傾向が解消される。そうじて，第二のケースは，人口増加率一定のもとで，蓄積のゆきすぎによって生じた労働力不足と賃金上昇の困難を，蓄積率の屈伸的な対応という資本自体の変化によって解決してゆく事態をさす。有機的構成不変のばあい，資本蓄積は，追加的に雇用できる労働者数を，労働力の価値で吸収できる可変資本の分量に制限される。

　人口増加の障壁に直面したばあい，資本が主体的な対応によって適合的な資本増加率をとって難局をきりひらく事実は，相対的過剰人口形成をかんがえるさい原理的に肝要な論点である。というのも，蓄積のおおきさが独立変数だという規定がなければ，資本蓄積につれて，労働力不足と賃金騰貴にたいして，資本がとる有機的構成高度化という行動様式をみちびけないからである。可変資本の増加率の低下という対応は，自然的な労働供給にたいする資本の能動的な適応能力の保有という命題の発展的な具体化である。同時にまた，その命題は，一般商品の需給調整のしくみを労働力商品に機械的にあてはめ（労働需要増加→賃金騰貴→労働供給増加→賃金下落→労働需要の再度の増加……），自然的労働供給が資本蓄積を左右するとかんがえる古典派へのくさびである（スミス『諸国民の富』第1編第8章「労働の賃銀について」，リ

カード『経済学および課税の原理』第5章「賃銀について」)。

　しかし，自然的労働供給にたいする資本の適応能力の存在という事実は，有機的構成不変のもとでの資本蓄積に内在する半面の真理にすぎない。なぜなら，自然的労働供給にたいする資本の適応能力は，労働供給による蓄積の制約を止揚しないからである。第1節が労働生産力増加の捨象という想定にたつ理由の一つは，資本増加率が労働供給に制約される事情の摘出にある。労働供給にたいする資本の適応能力の存在と労働供給による資本増加率の限定とは，資本蓄積のもつ積極面と消極面として第1節での二大強調点である。

3　資本蓄積と可変資本の増加率の低下

　ところで，資本は，競争にうちかつため商品価値の低廉化に躍起になるから，最新鋭機械の登場は，資本蓄積をうながすテコとして作用する。そこで，最新技術をとりこむ資本蓄積につれ，不変資本成分に比した可変資本成分の相対的割合の減少つまり有機的構成の高度化がすすむ。資本蓄積のさい，追加資本は，常住不断に進歩する最先端技術をそのつど体現する媒体として機能する一方，旧資本それ自体も，また固定設備の耐用年数がつき更新投資されるさいに，その時点で技術的にもっとも進歩した姿で再生し，有機的構成高度化を加速する。さらにまた，既存の諸個別資本の配分変更である集中・合併も[1)]，以前独立的に機能した諸個別資本のもとでの重複投資のムダをはぶき，スケールメリットをもたらす大規模投資を可能にすることによって，有機的構成高度化に一役をえんじる。旧資本の更新投資と諸資本の集中とは，蓄積によらないで有機的構成をたかめる二つの方法である。

　まず，出発点は，労働力の価値が支払われ，その可変資本によって追加的人口増加分が雇用される資本蓄積である。そこで，有機的構成高度化を資本蓄積にとりこめば，相対的過剰人口の形成が一義的にみちびかれる。これまでどおり一定率で増加する労働供給を仮定すれば，有機的構成高度化によって，可変資本増加率は，人口増加率の下方へ傾斜してしまい[2)]，人口増加率マイナス可変資本増加率に相当する労働供給の部分は，過剰な労働者人口に

第7章　富の蓄積と貧困の蓄積

転化する。問題の焦点は，人口増加率≧可変資本増加率という制約のもとで，有機的構成高度化による同時的な過剰人口形成が説明可能だという点にある。有機的構成高度化による可変資本増加率の減少が，同時に通常の労働供給の一部分を排除するというフランス語版『資本論』の叙述は，つぎのとおりである。

「労働の有効需要は，すでに充用されている可変資本の大きさによって規制されるだけではなく，この可変資本の不断の増加の平均によっても規制されるから，労働の供給は，それがこの変動に従う限り，相変わらず正常である。ところが，可変資本の増加がより小さい平均に下がるばあい，その時まで正常であったこの労働の供給そのものが，これ以降は異常で過剰になるために，賃労働者階級の多かれ少なかれおびただしい部分は，資本の増殖にとって必要でなくなり，その存在理由を失ってしまうから，いまでは余計なもの，過剰なものになる。このゲームは，蓄積の上昇的な進行につれて絶えず繰り返されるから，蓄積はますます増加する過剰人口を伴うのである。可変資本の比例的な減少，およびこれに対応的な，労働の相対的需要の減少の法則が，必然的帰結として得るものは，減少してゆく比率での，可変資本の絶対的増大，および労働需要の絶対的増大であり，最後に，補足物として，相対的過剰人口の生産なのである。」(『フランス語版資本論』[下巻] 278 [原] ページ)

「可変資本の比例的な減少の法則」がその「必然的帰結として」「減少してゆく比率での可変資本の絶対的増大」をもたらすのは，通常の労働供給増加率≧可変資本増加率なる想定にたいして有機的構成高度化をうわづみする方法による。

さらに，可変資本増加率の低下は，現役労働者軍に比しての産業予備軍増加の必然性も内包している[3] (第23章第3節「相対的過剰人口または産業予備軍の累進的生産」)。可変資本の増加率が減少すれば，一定の人口増加率マイナス可変資本増加率の差額は，資本蓄積に対応して拡大するからである。資本蓄積過程で，就業労働者は，充用される生産手段に比して相対的にはへる半面，絶対的には増加する。就業者に比した過剰人口の割合の増加は，貨幣

賃金をひきさげるおもしとしてぶらさがり，実質賃金上昇のブレーキの役割をはたす。大局的にいえば，人口増加率の資本増加率にたいする制約性と資本蓄積につれての有機的構成高度化という二大原理は，相対的過剰人口形成の証明をささえる車の両輪である。

　失業者を形成する資本の有機的構成高度化は，労働生産性増進にもとづく相対的剰余価値生産とうらはらの関係にある。つまり，特別剰余価値の取得を直接的な目的とした相対的剰余価値生産は，別の面からみれば，不変資本増加にたいする可変資本増加の抑制の帰結として，相対的過剰人口の増大をもたらす。資本蓄積が人口増加に制約され，賃金上昇によって剰余価値が削減されれば，それを回避するてみじかな方法は，特別剰余価値の取得による失地回復である。だから，資本は，労働生産性増進にはげみ，有機的構成をたかめる。賃金上昇による剰余価値圧迫をさけるため，資本による労働生産性増加の照準は，有機的構成高度化によって，可変資本増加率を人口増加率よりもひくくおさえることである。ここで，前者の運動と後者の結果つまり必要労働の短縮分だけ剰余労働の増加をもたらす相対的剰余価値生産と可変資本増加の抑制にもとづく過剰人口の増加とは，写真のネガとポジの関係にあたる[4]。「生産力の発展に伴って進む不変資本に比べての可変資本の相対的減少は，労働者人口の増加に刺激を与えるが，同時にそれはたえず人為的な過剰人口をつくりだす。」(Kapital, Ⅲ, S.260) 資本家サイドでの剰余価値の増大は，その反面での労働者サイドでの失業者の増大とリンクしている。さしづめ，労働生産性増進にもとづく有機的構成の高度化は，剰余価値増大と失業者形成をつなぎあわせる連結器である。相対的剰余価値と過剰人口のむすび目は，労働生産性増進にもとづくおなじ有機的構成高度化である。

　だから，相対的剰余価値生産のタテの反面に失業者の増加がなりたつから，過剰人口の増大は，富の蓄積に対応する貧困の蓄積の一つにほかならない。剰余価値の増大という富の蓄積に照応して，過剰人口の増加という貧困の蓄積がなりたつ。過剰人口の増加が貧困の蓄積にぞくするのは，それが相対的剰余価値にもとづく富の蓄積との対応関係にある。したがって，一方の極での富の蓄積である資本蓄積は，同時に，反対の極での搾取の増大による貧困

第7章　富の蓄積と貧困の蓄積

の蓄積にくわえて，過剰人口増加というそれとは相異なる形態での貧困の蓄積とも連動している。就業者における搾取の増進と失業者の増加という貧困の蓄積の基本的な二形態は，ともに就業者からの剰余価値を唯一の源泉とする富の蓄積に対応する。「過剰労働者人口は蓄積の，言い換えれば資本主義的基礎の上での富の発展の，必然的な産物である。」(Ibid., I, S.661) 相対的剰余価値生産が貧困の蓄積をもたらすにもかかわらず，相対的過剰人口を展開してはじめて貧困の蓄積の基本的な要素が遺漏なくカバーされるため，貧困の蓄積は，第7篇をまってトータルに規定される。

　以上，本節で，第23章の構成にそくし，可変資本の増加率低下から相対的過剰人口の形成をといた。

1) 資本の集中を促進する役割をはたすのが，株式会社である。世界最初の株式会社として設立されたオランダ東インド会社（1602-1799年）は，利潤を目的とした継続事業体（going concern）としていとなまれ，出資者には株式が発行され売買された。オランダ東インド会社は，株式会社としてもっとも本質的な要素として，出資者の有限責任制をもった（大塚久雄『株式会社発生史論』『大塚久雄著作集』第1巻，岩波書店，1969年）。1613年には，世界最古のアムステルダム株式取引所が開設され，株式の譲渡自由性が保証された。イギリス東インド会社（1600-1858年）は，当初は一航海ごとに出資をつのり，精算する合本会社としていとなまれる一方，1665年になってようやく，全社員による有限責任制が実現し，株式会社の基本的な資格をそなえた。株式会社は，いわば魔法のつえのように，個別資本では不可能な最低必要資本量のおおきな事業活動を実現し，資本の価値増殖を推進する点で，「資本主義最大の発明品」といわれる。19世紀なかごろ，イギリスでまきおこった鉄道ブームが株式会社によってになわれたため，それがなければ，鉄道敷設はもっとおくれたというマルクスの発言（Kapital, I, S.656）は有名である。株式会社の利潤は，株主にたいする配当・資本蓄積にまわされる内部留保・役員報酬の三つの部分にわかれる。

2) スミスは，労働需要が資本蓄積に比例してふえるという立場にたったのにたいして，イギリスのジョン・バートン（1789-1852年）は，資本蓄積のなかで，労働需要が機械の増加ほどには増大しない特有な関係を最初に発見した（Ibid., S.660, Mehrwert [6] S.1193）。リカードは，バートンの主張をさらに一歩すすめ，機械の増加が過剰人口を創造すると主張した（『経済学および課税の原理』[第3版] 第31章「機械について」）。

3) 一定率での人口増加のもとで可変資本の増加率が低下してゆけば，資本蓄積

にともなって失業率は増大する。いま，一人あたり可変資本量一定を前提にして，出発時点での労働者人口と可変資本をそれぞれ S_0 と V_0 であらわし，両者の増加分を ΔS_t と ΔV_t とさだめる。労働者人口は，一定率で増加する一方，可変資本は，反対にそれよりもひくい率で増加すると仮定すれば，就業率低下は，つぎのように表現される。

$$\frac{V_0}{S_0} > \frac{V_0 + \Delta V_t}{S_0 + \Delta S_t}$$

両辺に $S_0 (S_0 + \Delta S_t)$ をかけて整理すれば，人口増加率＞可変資本増加率をあらわすつぎの不等式がえられる。

$$\frac{\Delta S_t}{S_0} > \frac{\Delta V_t}{V_0}$$

これは，就業率低下のための必要十分条件だから，人口増加率＞可変資本増加率のもとで，就業率低下イコール失業率増加がなりたつ。問題の初発の条件は，過程のなかで再生産され，より具体的な関係となって発現する。

4) 念のためかさねていえば，おなじ労働生産性増進の圧力でも，それが労働力需給の逼迫に起因しておこなわれたばあい，有機的構成高度化は，失業者の形成にむすびつく。相対的過剰人口をもたらす有機的構成高度化には，労働力逼迫にせまられた労働生産性増進といううわづみされた条件が内包される。

第4節　相対的過剰人口の生活苦と労働苦

1　生活苦と労働苦の正の相関

第23章の分析対象は，富の蓄積が，反対の極である労働者全体の物質的状態にもたらす貧困の蓄積である。生活苦と労働苦からなる貧困の蓄積は，資本蓄積の一般的法則として，就業者のみならず失業者にも普遍的になりたつ。本節で，相対的過剰人口の増大は，失業者にとって，生活苦と労働苦の同時的な増加をあらわすゆえんをろんじる。

従来，失業者にとっての貧困の蓄積について，生活苦と労働苦とのぎゃくの相関がなりたつという理解が蔓延している。マルクスは，固定的過剰人口についてつぎのようにいう。

「産業予備軍の相対的な大きさは富の諸力といっしょに増大する。しかしまた，この予備軍が現役労働者軍に比べて大きくなればなるほど，固定した過剰人口はますます大量になりその貧困はその労働苦に反比例する。」

第7章　富の蓄積と貧困の蓄積

(*Kapital*, I, S.673)

　ところが，マルクス自身の完全校閲にもとづくフランス語版『資本論』では，両者の関係が正比例と改訂されている。「産業予備軍が現役労働者軍に比べて増大すればするほど，固定的な過剰人口もますます増大し，この過剰人口の貧困は押しつけられる労働苦に正比例する。」(『フランス語版資本論』［下巻］284［原］ページ) そこで，生活苦と労働苦の反比例説と正比例説のどちらが正当かという二者択一の係争問題が生じる。結論からいえば，生活苦と労働苦の相反というのは，単純な誤記だと推論される。

　就業労働者における貧困の蓄積のばあいとおなじように，相対的過剰人口の増加は，生活苦と労働苦の両者の増進[1]をあらわす根拠をしめせば，以下のとおりである。すなわち，資本主義をふくむ階級社会の1労働日には剰余労働がふくまれるため，労働支出は，苦痛をともなうとしても，本来的には生命の実現として創造のよろこびをあらわす。労働者に就業機会がないことは，必要労働の支出から排除され，生命の実証としての労働力が実現できないことである。失業者が剰余労働を支出しないため労働苦からまぬがれることは，労働支出の性格をめぐる問題の一面にすぎない。労働支出の性格をめぐるもう一つの面は，労働者が，ぎゃくに，必要労働からの排除によって，労働支出の契機がうばわれる事実にある。失業者は，剰余労働がないため，就業者のなめる労働苦からまぬがれる一面，必要労働の機会の喪失によって，就業者とは正反対の性格をもつ，労働力の実現ができない労働苦を強制される。「労働者階級の一方の部分が他方の部分の過度労働によって強制的怠惰 (erzwungner Müssiggang) という罰を加えられる」(*Kapital*, I, S.665) として，マルクスは，就業者の過度労働による失業者数の膨張をといているが，ここでの「強制的怠惰」こそ，労働者の失業状態によってうまれる労働苦をあらわす。労働が生命の発現だとすれば，失業は，生活費の確保によっては代替できない人間としての尊厳の喪失である。

　労働者による就業機会の喪失は，直接には生活手段からの排除だから，労働者にとって生活苦と労働苦の両面をあらわす。そのため，失業が生活苦と労働苦の両方をあわせもつとすれば，その増大には，生活苦と労働苦との比

例的な増加がともなう。過剰人口の増加とは，別の面からみれば，生活苦と労働苦の同時的な増加とおなじである。過剰人口の比重の増大は，生活苦が労働苦とともに増加することである。第23章第4節の問題箇所は，失業が生活苦と労働苦の両面を内蔵する点をふまえれば，過剰人口の増加をもって生活苦が労働苦と正比例して増加する事実といいかえた規定である。

　以上，本項で，資本蓄積にともなう過剰人口の増大は，生活苦と労働苦の同時的増加と規定されるいわれをといた。過剰人口増加のもとでの生活苦と労働苦の増加をといてはじめて，貧困の蓄積は，就業者におけるそれとおなじ資本蓄積の一般的法則としてなりたつ。ここからすれば，当該箇所の生活苦と労働苦の反比例をといたドイツ語版での誤記は，初版から第4版まで継承されたことになる。フランス語版での訂正は，エンゲルスの編集した第3版（1883年刊）と第4版（1890年刊）とには生かされなかった。こうして，すじがとおってくもりのない正比例説の正当性がたかい精度でうらづけられる。

　　　1）失業者の生活苦と労働苦は，就業者のばあいとは性格をことにする。失業者の生活苦は，労働力の価値取得を前提にしてなおなりたつ就業者のそれとはちがって，労働力の価値がえられない事態をさし，失業者の労働苦は，就業機会がえられない事態そのものをさす。
　　　　また，就業者の生活苦と労働苦の増加は，1労働者についての事態をあらわすのにたいして，失業者のばあい，相対的過剰人口の増加が，生活苦と労働苦の量的な増大をあらわす。

2　反比例説の問題点

　前項で，生活苦が労働苦と比例する貧困の蓄積は，就業者にも相対的過剰人口の増加にもひとしく妥当する根拠をといた。生活苦と労働苦の同時増大からなりたつ資本蓄積の一般的法則は，労働者階級全体にあてはまる。ところが，生活苦と労働苦の反比例説は，フランス語版をのぞいて初版からエンゲルスの編集した第3版や第4版まで一貫しているため，当該箇所の理解として通用している。本項では，反比例説の問題点を吟味し，その説得力欠如の一番の基礎に貧困概念の欠落という事実の存在をつきとめる。

第7章　富の蓄積と貧困の蓄積

　反比例説によれば，当該の問題箇所に登場する，就業機会がめったになく慢性的な失業状態にある固定的過剰人口にかんして，失業状態が大半をしめるばあい，労働苦がないかわりに生活苦が増大する。一方，たまに就業機会があるばあい，労働苦が増大して生活苦が減少するから，生活苦が労働苦に反比例するという命題がなりたつと主張される。かりにフランス語版の正比例説にたてば，失業状態のばあい，労働苦がないのと照応して生活苦も存在しないことになり，就業状態のばあい，労働苦と照応して生活苦も加重されるという理不尽な事態におちいるから，フランス語版のほうがきまちがいだと批判される。しかし，反比例説は，貧困の概念も貧困の蓄積もともに規定ぬきのため，マルクスの基本的な論点にたいしてそごをもつ。

　第一に，反比例説は，二重苦からなる貧困の蓄積が就業者にも相対的過剰人口にも普遍的にあてはまる経済法則だという基本認識にかける。つまり，反比例説には，相対的過剰人口について，生活苦と労働苦からなる貧困の蓄積命題に背馳(はいち)するという深刻な問題がある[1]。富の蓄積に対応する貧困の蓄積を最終的に定式化した一文が相対的過剰人口に妥当しないとすれば，マルクスは人をあざむいたことになる。理論上，反比例説は，生活苦と労働苦の合計の増大を内包しないから，その合計の増大をしめす貧困の蓄積を説明できないという簡単な道理の未消化をふくむ。生活苦と労働苦の命題が相対的過剰人口にも妥当するという認識にたてば，相対的過剰人口の本質的契機は就業機会がない事態にあるから，それを完全失業者と想定する簡単化仮定をほどこしたうえで，もっぱら就業機会のない相対的過剰人口について，生活苦と労働苦の相関いかんを問題対象にすえるという方向へと議論がすすんだと推測される。反比例説の誘因には，同一労働者にかんする就業状態と失業状態の二つのばあいの対比があるからである。相対的過剰人口がその本質的契機の失業状態に純化されて問題対象になれば，反比例説のうまれる余地はふうじられたはずである。

　第二に，反比例説には，貧困の蓄積が富の蓄積のタテの反面になりたつという基本事項の閑却がある。生活苦と労働苦とは，資本蓄積との関連でなりたつのに，反比例説での両者の関係は，就業状態の度合の濃淡におうじて説

233

明され，資本蓄積とリンクしていない。反比例説では，生活苦と労働苦とは，資本蓄積との不可分な関係で変化するのではなく，個別労働者の就業状態の強弱におうじて変動するにすぎない。資本蓄積と生活苦・労働苦との必然的な関連の欠如は，反比例説が富の蓄積に対応する貧困の蓄積の立論として不適切だということをいみする。反比例説には，生活苦と労働苦からなる貧困の蓄積が資本蓄積との因果関係のもとで成立するという要点のみおとしがある。

　第三に，失業状態のもとでの労働苦の否認は，就業者の享受する労働苦のあいまいさと一体の関係をなし，両者ともに，労働支出がほんらい生命の実証として生きるよろこびをあらわすというマルクスの規定を等閑にふす同根の未熟さに発する。労働支出を生命の根源的な実現とみなす根本命題にたてば，階級関係に強制された剰余労働は労働苦に転化するとともに，就業機会の喪失は，労働力の実現の不可能なぎゃくの労働苦をあらわすことになるからである[2]。労働苦は労働支出を前提になりたつという主張は，一見うたがいようのない真理であるかに映じるが，おもわぬ落とし穴がある。労働苦は，剰余労働と一義的な関係にある一方，労働そのものとおなじでないという要点の無視がある。就業機会がないばあい，労働苦が存在しないと主張することは，労働支出そのものが労働苦だというまちがった命題をふくんでいる。労働苦が剰余労働に起因するという立場にたてば，労働支出は生命のほんらいの実証だという前提にもどり，就業機会からの排除は，剰余労働支出とは反対のベクトルではあるが，おなじ労働苦の範疇にぞくするという帰結をうる。失業状態のもとでの労働苦がみとめられれば，相対的過剰人口の増加は，労働者がこうむる生活苦と労働苦との同時的な深化をあらわすことになるから，反比例説はくずれる。そのいみで，反比例説は，労働支出を生命力のポジティブな発現とみなすマルクスの根本思想への背反に起因する。マルクスが存命中であれば，失業者における労働苦の否定は，目をまるくするにちがいない。そうじて，反比例説には，貧困の蓄積は，労働者階級全体に貫徹するという趣旨の無視があるとともに，資本蓄積と貧困の蓄積との関連をたちきり，労働支出を生命力の実証とみるマルクスの思想を放擲（ほうてき）する点で，収拾

第 7 章　富の蓄積と貧困の蓄積

不能な欠陥がある。
　以上，本項で，反比例説の底にひそむ貧困概念のドロップという事実を批判した。これまでの『資本論』研究には，反比例説に羊のように従順にしたがう通弊があるが，そこにほとんどのばあい解説がないのは，その原理的な説明不可能性をものがたる。誤記という技術的ミスによる説明不能な箇所をふくむことは，『資本論』研究にとってみずからマイナスのカードをきるにひとしい。

> 1) 科学上の独創性は，首尾一貫してはじめて説得力をもつというのが学問研究の初歩である。イタリアの哲学者ジョルダーノ・ブルーノ（1548-1600 年）は，生命の存在する天体が宇宙には無数にあると予言し，火あぶりの刑に処せられた。神は，地球にだけ生命を創造したという『旧約聖書』のおしえにはんするからである。首尾一貫性は，中世のキリスト教でさえ，教義のいのちであった。「天文学の父」ガリレオ（1564-1642 年）は，2 世紀ごろ活躍したプトレマイオスの天動説にたいして，ポーランドの天文学者コペルニクスの地動説を支持するとともに，木星に 4 つの衛星を発見して，地球中心説にたつキリスト教の逆鱗にふれた。ちなみに，ガリレオの没した 1642 年にニュートン（1642-1727 年）がうぶごえをあげ，近代科学が幕をあける一方，天体の運動と地上の現象とを統一的に説明する万有引力の発見（1687 年）によって，地動説は科学の定説になった。
> 2) 失業者における労働苦の否定は，組合運動や思想差別あるいは内部告発などによる窓際族にあって，仕事がかせられないためにうまれる労働苦の否定という歴史の逆噴射になりうる。近年，子会社への転籍拒否で仕事があたえられず，うつ病にかかった 2 人の労働者がわが国初の労災認定をうけた（2003 年 11 月 2 日づけ「毎日新聞」）。仕事がないため生じる労働苦の否定は，『資本論』研究での最大級の逆流現象である。

まとめ

　本節で，富の蓄積に対応する貧困の蓄積は，生活苦と労働苦の同時的な深化をなし，就業者のみならず，過剰人口の増加にも同等にあてはまる論拠をかためた。
　ひるがえって，貧困化法則は事実によって否定され，その非妥当性を指摘するだけで『資本論』の社会的信用は失墜するという，ブレーキのきかない

機関車のように暴走するマルクス批判がある。貧困化論は，サンドバッグのようにたたかれる。しかし，絶対的貧困化を貧困化法則ととりちがえるマルクス批判こそ，中天に矢をはなつに似たふるまいである。貧困化論が『資本論』のガンだという論難の一因は，古典派と一線をかくする独創性にこそ『資本論』の存在理由があるという問題意識にうすい先行研究にひそむ。マルクスのといた貧困化法則の妥当性について，ひとは，愁眉をひらいてよい。『資本論』のもつ古今独歩の創造性は，栄辱を超越し，もくもくとうちこんだ研究のきらめきである。

第8章　資本の前史としての本源的蓄積

第1節　第24章「いわゆる本源的蓄積」の位置

　第7篇「資本の蓄積過程」したがって『資本論』第Ⅰ巻の事実上の最終章は，第24章「いわゆる本源的蓄積」である。「資本の本源的蓄積すなわち資本の歴史的生成」(Kapital, Ⅰ, S.789) というとおり，本源的蓄積とは，資本主義の基礎上での資本蓄積（資本主義的蓄積）にたいして，資本主義の前提となる資本の生成史である。前者の資本蓄積は，資本主義的生産の結果であるが，後者は，資本主義的生産の前提になる資本の発生過程のため，本源的蓄積とよばれる。資本主義的蓄積は，資本主義の所産としてその本史をなし，本源的蓄積は，資本主義の前史をなす。後者が前者の歴史的前提をなし，それを連続的な過程としてあらわす点で，両者は，対概念である。

　資本は，排他的所有になる生産条件だから，労働者からの生産条件の分離によって歴史的に生成する。「いわゆる本源的蓄積は，生産者と生産手段との歴史的分離過程にほかならない。」(Ibid., S.742) 第24章表題が「いわゆる本源的蓄積」と命名されたゆえんは，スミスが資本の先行的な蓄積を想定したためである（『諸国民の富』第2編「資財の性質，蓄積および用途について」序論）。しかし，スミスのいう先行的蓄積では，生産者のもとでのたんなるストックの増大が構想されるにすぎない。これにたいして，マルクスが資本の本源的蓄積に生産条件の排他的所有という内実をくわえたところに，スミスとの決定的な差異がある。たんなるストックの蓄積とちがって，生産条件の排他的所有は，資本の本源的形成の反面で賃労働者を創出し，資本主義の歴史的前提をつくりだす。

　それでは，なぜ第Ⅰ巻第24章の段階で，マルクスは，資本主義的蓄積と

歴史的な順序が前後する資本の前史の本源的蓄積をといたのであろうか。結論をさきまわりすれば，第24章になってはじめて本源的蓄積がとかれるのは，第23章までの蓄積論によって，資本主義は，資本の生成を前提になりたつ臨界点が浮き彫りになるところにある。

　すなわち，第Ⅰ巻は，第1篇「商品と貨幣」から，確立した資本主義が研究対象である。ところが，眼前にある研究対象の資本主義は，資本蓄積によってなりたつ結果にほかならない。そこで，第23章までの蓄積論をふまえれば，資本蓄積は，剰余価値生産を前提になりたつ。一方，げんに展開される剰余価値生産は，これでまた商品生産者のもとでの生産条件の集積を前提する。資本主義を前提にすれば，商品生産者による生産条件の集積は，資本蓄積と同義である。資本蓄積は，剰余価値生産によって基礎づけられている一方，目のまえの剰余価値生産も，資本蓄積を前提しているから，たがいに一方が他方を前提になりたつ。資本は，剰余価値をうみだす一方，さらにいっそうおおきな剰余価値創造は，その再転化からなりたつよりおおきな資本によっておしすすめられる。資本主義の基礎上では，剰余価値生産と資本蓄積とは，たがいに因となり果となってすすみ，その結果，資本主義の全運動は，堂々めぐりの悪循環におちいるようにみえる。第23章の蓄積論は，剰余価値生産と資本蓄積とのあいだの相互規定関係をおしえる。結局，第23章完了時点で，剰余価値生産と資本蓄積との堂々めぐりをぬけだすためには，資本主義の前史として，資本の本源的な存在を前提にすべき脈絡があきらかになる。『資本論』第Ⅰ巻は，最初から確立した資本主義が研究対象だから，第23章での蓄積論をおえた段階ではじめて，資本の本源的な存在がいかにして生成したかを分析すべき問題の所在があらわれる。第23章がおわった段階で，もし資本の本源的な生成をとかねば，資本主義は，まるでメビウスの輪のように，はじまりもおわりもない一つの円環運動をえがくことになる。資本の本源的な成立をさかのぼって説明してのみ，資本主義を歴史上一時的な生産形態にすえる軸足がかたまる。資本主義が社会的生産の絶対的形態だというとりちがえは，資本の本源的な存在が封印された一つの帰結でもある。人類の歴史は，はじめから資本によってなりたつ生産形態では

第8章 資本の前史としての本源的蓄積

なく,資本主義は,特定の時代に特有な生産形態を確立することによって,その出発点をかくした。

ひるがえって,マルクスは,なぜ第Ⅰ巻の分析を資本主義の発生史である本源的蓄積から開始しないで,はじめから自立した資本主義を研究対象に設定したのであろうか。その理由を端的にいえば,本源的蓄積の概念は,排他的所有になる生産条件からなりたつ資本の概念に立脚するからである。つまり,資本の歴史的な生成は,生産条件と労働者との分離からなりたつかぎり,生産条件の排他的所有にもとづく資本の概念を論理的前提にしてはじめて,研究対象にすえられる。そのいみで,本源的蓄積は,単純流通にもとづく貨幣の資本への転化から剰余価値生産をへて資本蓄積にいたる考察をふまえてのみ問題対象になる。本源的蓄積は,資本主義の起点であるのに,その分析が事実上第Ⅰ巻の最終部分に位置するゆえんは,ここにある。

第2節 本源的蓄積の展開

本源的蓄積は,資本概念を前提にして問題設定されるため,自己労働にもとづく個人的所有の解体を軸にして展開される。15世紀70年代から19世紀はじめの産業革命終了時までのあしかけ5世紀にわたる本源的蓄積をつらぬく大動脈は,いかにして労働者から生産条件が分離され,それが産業資本家のもとに集積したかである。農業社会である封建制から工業中心の産業社会への移行において,生産者自身が産業資本家になる仕方こそ「真に革命的な道」(Kapital, Ⅲ, S.347)だという規定は,資本と賃労働とがおなじ関係の二面だという命題と対応する。旧領主は,生産者から分離した生産手段のうち土地の囲いこみによって,近代的な大土地所有者に転化する一方,生産者の両極分解によって,そのごく一部は,土地以外の生産手段を排他的に所有し産業資本家になる[1]。資本家と地主は,被支配者である労働者にたいし,支配階級を形成する。だから,資本主義的な生産関係の二面性に対応して,本源的蓄積は,独立生産者からの生産条件の収奪(=近代的土地所有の成立)による賃労働者の創出と生産条件の排他的所有にもとづく産業資本家の生成

という2本の支柱から構成される。第24章は，本源的蓄積の概念規定をあたえる総論の第1節と社会的所有の成立をとく第7節とをのぞけば，前者の支柱を構成する第2節と第3節と，後者の支柱にぞくする第4節から第6節までの二つの部分にわかれる[2]。

そこで，以下の二つの節で，順をおって本源的蓄積を構成する二つの部分の要点をほりさげる。

> 1) 封建的土地所有から資本への生産関係の転変にともない，剰余労働の支配的な形態は，地代から剰余価値へとかわる。資本主義で，地代は，剰余労働のうち資本に帰属する利潤をこえる一部分にすぎなくなる。
> 2) 第24章の第2節から第6節までの構成をかんがえるさい，資本主義的生産関係の二面性にもとづく第3篇と第4篇の関連がおもいだされる（本書第4章第1節1「資本主義的生産関係の二面性」）。

1 第1次囲いこみ運動と第2次囲いこみ運動――近代的土地所有と賃労働

本源的蓄積には，第1次囲いこみ運動と第2次囲いこみ運動という性格を異にする二つのおおきなうねりがあった。土地の囲いこみ運動は，生産条件と生産者とをひきはなすという大局的ないみで，資本の本源的蓄積をつらぬく根本的な基礎である。

まず本源的蓄積の起点をなす独立生産者の性格についてみれば，つぎのようになる。11世紀後半のノルマン・コンクエスト（1066年）にはじまり，13世紀に最盛期をむかえたイギリスの農奴制は，独立自営農民層の増加によって，14世紀末には事実上消滅する結果になった。そこで，独立自営農民といえば，すぐに封建的なくびきから解放された自由な小商品生産者をイメージしがちになる。しかし，そうだとすれば，領主と農民とは土地にたいして「同じ封建的権利」(*Ibid.*, I, S.746) をもつため，前者はそれを根拠に後者を土地から駆逐し，エンクロージャーによる近代的土地所有を実現したというマルクスの主張は，理解困難におちいる。独立自営農民とは，農奴という身分から解放された存在ではない。もともと，農奴は，領主によって土地に緊縛されるその付属物にすぎないから，直接的には農奴が耕作する土地

第8章　資本の前史としての本源的蓄積

の所有権は，その下級所有権と領主のもつ上級所有権とから二重になりたっている。このばあい，封建制末期には，独立自営農民の土地保有権（下級所有権）は強化されて貨幣地代負担も小さくなり，領主は，たんに土地にたいする上級所有権の「封建的な看板」(Ibid., S.745) だけをもつとかんがえれば，農民の実質的な独立性と両者のあいだでの「同じ封建的権利」の保有との整合性は決着する[1]。農奴は，生産物の半分にもおよぶ地代をおさめたが，15世紀当時，独立自営農民は，その数分の一程度の少額に軽減されたものと推測される。個人的所有の主体としての独立自営農民は，土地所有や地代にたいして領主がもつ封建的要素を捨象してなりたつ。領主の封建的所有権は，囲いこみによって，土地の付属物として緊縛する生産者をひきはなし，土地の排他的な処分権をあらわす近代的所有権へと転化する。封建的土地所有は，労働者を土地の付属物としてもつため，その否定としての近代的土地所有は，土地の商品化を本質的表現として成立し，労働力の商品化をうみだす。資本を本源的に形成する囲いこみ運動は，独立生産者を賃労働者へ転化させる近代的土地所有の生成と産業資本の生成という二つの要素をふくむ。

　つぎに，本源的蓄積の経過を，封建制の衰退期からそのおおすじをたどってみれば，以下にしめすとおりである。1348-9年に，黒死病（ペスト）が西欧で3人に1人の死亡率をだすほどの猛威をふるい農奴が急減したため，領主直営地は農民保有地にくみこまれる傾向がうまれ，イギリスでは，商品経済の発達をベースにして，生産物地代を経過しない労働地代の貨幣地代への一足飛びの転化＝賦役の金納化（commutation）が実現した。地代の金納化では，所定耕地の貨幣地代が不変の額に固定化されたため，農民の土地保有権は，身分関係の貨幣授受関係へのおきかえによって強化された。つまり，地代の金納化は，封建的土地所有のもとで，農民の負担を軽減化する役割をになった。15世紀当時の農民は，自由保有農，慣習保有農—その大部分は荘園裁判所の土地台帳に登録の土地保有権が保証された謄本保有農—，任意借地農の三種類から構成されていた。ここで，土地保有の関係から，自由保有農と慣習保有農が，農民のうちおおくをしめる実質上の独立自営農民（ヨーマン）をなし，それをはじめとする農民からの土地の収奪として，時代と

性格を異にする二つの囲いこみ運動がくりひろげられた。

　まず，15世紀末から16世紀中葉にかけてピークをむかえた第1次囲いこみ運動は，封建領主によって非合法の個人的な暴力行為にもとづく農民保有地の収奪としておこなわれた（第1次農業革命）。これによって，耕地は牧場へと転化し，両者の割合が逆転した[2]。土地からの農奴駆逐の直接的な原動力になったのは，毛織物の一大生産地フランドル地方（オランダ南部・フランス北部・ベルギー西部にまたがる一帯）での羊毛マニュファクチュアの隆盛に起因し，羊毛価格が騰貴したことにある。イギリスは，当時，羊毛生産がさかんで，フランドル地方への羊毛原料の主要な輸出国であった。これにたいして，1760年代から19世紀はじめを絶頂期とする合法的な第2次エンクロージャー——いわゆる「議会エンクロージャー」——は，生活手段の柱の一つである穀物を生産する農場の大規模化を目的に，「共同地囲いこみ法」にもとづく共同地や入会地の私有地への転化を内容とした[3]。囲いこみの背景や対象・その方法にかんする両者の性格のちがいは，小農民維持政策をとった絶対王政（チューダー朝・スチュアート朝）のもとでか，それを崩壊させる市民革命（1649年ピューリタン革命・1688年名誉革命）後のブルジョア国家のもとでおこなわれたかにゆらいする（Ibid., S.751ff.）。第1次囲いこみ運動は，封建領主と前期的資本の二つを権力のあしばとする封建末期の統治形態の絶対王政に対応する。1485年チューダー王朝成立からはじまり，エリザベス1世の統治（1558-1603年）下を最盛期とする絶対王政のもとでは，農民の失業と農村の人口減少がおそれられ，職業の固定化にもとづく封建的な社会秩序の維持を目的として，小農民保護政策がとられた。

　これにたいし，第2次囲いこみ運動は，17世紀の市民革命後，地主と資本家がにぎるブルジョア権力のもとでおこなわれた。そのさい，議会エンクロージャーは，大地主が大規模な資本家的農業経営からあがる地代増大を目的にもち，議会制定法によって教区または村落全体にわたって実現されたため，本格的な展開をとげた[4]。そのため，独立自営農民は，18世紀中葉にはほぼ消滅した（Ibid., S.750）。第2次囲いこみは，各自の保有地を垣根でしきらない伝統的な開放耕地制度にかわって，ノーフォーク型輪作農法とい

第8章　資本の前史としての本源的蓄積

う近代的な農業方法を，耕地の所有形態からうらうちするためあらわれた。ノーフォーク型輪作農法は，各自に作物の種類や播種・収穫時期を強制することから，農業改良の困難な開放耕地制度とペアの三圃式農法(さんぽしき)とちがい，牧草地と休閑地を不要にして農業生産力を増進する性格をもち[5]，地主と資本家に規模の経済性の実現をせまった。囲いこみによって，共同的に利用される放牧地を私有地に転化できれば，大規模で有効な土地利用ができる近代的農法がなりたつ。近代的土地所有は，直接的なにない手で地代の増大を期待する地主のみならず，借地農である資本家にとっても労働生産性の増進にプラスになり，ここに資本家的な農業経営が成立する[6]。ぎゃくに，土地保有の権利のないすくなからぬ任意借地農（小借地農）[7]にとっては，共同地にたいする所有権がなくなれば，小規模な土地では穀作と牧畜の両立や条播機(じょうはき)などのすすんだ農業技術の採用もおぼつかず，小作農としての小経営はなりたたなくなり，結局は，土地を手ばなさざるをえないはめにおちいる（Ibid., Ⅲ, S.815）。議会制定法という暴力的でない近代的な形態をとりながらも，多数の任意借地農民が農業経営からの離脱に帰結するのは，少数の地主のもつ土地所有のおおきさが，囲いこみにたいして規定的な影響をもつためにほかならない。ノーフォーク型輪作農法を技術的な基礎に，穀物と家畜の増産をもたらす第2次エンクロージャーは，伝統的な開放耕地制度と三圃式農法をなくす点で，農業制度の根本的変化をひきおこす農業革命（第2次）である。近代的な土地所有制が確立する第2次エンクロージャーの展開時期からいって，本源的蓄積の完結は，機械制大工業によって資本に特有な生産方法を実現する産業革命とかさなりあう。

 1)　「自由農民保有地はただ貨幣納付義務だけを含むもので，ただ名目的にのみ封建的だった。」（*Kapital*, Ⅲ, S.883）
 2)　15世紀の最後の3分の1期から18世紀末まで，耕地と牧場との比率は，3対1から1対3へと逆転した（*Ibid.*, Ⅰ, S.756）。
 3)　「農奴でさえも，たとえ貢租の義務を負う所有者だったにせよ，自分の家に付属する零細地の所有者だっただけではなく，共同地の共同所有者でもあった。」（*Ibid.*, S.745）

4) 1846年の穀物法廃止は，産業資本家による経済的な支配確立の一指標でもある。1815年の穀物法は，高穀物価格→高地代の因果関係によって事実上地主の利益をはかる法律で，ナポレオン戦争（1803-15年）終結後，穀物流入の増加による穀物価格の低下をふせぐため，外国からの穀物輸入を制限した（Ibid., Ⅲ, S.639f.）。一方，穀物法は，賃金上昇による産業資本家の剰余価値削減につうじる。穀物法廃止は，支配者内部で産業資本家が地主をせいしたしるしである。ここに，自由貿易体制は，保護貿易主義を圧倒した。穀物法の廃止は，機械の採用や耕作の大規模化などの面で，イギリス農業におおきなインパクトをあたえた（Ibid., Ⅰ, S.705f.）。1846年には，植民地貿易をイギリスの船舶に限定する航海条例も廃止された。
5) 最初にはじまった地名にちなむノーフォーク型輪作農法では，休閑地が廃止され，小麦（冬まき穀物）→カブ→大麦（春まき穀物）→クローバーの輪作がおこなわれる。三圃式農法で耕地とは別に存在した冬期飼料用の牧草地は，耕地に転化する。同時に，カブとクローバーの栽培によって土壌が肥沃化し，飼料不足解消から冬期の家畜飼育が可能になるため，家畜数増加がもたらされ，穀物と家畜の両方の生産が増大した。こうして，ノーフォーク型輪作農法による農業革命は，機械制大工業に必要な労働力を供給するとともに，増大する労働者の食料需要にもこたえる役目をになった。
6) 「近代的農業はイギリスでは18世紀の中ごろからはじまる。」（Ibid., S.702）
7) 18世紀後半には，「独立のヨーマンに代わって任意借地農業者すなわち1年の解除予告期間を条件とする比較的小さい借地農業者で地主の恣意に依存する隷属的な一群が現われた。」（Ibid., S.753）ここで，「任意借地農業者」とは，「17世紀の最後の数十年間にも，独立農民層であるヨーマンリは，まだ借地農業者の階級よりも人数が多かった」（Ibid., S.750）というばあいの「借地農業者の階級」とおなじである。

2 産業資本の生成

　農民からの土地の収奪は，直接には，旧領主をよりおおきな近代的土地所有者に転化するにすぎない。それでは，資本家はどこから発生したのかといえば，生産者の圧倒的な多数がはたらく領域は農業部面だから，生産者と生産手段の分離は，最初農業資本家をうみだした。農業資本家つまり借地農業者の最初の形態は，地主からまかされた農場経営の請負人であった。しかし，それがさらに生産手段を地主から供給される借地農業者におきかわり，それもまた，生産手段の一部を自分で投下し，収穫の半分を地主に上納する半借地農業者へと変化しつつ，本来の借地農業者が生成した。とりわけ，第1

第 8 章　資本の前史としての本源的蓄積

次囲いこみによる農業革命（第1次）は，牧場拡張にともなう家畜増加とそれに対応した豊富な肥料供給とによって，借地農業者をとませた。また，16世紀の水銀アマルガム法と新大陸（ペルーとメキシコ）での銀山発見にもとづくいわゆる価格革命[1]は，商品価格にたいする賃金や地代の相対的な低下をもたらし，長期の借地契約という条件もあいまって，企業利潤の増大に貢献し本源的蓄積を促進した（*Ibid.*, S.771f.）。こうして，おそくとも16世紀末には，富裕な農業資本家が誕生した。

　農業革命をともなう囲いこみは，労働者と生産条件の分離にともなう生産条件の商品化をひきおこし，産業資本のための国内市場の創出をもたらした。封建制までの社会では，衣食住にかかわる生活に必要な生産物は，ほとんどが自給自足によってまかなわれた（現物経済または自給経済）。ここに，商品経済としての資本主義とは対極的な生産の性格がある。そこで，囲いこみによって農民が耕地をうしなえば，穀物をはじめとする食料が農業資本家によって商品として販売される市場があたらしく形成されることになる。また，農家は，自家消費のため，たんに食料だけではなく，たとえば，牧畜によって羊毛をとり，それをおって当時麻とならぶ主要な衣料であった毛織物もつくっていた。農業をはじめ狩猟や漁労などの生産活動には，労働用具が不可欠である。道具の製造は農業の副業をなし，工業は，農村家内工業として農業と一体のもとにいとなまれることが，当時の生産活動の特色である。そこで，農民からの土地の収奪がもたらす必然的な帰結の一つとして，牧畜業者は，羊毛を毛織物業者に販売する一方，その毛織物業者は，農家を国内市場としてみいだし，マニュファクチュアとして大規模な生産活動を実現できる事態がうまれることになった。農業からの工業労働の分離[2]によって，農村家内工業が破壊されることにともなって，14世紀後半から発展しはじめたイギリスの毛織物工業は，16世紀に興隆のバネがあたえられた[3]。囲いこみを一大契機として，労働者がこれまで自家生産した生産手段と生活手段は，資本家による生産活動の固有な対象へと転化することになり，資本家によって商品として供給される国内市場形成の道がきりひらかれた。農業資本家は，生産物の販売市場を産業資本家や労働者にみいだし，マニュファクチ

245

ュアは，農業資本家や労働者を国内市場として確保する事態がうまれたのである。こうして，農業革命は，国内市場の創造をつうじて，毛織物工業を基軸とする産業資本の形成をうながした。

　産業（工業）資本家は，かたつむりの歩みをしめす借地農業者の形成よりももっとあしばやに生成した。最初，囲いこみによって，独立生産者は，大多数が生産条件をうしなって労働者に転落する一方，その一部分は，その蓄積財源によって事業を拡大した。けだし，独立生産者の1労働日は，すべて必要労働からなりたつ一方，その必要労働には蓄積財源を生産するための労働支出が内包されているからである[4]。そこで，一部の独立生産者は，蓄積財源をもとに，囲いこみによって排出された労働者をやといいれ，さらにそこからえられた剰余価値によって生産規模を拡大した（Kapital, Ⅲ, S.807）。他方，生産者の一部分は，工場規模拡大にもとづく商品低廉化を武器にした競争によって，ほかの生産者を市場からおいおとし，同職組合の親方をおおきくしのぐ産業資本家へと転身した[5]。資本家による生産活動には，同職組合規則のように，使用できる職人数の制限がなくなったため，前貸しされる最低必要価値額は，中世のばあいに比してはるかにおおきくなる。こうして，中世の同職組合の規模をはるかにこえる労働者をもつマニュファクチュアの時代が，16世紀なかごろ本格的にはじまることになった。

　しかし，産業資本は，それ自身の生産活動による自生的な展開だけでは，あらたな世界市場からの商品需要の充足に必要な資本蓄積をまかなえなかった。そこで，高利資本と商人資本の二つの形態の前期的資本によって，生産条件の分散の基礎上で，絶対王政の国家権力のたすけをかりて蓄積された貨幣資本は，産業資本への転化の原資としておおきな役割をはたした。商人資本は，16世紀から17世紀にかけて，原料などを個々の生産者に前貸しして加工賃（手間賃）を支払い，できた製品を回収する経営形態の問屋制前貸制度をつうじ，生産者を間接的に支配するにすぎなかった。独立生産者の両極分解による資本家と労働者の関係が本源的になりたつ前提上で，前期的資本のもとでの蓄積された貨幣資本は，産業資本へ転化し，生産者が資本家になる本道を補完した。まさに前期的資本による貨幣財産の蓄積は，産業資本

発展の歴史的前提である。

　マニュファクチュア時代開始1世紀半後の17世紀すえ，市民革命によるブルジョア国家の成立とともに，貨幣資本の産業資本への転化を促進する本源的蓄積の方法として，植民制度・国債制度・近代的租税制度・保護貿易制度の四つが体系化された。

　植民制度は，もともと軍隊や官僚制など絶対王政を維持増強する経費をまかなうため，いとなまれた。チューダー朝（1485-1603年）とスチュアート朝（1603-1649年）にわたる絶対王政では，大貴族の一人にすぎなかった国王がいわば群雄割拠するそれ以前の封建社会とことなり，中央集権的な体制が成立する。そこで，絶対王政は，国民国家成立にともなう政治権力の統一を目的として，強力な軍隊と官僚組織を必要としたため，国家経費が膨張したのである。絶対主義のもとでの特有な経費をまかなうため，16世紀なかごろから，国王は，上納金とひきかえに特許状を交付する一方，前期的資本（特許貿易会社）は，北米東岸（タバコ・小麦）と西インド諸島（砂糖・綿花）に植民地を開拓し，植民地経営が成立した。前期的資本は，本国による製品販売と植民地からの原料購買の独占をつうじ，貨幣資本を蓄積した。「植民制度によって（禁止的関税制度と同時に），最初の発展期における産業資本は，暴力的に一つの市場またはいくつもの市場を確保しようとする。」（Mehrwert [7] S.1467, 圏点―マルクス）17世紀後半の3度にわたる英蘭戦争の結果，オランダから商業覇権をうばいとることによって，イギリスは，18世紀に，植民地を従属させる宗主国としての決定的な優位性をもった。本国による植民地の生産物の大量輸入は，ぎゃくに本国からの工業製品の輸出を可能にした[6]。毛織物工業は，18世紀はじめ輸出額の半分をしめるほど繁栄したが，植民地は，毛織物をはじめとするマニュファクチュアにとって必須の販売市場をなし，その資本蓄積をバックアップした。18世紀すえ，アメリカと西インド諸島への輸出額は，イギリスからの輸出の過半をしめていた。航海条例（1651年）は，植民地貿易をイギリス船舶で独占させたため，商人資本におおきな貨幣集積をもたらした。植民制度にようする莫大な費用は，国債制度によってまかなわれた。植民制度は国債制度の温室をなし，両者は不可

分のむすびつきをもつ。国債制度は，植民制度の費用をまかなうと同時に，集積された貨幣財産の安定的で有利な増殖部面として機能した。ちなみに，銀行業務をいとなむ独占権とひきかえに国債管理業務をまかされ，国債ひきうけのにない手として低利で潤沢な貨幣を供給する役割をはたしたのが，1694年創立のイングランド銀行である。国債の利子支払いの源泉は税金だから，国債制度の発展には，必然的に労働者への課税にあしばをおく近代的租税制度が影のようにともなう。租税の支柱は，関税を別にすれば，国内的には地租・消費税の二つである。租税は，国債利子となって前期的資本のもとへ移転し，貨幣資産をとませた。さらに，保護貿易制度は，一方で，輸入禁止（1700年捺染キャリコ輸入禁止・1720年捺染キャリコ使用禁止）や輸入関税によって外国商品の競争力をそぐとともに，輸出奨励金によって低価格での商品輸出を可能ならしめ，国内産業の保護育成に一役かった。まさに，保護貿易制度は，国内における製造業の発展を側面から援助した。マニュフクァチュア時代には，機械制大工業のばあいとぎゃくに，国外市場における商業上の優位性が産業上の優位性をあたえる。「マニュフクァチュア時代には，商業覇権が産業覇権をもたらす。」（『フランス語版資本論』［下巻］337［原］ページ）

　こうして，資本と賃労働をなりたたせる独立生産者からの生産条件の分離は，じっさいには，15世紀すえから19世紀はじめまで，あしかけ5世紀にもわたる本源的蓄積の過程としてはじめて実現される[7]。つまり，長期にわたる本源的蓄積の過程で実現される独立生産者の両極分解を別の仕方であらわせば，労働者からの生産条件の分離としてあらわされる。一見すれば，本源的蓄積のじっさいの過程は，独立生産者の両極分解をシンプルにはしめさない。しかし，資本の本源的蓄積が，それが現実にはいかに多面的な要素からなりたつとしても，本質的には労働者からの生産条件の分離過程として規定される。だから，資本の本源的蓄積は，封建領主による身分的な隷属のゆるんだ独立生産者の両極分解を基軸に展開される[8]。多数の独立生産者に保有された土地は，旧領主のもとにその所有が集積するとともに，土地以外の生産条件は，ごく一部の独立生産者による排他的所有の対象になる。ここ

第8章 資本の前史としての本源的蓄積

に，土地をふくめた生産条件の独立生産者からの収奪によって，一方の極での近代的土地所有と資本，他方の極での賃労働の対立関係からなる産業資本の生産形態が確立する。

1) 16世紀の貨幣減価（＝金生産に必要な労働分量の低下）による価格革命の影響については，Kapital, Ⅲ, S.807, Mehrwert [5] S.596,『哲学の貧困』183ページ,『賃労働と資本』54-5ページ に言及がある。また，16世紀以来の金供給の増加は，商品流通の増大に必要な貨幣をまかない，資本主義発展の条件をになった（Kapital, Ⅱ, S.345）。
2) だから，純農業労働は，それ自身，近代社会がうみだした独自な産物である（Ibid., Ⅲ, S.646）。
3) 「大工業時代以前には，羊毛マニュファクチュアがイギリスの支配的なマニュファクチュアだった。」（Ibid., Ⅰ, S.401）
4) 貨幣地代の成立にともなって独立自営農民が手にいれる「胚芽的利潤」（Ibid., Ⅲ, S.806）とは，必要労働にふくまれた蓄積財源である。
5) 第4節「資本家的借地農業者の生成」から第6節「産業資本家の生成」の展開は，マルクスのつぎの命題と背反するかにみえる。「資本主義的生産は農業ではなく工業で始まり，そのあと農業をだんだんに支配してゆく。」（Mehrwert [7] S.1289）

   マルクスによれば，資本は機械によってその性格に適合する生産形態をもつため，資本主義は，工業部面で確立する。機械の製造はもちろん，機械の採用も，最初工業部面で実現される。そのため，機械制大工業の成立によってはじめて，資本主義的農業は，その恒常的な基礎があたえられる（Kapital, Ⅰ, S.776f.）。だから，資本主義の歴史的な生成過程と機械制大工業の基礎上での二つの産業部面の関連とは，基本的に相異なる二つの事柄である。
6) イギリスの植民制度は，同時にアフリカ西海岸での黒人奴隷の取引を仲介した三角貿易によってなりたつ。イギリス本国からの綿布や鉄砲の輸出のみかえりに，アフリカでは黒人奴隷が調達されて西インド諸島の植民地にはこばれ，プランテーションで労働力として酷使された。植民地でつくられた砂糖・タバコ・綿花は，本国へ輸出され，本国・アフリカ西岸・植民地三者の取引関係が完結する。アフリカ西海岸での奴隷売買を媒介にしたイギリス本国と西インド諸島との三角貿易の大動脈は，アフリカから西インド諸島への奴隷輸送である。黒人奴隷の労働力が調達されなければ，16世紀前半からはじまったとされる奴隷制プランテーションはなりたたないからである。奴隷貿易の中心的なにない手は，国王の特許状で1660年に設立された王立アフリカ会社である。西インド諸島をはじめとする新大陸の原住民は，過酷な労働やチフスなどの伝染病によって激減してしまったためである。

   イギリスの国民的な嗜好品の紅茶に不可欠な砂糖は，西インド諸島の植民地

にゆらいする。一方，がんらい，茶も飲茶の習慣も存在しなかったイギリスで，茶は，イギリス東インド会社をつうじて中国から輸入された産品である。もともとおなじ茶の葉は，蒸すか発酵させるかという加工の違いによって，緑茶か紅茶かにわかれるにすぎない。イギリスの紅茶は，17世紀ごろから，中国からの茶と西インド諸島からの砂糖とのむすびつきからうまれた近代社会の発明品である。18世紀ごろには，砂糖・茶・タバコの取引量が増大したため，世界貿易にしめる香料の割合は低下した。当時，イギリス綿工業の中心都市をなし，世界最大の工業都市でもあったマンチェスターにたいして，綿花の輸入と綿製品のつみだしの役割をはたしたリバプールは，ブリストルとともに，奴隷貿易船の根拠地としてもさかえた (Kapital, Ⅰ, S.787)。イギリス綿工業の隆盛は，奴隷制プランテーションの拡大とペアである。綿工業が植民地での奴隷労働にもとづく点で，産業革命は，奴隷制にささえられた面をもつ。本源的蓄積が国際的な契機を本質的な要素としてもつように，産業革命も，原料の調達や販売市場の面で，国際的なひろがりのなかでなりたつ。

7) 本源的蓄積が資本主義的生産の前史をなすのに，産業革命とほぼ同時に終了するというのは，つじつまがあわないかにみえる。けだし，マニュファクチュアは，それ自身産業資本をなし，資本の独自な存在形態だから，本源的蓄積が機械制大工業への移行期までつらぬくという主張は，それが資本の歴史的生成をあらわすという規定と背反するかにおもわれるからである。

　なるほど，産業資本は，最初工場制手工業としてあらわれるが，道具による生産活動そのものは，いまだ過去の労働による生きた労働の支配という資本の特有な本性を体現していない。機械制大工業こそ，資本に独自な生産様式として産業資本にもっとも適合的な存在形態である。だから，資本の生産様式に先行する本源的蓄積も，産業資本の完成した存在形態の成立とともに，その使命をおえるのである。そもそも，マニュファクチュアは，国民的生産を部分的にのみ支配するひとつの生産様式にすぎず，その土台には農村家内工業がはばひろく存在した。だから，工場制手工業は，支配的な生産様式をなさず，独立自営の労働者をのこしているため，産業革命期まで，本源的蓄積は継続することになる。「資本主義的生産はその諸条件の発展と同時に発展する。」(Kapital, Ⅱ, S.345)

8) 日本における本源的蓄積は，地租改正によって土地所有権がみとめられた自作農の両極分解と地租を原資とした殖産興業（官営事業創設とその払いさげ）とを二本柱として1870年代からの20年間におこなわれた。とりわけ1877年の西南戦争の戦費調達を目的とする紙幣増発にたいして，緊縮財政（増税と歳出圧縮）が強行された松方デフレ期（1881-85年）は，資本蓄積の原資を供給する役割をになった寄生地主制を確立した点で，本源的蓄積の絶頂期に位置する。

第9章　資本主義的所有と個人的所有の再建

　資本に歴史的な出発点があるとすれば，それに対応して，歴史的な終着点があることになる。第24章第7節「資本主義的蓄積の歴史的傾向」は，本源的蓄積という資本主義の事実的な前提に対応する歴史的な帰結をとき，資本主義を社会的生産の相対的な形態として完結性をもたせ，説明をしめくくる位置づけをもつ。一般に，ものごとは，それがげんにどういうしくみでなりたっているか（存在そのもの）にくわえて，それがいかにしてうまれたか（生成）とそれが将来どうなってゆくか（消滅）の三面によってはじめて，全体をしることができる。そこで，第23章までと第24章第1節—第6節とで，資本主義のしくみとその生成の二面が考察されたから，最後の課題として，資本主義の未来にスポットをあてるべき順番になる。第7節は，資本主義のしくみに対応するその否定としての社会主義の基本性格を論じる。
　第7節での問題の焦点は，資本主義的所有の否定によって，結合生産様式のもとでうまれる個人的所有の再建とはなにかである。おもうに，個人的所有の再建とはなにかという本質的には簡単な問題のブレーキは，資本主義的所有とはなにかが不明確である現状にある。なぜなら，個人的所有の再建は，資本主義的所有の否定によってなりたつから，それがなにかをとくカギは，否定される資本主義的所有そのものにひそむからである。さきまわりしていえば，資本主義的所有とは，資本の本質的機能としての剰余価値の取得をさす。すなわち，資本主義における富の基本形態は，生産物の特殊歴史的な形態としての商品であるが，資本主義は，剰余価値を目的とする生産形態だから，商品生産によってうまれる剰余価値こそ，資本主義にとって富の特有な形態である。「資本の本来の独自な生産物は剰余価値である。」(*Kapital*, Ⅲ, S.386) 剰余価値が資本主義にとっての富の固有な形態だとすれば，資本主義的所有とは，商品にふくまれる剰余価値の所有をさす。資本による剰余

価値の創造は，同時に資本主義的所有の成立でもある。だから，資本主義的所有が剰余価値創造をあらわすとすれば，その否定によって再建される個人的所有とは，搾取の廃絶にともなう全労働成果の労働者による取得をいみすることになる。個人的所有の再建は，剰余価値論の延長線上に位置する第Ⅰ巻の最終命題である。

『資本論』に最初に批判のほこさきをむけたデューリングは，資本主義的所有の否定によって生成する社会的所有が，同時に個人的所有を再建するというマルクスの命題にたいして，生産手段の社会的にして個人的な所有というのは，水と油のように二つの異質で融合しない要素を機械的に合成する点で瓢箪にナマズのようなつかまえがたい主張だとなんじた。これにたいして，1844年8月パリでのめぐりあい以来マルクスと親交をむすび，当時『資本論』にだれよりも通暁する立場にあったエンゲルスは，『反デューリング論』（1778年執筆）で個人的所有の再建命題を提出した第7節の周知の箇所を引用したうえで，つぎのように反駁して，マルクス擁護をこころみる。「収奪者の収奪によってつくりだされる状態は，個人的所有の再興ではあるが，しかし，土地と労働そのものによって生産された生産手段との社会的所有を基礎とする再興である，と言われているのである。ドイツ語のわかる人ならだれにとっても，この文章は，社会的所有というのは土地とその他の生産手段とにかんするものであり，個人的所有というのは生産物すなわち消費手段にかんするものであることが，このことの意味である。」（『反デューリング論』[1] 214ページ，圏点―エンゲルス）ようするに，社会的所有と個人的所有の二つは，別々の対象にたいしてなりたつため，デューリングの批判はあたらないというのである。しかし，エンゲルスの説明は，その主観的な意図にはんして，個人的所有の再建命題にこめたマルクスの主眼点を根っこからくつがえす欠陥をふくむ。

そこで，本章では，剰余価値生産が資本主義的所有を形成するゆえんをかため，その否定によってうまれる個人的所有の再建は，搾取の廃絶にともなう全生産物の労働者への帰属をさすことをとく。本章によって，個人的所有の再建とはなにかをめぐる一大論争は，エンゲルス説をふくめ，発端のデュ

第9章　資本主義的所有と個人的所有の再建

ーリング（1833-1921年）がもうけた土俵上を旋回したという冷厳な事実があきらかになろう。デューリングによるマルクス批判の支点は，個人的所有をふくむ三つの所有を生産手段の所有形態とみなす最初のボタンのかけちがえにあるのに，今日までの全議論は，それを根本前提にしてなりたつからである[1]。

> 1) おもうに，エンゲルスは，デューリングに，つぎのようにきりかえすべきであった。第24章第7節で，社会的所有をはじめとする三つの所有は，生産手段の所有形態ではなく，特定の生産様式における富の所有の独特な仕方をあらわす。だから，労働者による富の取得の特有な表現である社会的所有は，出発点にある個人的所有のもつ本質的な要素を復活させ，その否定の否定をなりたたせる。デューリングにあっては，否定の否定がなりたつ直前の資本主義的所有は，他人の剰余労働を対価なしに取得する剰余価値生産をさすという事実が理解されていない，と。大局的にみれば，デューリングとエンゲルスのあいだの批判と反批判を原型とする今日までの議論はすべて，批判者の土俵上での『資本論』に背反した対立にすぎない。三つの所有を生産手段の所有形態とみなすデューリング説の核は，先行研究にたちはだかる堅牢不落のうちなる城壁である。個人的所有の再建をめぐる先行研究は，孫悟空がお釈迦さまのてのひらのなかでうごきまわったエピソードをおもいださせる。

第1節　資本家と個人的所有

　資本主義では，生産物である商品は，単純流通を媒介にして，生産過程にその要素としてはいりこみ，たえまなく再生産される。そこで，自己労働にもとづく所有すなわち個人的所有は，商品生産者とみられるかぎりでの資本家になりたつ。本節で，自己労働にもとづく所有としての個人的所有の基本性格をときあかす。個人的所有の再建とは，結合生産様式という高次の段階での個人的所有のもつ本質的な要素の再現だから，個人的所有の概念の確定が問題解決の前提となる必須要件である。

　単純流通上で，資本家は，商品所有者として，相手方の商品を同じ分量の労働をふくむ自分の商品とひきかえにのみ入手できるため，自己労働にもとづく商品の本源的な所有者としてあらわれる。つまり，資本家どうしは，商

品の交換にさいして，おのおの商品の本源的所有者として相対するため，それぞれの商品の所有は，自己労働に根拠づけられた所有としてあらわれる。単純流通上で，資本家どうしは，自己労働にもとづいて本源的に所有された商品を交換するものとみなされる。

　ここで，自己労働にもとづく所有というばあい，その所有対象は，直接には商品としての生産物である事実に注意をようする。というのも，商品生産の絶対的な形態である資本主義では，商品としての生産物こそ，富の基本形態だからである。生産条件の所有は，富の基本形態である商品をつくるための前提条件にすぎない。商品としての生産物こそ，富の基本形態であるため，商品こそ所有対象としての富にほかならない。商品は，資本家にとっての個人的所有を代表する。「自己労働による商品の領有」(*MEGA*, Ⅱ/2 [3] S.50)または「ブルジョア社会の根本前提」(*Ibid.*, S.49, 圏点―マルクス)としての「自己労働の成果にたいする所有」(*Ibid.*, 圏点―マルクス)といわれるゆえんである。「所有と労働との分離」(*Kapital*, Ⅰ, S.610)は，労働者とその成果である生産物との分離をあらわすとすれば，自己労働にもとづく所有とおなじものとしての「労働と所有との同一性」(*Grundrisse* [2] S.377)は，自己労働によってつくられた生産物の取得をあらわす。

　第22章第1節で問題になる「商品生産の所有法則」(*Kapital*, Ⅰ, S.605)にあって，自己労働にもとづく所有の対象は，労働の成果としての生産物である。第22章には，独立生産者について，「生産物が生産者のものであって生産者は等価と等価とを交換しつつただ自分の労働によってのみ富を得ることができるという最初の時期」(*Ibid.*, S.613)という注目すべき文言がある。だから，自己労働にもとづく所有とは，直接には，自己労働にもとづく生産物の所有の簡略化された表現である。といっても，自己労働による生産物は，価値的にみて，その生産に消費された生産条件を補填する物質的な要素を内蔵するから，自己労働にもとづく所有という規定は，生産者による生産条件の所有という契機を排除しない。自己労働にもとづく所有が直接には自己労働にもとづく生産物の所有の簡単化だという事実は，それが「自分の労働によって得た，いわば個々独立の労働個体とその労働諸条件との癒合にもとづ

第9章 資本主義的所有と個人的所有の再建

く私有」(Ibid., S.790) といういいかえからもうらづけられる。このばあい，生産者が生産手段との結合にもとづいてなにを所有するかといえば，その所有対象は，労働成果としての生産物以外にはありえない[1]。生産者と生産手段との結合にもとづく所有が生産者による生産手段の所有を表現するとすれば，それこそ背理になる。「所有と労働との分離」とは，「労働と労働生産物の所有との分離」(Grundrisse [1] S.226)＝「労働と富との分離」(Ibid.) である。だから，自己労働にもとづく所有が「所有と労働の同一性」という別の表現をとるばあいの「所有」も，生産条件ではなく労働の成果としての生産物をいみする[2]。また，マルクスが第24章第7節の冒頭でつぎのようにいうばあいも，資本の生成によって解消される「自分の労働にもとづく私有」とは，自己労働にもとづく全労働成果としての生産物所有をあらわす。

「資本の本源的蓄積すなわち資本の歴史的生成は，どういうことに帰着するであろうか？それが奴隷や農奴から賃金労働者への直接の転化でないつまり単なる形態転化でないかぎり，それが意味するものは，ただ直接的生産者の収奪すなわち自分の労働にもとづく私有の解消でしかないのである。」(Kapital, Ⅰ, S.789) ここで，「直接生産者の収奪」とは，生産条件と労働者との分離と解されるが，それと「すなわち」でつながれた「自分の労働にもとづく私有」は，生産条件の所有を前提に規定される労働の全成果の取得をさす。本源的蓄積は，生産条件の所有の面とそれに規定される生産物の取得の面のペアからなりたつ個人的所有を，全体として止揚する役割をはたす。「労働生産物と労働そのものとの分離，客体的な労働条件と主体的な労働力との分離は，資本主義的生産過程の事実的に与えられた基礎であり出発点だった。」(Ibid., S.595, 圏点—頭川) つまり，本源的蓄積の役割は，生産条件の所有とそれに規定される生産物の取得の二つの面からなりたつ個人的所有の全体としての否定に帰着する。資本主義の廃絶は，生産条件と労働者との結合を回復させるとともに，搾取の解消によって自己労働にもとづく生産物の所有をとりもどすという両面の役割をはたすのとおなじである。自己労働にもとづく所有が労働成果としての生産物の取得をいみするから，個人的所有のもつ本質的な要素とは，生産者への全労働成果の帰属をさす。さきまわり

255

すれば，否定の否定とは，第一の事物に内在する本質的な要素が高次の段階にある第三の事物のなかに再生する両者の有機的な関連のことである。

　以上，本節で，単純流通上では，資本家にも，自己労働にもとづく生産物の所有としての個人的所有があてはまるしくみをといた[3]。最初の個人的所有をとりちがえれば，その否定の否定であやまった結論をうることは，三段跳びでのふみきりの失敗とおなじである。個人的所有は，自分の生産物の譲渡によってのみ他人の生産物を取得できる流通での「商品生産の所有法則」(Ibid., S.605)の根本前提である。商品生産の基礎上では，自分の生産物とひきかえにのみ他人の生産物を入手できるため，生産物の所有権のゆらいする自己労働が生産物獲得の本源的な手段としてあらわれる。自己労働にもとづく生産物の所有は，「本源的な領有過程」(MEGA, II /2 [3] S.48, 圏点—マルクス)をなし，自己労働とのひきかえでの他人労働の取得は，それを前提にした「第二次的な領有」(Ibid.)として位置づけられる。「商品生産の所有法則」は，自己労働にもとづく生産物の所有＝個人的所有の流通上でのあらわれである。

　ちなみに，自己労働にもとづく所有が資本主義の基礎上で「純粋な仮構」(Mehrwert [8] S.1818)・「ただの外観」(Grundrisse [2] S.367)だというマルクスの本意は，全労働成果の取得という契機が妥当しない面にかぎられる。つまり，等価なしで他人労働を取得する資本主義的所有でも，自己の商品の譲渡による他人の商品の取得という要素は，いぜんとして有効性をもつ。個人的所有は，単純流通が剰余価値生産の基礎であるかぎり，資本主義のなかで再生産される。資本主義的所有は，個人的所有から「取得の支配的形態としての譲渡」(Kritik, S.44)という「形式」(Kapital, I, S.609)をかり，オセロゲームのコマのように，等価なしでの他人労働の取得という正反対の「内容」(Ibid.)に一変する。「譲渡による取得は，…生産の社会的システムの基本形態である。」(Grundrisse [2] S.743)

　　1)　「労働者が自分の生産手段を所有しているということは小経営の基礎であ」(Kapital, I, S.789)るという文言は，生産条件の所有が前提となって生産物の取得をうみだす関係の指摘である。「小経営という生産様式にあっては，土地の

占有は労働者が自分自身の労働の生産物の所有者であるための一つの条件なのである。」(*Ibid.*, Ⅲ, S.815)
2)「「自己労働にもとづく所有が，流通の内部では，他人労働の領有の土台をなしている。」(*MEGA*, Ⅱ/2 [3] S.48, 圏点―マルクス)
　所有を労働から根拠づけるこころみについては，名誉革命の思想家ジョン・ロック（1632-1704年）『市民政府論』岩波文庫，鵜飼信成訳，第5章「所有権について」をみよ。ロックによれば，物質的財貨は，人類共有の自然から，あるひとの労働にもとづいてとりだされるため，それにたいする所有権は，そのひとに帰属するととかれる。所有権は，労働によってえられる生産物にたいしてなりたち，労働成果が所有物になる。「彼のみが，己の労働のひとたび加えられたものに対して，権利をもつ」(同上，33ページ)。フランス革命の精神的支柱ルソー（1712-78年）は，「耕作者に，その耕した土地の生産物に対する権利を…与へるものは独り労働だけである」（『人間不平等起源論』岩波文庫，本田喜代治訳，109ページ）と明言し，所有権を労働成果の面でとらえる。ルソーは，童謡「むすんでひらいて」の作曲者でもある。
3)「資本主義的生産様式は労働条件にも労働生産物にも独立化され疎外された姿を与える」(*Kapital*, Ⅰ, S.455)というとおり，資本主義での社会的な富の対立的性格は，生産条件と生産物の両面にあらわれる。だから，資本主義的所有は，生産条件と生産物のそれぞれにたいしてなりたつ。問題は，資本主義的所有が文脈におうじてあらわす内容いかんにある。従来の欠陥は，資本主義的所有を資本家による生産条件の排他的所有で代表させる既成観念にある。

第2節　他人労働の搾取にもとづく生産物の所有

　前節でといた個人的所有は，資本家を商品生産者として抽象化したかぎりで妥当するにすぎない。単純流通の基礎上で剰余価値生産がなりたつ関係と対応して，個人的所有は，剰余価値創造によって，正反対物である資本主義的所有にとってかわられる。本節で，個人的所有は，剰余価値生産によって，他人労働の搾取にもとづく生産物の所有としての資本主義的所有へと転回するメカニズムを考察する。
　資本主義的所有は，資本が一番の目的とする剰余価値を対象としてなりたつため，たんなる個人的所有とは正反対の内容に変質してあらわれる。すなわち，資本の生産過程では，自己労働にもとづく生産物の所有という外観の

もとで，等価物なしでの他人労働の取得がなりたつ。「剰余価値形成すなわち等価物なしでの他人労働の取得」(MEGA, II /3.6 [9] S.2218) とか「搾取すなわち他人の不払労働の取得」(Kapital, III, S.399) とかいわれるとおりである。ここで，剰余価値こそ，資本主義における富の特有な形態だから，等価なしでの他人労働の獲得という独特な仕方をあらわす資本主義的取得様式は，取得対象の面からみれば，資本主義的所有を形成する。剰余価値生産が資本主義における特殊歴史的な富をうみだす因果をふまえれば，資本家にとって富の取得は，イコール資本主義的所有の形成になる。「資本主義的所有」(Ibid., I, S.613) は，なによりも資本家にとっての富の取得をあらわす。「資本すなわち他人労働の生産物にたいする私的所有」(『経済学・哲学手稿』51ページ，圏点─マルクス) という注目すべき文言がしめすように，資本主義的所有は，資本の本質的な機能である剰余価値創造によって代表される。資本は，剰余価値という特殊歴史的な富の取得によって，資本主義的所有を実現する。資本主義的所有とは，対象化された労働が生きた労働の一部を交換なしで取得する剰余価値生産の別名である。「他人の労働ではあるが形式的には自由な労働の搾取にもとづく資本主義的私有」(Kapital, I, S.790) という第24章第7節での一文からも，他人労働の搾取にもとづく所有とは，自己労働にもとづく生産物の所有の転化形態として，取得対象の面からみた剰余価値創造の別表現であることがうらうちされる[1]。資本蓄積の過程にあっては，剰余価値をうみだす資本そのものが剰余価値からなりたつため，流通での等価物どうしの交換は，他人労働でもってよりおおきな他人労働を入手する「資本主義的取得法則」(Ibid., I, S.605) としてあらわれる。自己労働にもとづく個人的所有は，等価物どうしの交換である「商品生産の所有法則」(Ibid.) になるのと対応して，他人の不払労働の取得をあらわす資本主義的所有は，資本主義的取得法則としてあらわれる。個人的所有が資本主義的所有に転化するとすれば，商品生産の所有法則は，資本主義的取得法則に転化する。じっさい，「所有は，今では，資本家の側では他人の不払労働またはその生産物を取得する権利として現われ」(Ibid., S.610) るというとおり，「資本主義的取得法則」の本体は，剰余価値の創造で代表される資本主義的

第9章 資本主義的所有と個人的所有の再建

所有からなりたつ。資本蓄積過程で，剰余価値生産のもとでなりたつ資本主義的所有は，資本主義的取得法則としてあらわれる。個人的所有と商品生産の所有法則の関係とおなじように，資本主義的所有は，資本主義的取得法則の基本形態である。

　マルクスは，第25章「近代植民理論」の冒頭で，「二つの非常に違う種類の私有」(*Ibid.*, S.792) の古典派経済学による混同を指摘している。ここでは，生産物こそ労働の成果としての所有対象であるため，「生産者自身の労働にもとづく」(*Ibid.*) 生産物の所有か「他人の労働の搾取にもとづく」(*Ibid.*) 生産物の所有として，個人的所有と資本主義的所有とは区別される。商品としての生産物が資本主義での富の基本形態だから，自己労働にもとづくか他人労働の搾取にもとづくかという，労働成果の取得の面に着目した所有の区別こそ，個人的所有と資本主義的所有とをわかつ。おなじ私的所有でも，個人的所有と資本主義的所有とは，取得される成果が自己の必要労働の全体か他人の不払労働かという点で，正反対の性格を内蔵する。『共産党宣言』で，「近代のブルジョア的な私的所有」(『共産党宣言』45ページ) は「人による人の搾取にもとづく生産と生産物の取得との最後のもっとも完成された表現」(同ページ) と規定される。

　以上，本節で，単純流通から剰余価値生産への移行に対応して，自己労働にもとづく生産物の個人的所有が，同時に他人労働の搾取にもとづく生産物の資本主義的所有へと転変するすじみちを解析した[2]。資本主義的所有が他人労働の搾取にもとづく生産物の所有で代表されるのは，資本がその本質的機能である剰余価値生産で表現されるのとおなじである。資本が剰余価値生産で代表されるとすれば，資本主義的所有は剰余価値取得で表現される。資本主義的所有は，おなじ資本家のもとで個人的所有を基礎になりたつ一方，等価なしでの他人労働の取得をふくむ面で「富の取得の新しい形態」(*Mehrwert* [7] S.1249, 圏点—マルクス) である[3]。だから，「社会的所有」(*Kapital*, I, S.791) をふくめた三つの所有形態は，それぞれの生産形態に特有な富の形態の面からみた取得方法にほかならない。

　1) 資本主義的所有とは剰余価値生産の表現であるかぎり，資本主義的所有を論

じることは，資本主義の社会関係を説明することとおなじである（『哲学の貧困』207 ページ）。
2) 　資本家という同一の主体のもとで，個人的所有と資本主義的所有とがかさなる関係は，つぎのマルクスの文言にもしめされる。「自己の労働の生産物の私的所有は，労働と所有の分離と同一である。」(*Grundrisse*〔1〕S.160) ここで「自己の労働の生産物の私的所有」という表現がしめすとおり，自己労働にもとづく所有の対象は，労働の成果としての生産物である事実が検証される。
3) 　エンゲルス説では，資本主義的所有が剰余価値生産を代表するという問題解決の根本前提が排除される。エンゲルスにとって，資本主義的所有の否定である社会的所有は，生産手段の所有形態にかかわるからである。資本主義的所有のばあいとおなじように，社会的所有は，労働者による富の取得の特有な仕方をあらわす社会主義的所有と等価である。

第3節　資本主義的所有と否定の否定

　前節で，資本主義という同一の基礎上で，個人的所有が資本主義的所有へと転化する関連をといた。資本主義で，生産条件の排他的所有によって，労働生産性は，古今独歩のはやさで増進する一方，そのにない手である労働者の取得分は，労働力の再生産にようする分量に制限される。そこで，社会的労働の生産力と取得の資本制的な性格とのあいだの矛盾は，資本蓄積とともに増大する。そのため，取得の資本制的な性格の淵源である対立的な生産関係は，生産条件の収奪によって破砕され，生産力増加の主因である生産の社会的性格と調和する。資本主義は，生産条件の共同所有によって生産と取得とのあいだに矛盾がなく，生産力のいっそうの発展が促進されるより高次の生産形態へ推転する。「資本主義的生産様式から結合労働の生産様式への移行」(*Kapital*, Ⅲ, S.621) がなりたつ。
　ところが，剰余価値生産が資本主義的所有を代表するとすれば，資本主義廃絶にともなう個人的所有の再建という『資本論』第Ⅰ巻全体の最終命題の含意もおのずからとける。結合生産様式では，生産条件が共同所有にうつされる結果，独立生産者のばあいとおなじように，全労働成果が労働者に帰属する。そのため，資本主義時代の剰余労働は消滅し，1労働日のすべてが必

第9章 資本主義的所有と個人的所有の再建

要労働になる。「資本主義制度が廃止されれば,剰余労働が消滅し,労働日はそっくりそのまま必要労働に縮小されうるであろう。」(『フランス語版資本論』[下巻] 228 [原] ページ) 必要労働は,一方では,労働力の再生産に限定された資本主義時代のせまいわくがとりのぞかれ,その範囲を拡大する。他方では,労働者の所有になる生産条件の拡大がその再生産のなかに内包されるため,蓄積財源をつくる労働は,必要労働に転化する[1]。「結合された生産者たち」(Kapital, Ⅲ, S.828) のもとでは,生産条件の共有によって剰余労働が消滅し,全労働成果が労働者にぞくする特有な取得様式としての「社会的所有」(Ibid., Ⅰ, S.791) がなりたつ。資本主義的生産様式に資本主義的所有が対応する関係とおなじように,高度な生産力と生産条件の共有とを車の両輪とする結合生産様式の基礎上に,社会的所有が従属的に成立する。結合生産様式というあらたな生産形態では,搾取の廃絶によって労働者に労働成果のすべてが所有され,個人的所有の本質的要素があらためてなりたつ。本節で,個人的所有の再建とは,労働者による全労働成果の取得という個人的所有のもつ本質的な契機の復活をいみする根拠を提出する。

> [1] 第Ⅰ巻第5篇で,搾取の廃絶後,必要労働に転化する蓄積財源や予備財源をつくる労働が「今日の剰余労働の一部」(Ibid., S.552) だというのは,のこりの部分が資本家の消費財源にあてられるためである。だから,「今日の剰余労働の一部」である蓄積財源や予備財源をつくる労働が必要労働に転化すれば,搾取の廃絶によって,剰余労働はなくなる。マルクスにとって,剰余労働は階級社会に固有な範疇である。

1 全労働成果の取得の再生

すでにのべたように,第24章第7節冒頭で,本源的蓄積の役割は「自分の労働にもとづく私有の解消」すなわち労働者による全労働成果の取得の否定にあると明言的に規定される。つづいて,自己労働にもとづく所有は,「他人の労働ではあるが形式的には自由な労働の搾取にもとづく資本主義的私有」(Ibid., S.790) におきかわるむね,本源的蓄積のはたす役割があらためてふえんされる。マルクスによれば,資本の歴史的生成による個人的所有の

資本主義的所有への転化は,自己労働にもとづく生産物の所有から他人労働の搾取にもとづくそれへの転化である。そのあと,高度な生産力と生産関係との矛盾の深化による資本主義廃絶後の社会的所有について,つぎのようにとかれる。

「資本主義的生産様式から生まれる資本主義的取得様式したがってまた資本主義的私有も,自分の労働にもとづく個人的な私有の第一の否定である。しかし,資本主義的生産は,一つの自然必然性をもって,それ自身の否定を生みだす。それは否定の否定である。この否定は,私有を再建しはしないが,しかし,資本主義時代の成果を基礎とする個人的所有をつくりだす。すなわち,協業と土地および労働そのものによって生産される生産手段の共同占有を基礎とする個人的所有をつくりだすのである。」(Ibid., S.791)

社会的所有の内面での個人的所有の再建をめぐる最大のポイントは,係争問題文中の最初の「資本主義的私有」=資本主義的所有とはなにかにある。ここで,資本主義的所有は,それが資本主義的取得様式と同義である文脈からもわかるように,剰余価値生産とおなじ他人労働の搾取にもとづく生産物の所有をさす。「資本主義的生産様式から生まれる資本主義的取得様式[1]」とあるように,資本主義的取得様式が資本主義的生産様式によって規定された等価なしでの他人労働の取得をいみすることから,それと同義の資本主義的所有は,生産活動の結果に集約される剰余価値生産をさすという合理的な推論がなりたつ。また,資本主義的所有が剰余価値生産をさすことは,それと「自分の労働にもとづく個人的な私有」との対応関係からもうらづけられる。「自分の労働にもとづく個人的な私有」とは,直前の「自分の労働によって得た,いわば個々独立の労働個体とその労働諸条件との癒合にもとづく私有」すなわち自己労働にもとづく生産物の所有とおなじだからである。ようするに,最初の一文で,剰余価値生産にしめされる資本主義的所有は,自己労働による全成果の取得からなる個人的所有の否定であるといわれる。

つづいて,資本主義的所有の否定は,生産条件の共有などの資本主義時代の成果を基礎とする個人的所有の再建をうみだすという懸案の命題が提起される。ここで,『資本論』での「生産様式」(Ibid., S.334)は,生産条件の所

第9章　資本主義的所有と個人的所有の再建

有に規定された特定の生産方法をさし，労働過程と生産関係という二つの要素の統一からなりたつ。だから，「協業と土地および労働そのものによって生産される生産手段の共同占有」は，大規模協業と生産条件の共有との立体的な統一からなる「結合生産様式」(*Ibid.*, Ⅲ, S.456) または「結合労働の生産様式」(*Ibid.*, S.621) をあらわす。「協業」は，分業や機械をふくむ高度な生産力の契機を代表し，一言にしていえば，それが発揮される社会的な労働過程をあらわす。「協業は，社会的労働の生産性を増大させるためのすべての社会的な手だての基礎をなす一般的形態である。」(*MEGA*, Ⅱ /3.1 [4] S.229, 圏点—マルクス) また，「土地および労働そのものによって生産される生産手段の共同占有」は，対立的な生産関係の廃絶にともなう全労働者への生産条件の帰属つまりあたらしい生産関係の成立をいみする。だから，「協業と土地および労働そのものによって生産される生産手段の共同占有」の全体は，高度な生産力と生産条件の共有の二つの要素からなりたつあたらしい生産様式を表現する。

　そうだとすれば，結合生産様式は，なぜ「資本主義時代の成果 (die Errungenschaft)」であるかその含意いかんがとわれる。マルクスにあって，結合生産様式は，それ自体が資本主義的生産の内在的な産物をなす点で，資本主義という母胎からの成果ととらえられる。共同的生産様式が「資本主義時代の成果」であるとは，それが資本主義という生産形態自身がはぐくんだその所産だということに帰着する[2]。未来は現在のなかにその姿をかくしている。「ブルジョア経済の最後の成果 (Resultat) であるそれ自身の否定[3]」(*Grundrisse* [2] S.589) という文言がしめすように，資本主義の否定をあらわす結合生産様式は，資本主義それ自体の結果である。結合生産様式が「資本主義時代の成果」であるとは，「資本主義的生産は，一つの自然必然性をもって，それ自身の否定を生みだす」というその直前の一文と同義である。そこで，再建される個人的所有の基礎が結合生産様式をあらわすとすれば，資本主義的生産様式による資本主義的所有の規定の因果と同様，結合生産様式によって社会的所有が規定される関係がなりたつ。資本主義的生産様式に対応する資本主義的所有が，他人労働の搾取による所有という性格を付与さ

れたのとおなじく，結合生産様式の基礎上での個人的所有の再建は，富の取得の面からみた社会的所有の特有な性格規定である。社会的所有にあっては，全生産物が労働者によって所有されるから，その基礎上での個人的所有の再建とは，個人的所有のもつ全生産物の労働者への帰属というその本質的な要素の再生を表現する[4]。全生産物の労働者による所有という個人的所有の要素は，資本主義的所有によって否定されるが，資本主義的所有の否定つまり否定の否定によって，高次の生産形態のなかで回復される。

1) 「資本主義的生産様式から生まれる資本主義的取得様式」は，『資本論』初版（1867年刊）と第2版（1873年刊）では，「資本主義的な生産・取得様式」（MEGA, II /6, S.683）となっている。「資本主義的な生産・取得様式」と「自己の労働にもとづく生産・取得様式」（Kapital, I, S.793）とは対応関係にある。「資本主義的な生産・取得様式」は，一般論としては「ある特定の独自な生産様式に対応する種類の取得の法則」（Mehrwert [8] S.1818）とおなじである。

2) 平田清明氏に代表される対立説は，「協業と…生産手段の共同占有」が「資本主義時代の成果」だという一句に固執し，高度に社会化された生産こそ社会主義の物質的前提だという問題意識もてつだい，「生産手段の共同占有」をもって，労働過程次元にぞくする生産手段の共同利用と解し，「協業」とともに資本主義内部での生産の社会化として一括する。つまり，「資本主義時代の成果」（Kapital, I, S.791）と「協業と土地および労働そのものによって生産される生産手段の共同占有」（Ibid.）とが同格であるため，両者を資本主義内部の事態とみなし，「生産手段の共同占有」は，労働者による集団的な生産的消費をさすと主張する。「資本家的私的所有は，それ自体が形成する協業と，同じくそれ自体が形成する生産諸手段の事実上の社会的所有によって，特徴づけられる。」（平田清明『市民社会と社会主義』岩波書店，1969年，70ページ，圏点—平田氏）

ここには，資本主義内部での集団的な労働（生産の社会化）と社会的所有がなりたつ結合生産様式とのとりちがえがある。平田説にあっては，労働過程と生産条件の所有という二つの要素からなりたつ生産様式の概念がドロップしている。生産手段の共同占有が労働力による集団的な生産的消費をさすというのは，労働力が資本の成分として機能する価値増殖過程のたんなる労働過程への解消である。生産過程で労働力が可変資本として資本家の所有にぞくするのに，労働者が生産手段を占有するというのは，西から日がのぼるというのとおなじ背理である。

3) 「賃労働と資本との否定の物質的諸条件および精神的諸条件は，それ自身が資本の生産過程の結果である。」（Grundrisse [2] S.623）

4) 個人的所有の再建というばあい，個人的所有という単一概念に内生する本質的な要素の高次復活が問題になる。エンゲルス説や平田清明氏に代表される対

第 9 章　資本主義的所有と個人的所有の再建

立説に共通するように，個人的所有の再建をかたるさい，独立的にせよ（エンゲルス説）あるいは社会的所有とおりかさなるにせよ（その対立説），個人におもきをおいた個人的所有それ自体の再現をとなえる論法は，否定の否定法則からの偏向である。個人的所有の再建では，その単一概念がもつ一契機の復活が問題になるため，社会的かつ個人的な所有という複合的な所有はありえない。

　ようするに，先行研究では，第三の事物（否定の否定）の成立にさいして，第一の事物（肯定）である個人的所有そのものの再現をとなえる点で，ヘーゲル論理学の中心概念からの逸脱がある。否定の否定では，あくまでも第一の事物のもつ本質的な要素が復活する。否定の否定が第一の事物そのものの復活かそれともその本質的な要素のそれかは，個人的所有の再建問題のかくれた焦点である。

2　社会的所有と個人的所有の再建

　それでは，マルクスは，資本主義的生産様式のうえに資本主義的所有が成立するように，結合生産様式にもとづいて社会的所有がなりたつと規定しないで，なぜヘーゲル哲学の基本命題である否定の否定をもちい，個人的所有の再建と表現したのであろうか。

　端的にいえば，社会的所有は，表面的には個人的所有と氷炭あいいれない生産物の所有形態であるのに，そこに個人的所有の本質的な要素が再現されるというかくされた一つの連関を浮き彫りにするためである。個人的所有と社会的所有とは，一見すれば交差することのない二条の平行線のように，たがいに対極的な所有形態であるかにみえる。しかし，労働者による生産条件の所有という共通面に起因して，労働の全成果の所有という個人的所有の本質的要素が社会的所有の内面に復元される。個人的所有と社会的所有という一見縁どおい所有形態に内在する一本の脈絡ゆえに，マルクスは，第一の事物の属性が高次の第三の事物に再生する因果関係をとく否定の否定をもちい，個人的所有の再建をとなえたのである[1]。

　つけくわえれば，マルクスは，初期の作品で，共産主義の実現によって「ブルジョア的所有」（『共産党宣言』45 ページ）は，「その階級的な性格をうしなう」（同上，46 ページ）と規定している。「ブルジョア的所有」の「階級的な性格」は搾取に表現されるから，「階級的な性格」の喪失は，搾取の廃

絶による労働の全成果の取得をさす。だから,「階級的所有の消滅」(同上, 49ページ) による「物質的生産物の共産主義的な取得様式」(同ページ) は, 剰余労働消滅にともなう個人的所有の再建をいみする。

> 1) 否定の否定に関連していえば,エンゲルス説のばあい,生産手段の所有形態としての個人的所有を二重に否定しても,それが生活手段を所有対象としてふくまないため,生産手段の社会的所有だけがみちびかれるにすぎない。ここに,エンゲルス説の落とし穴がある。

3 剰余価値論との関係

個人的所有の再建が労働者による全労働成果の取得を表現するのは,資本主義の回転軸が剰余価値創造にある事実と一義的に対応する[1]。資本主義の本質的な機能が剰余価値生産にあるため,他人労働の搾取にもとづく生産物の所有の否定は,搾取の廃絶と同義の個人的所有の再建を成立させる。したがって,個人的所有の再建問題が社会主義の基本性格をめぐって議論されるさい,ひとは,資本主義の基軸とはなにかがとわれているのである。資本主義の大黒柱が剰余価値生産にあるとすれば,資本主義的所有の否定によって再建される個人的所有は,搾取の廃絶にある。おもうに,資本主義廃絶後における剰余労働の消滅がとかれない現状は,剰余価値生成のしくみの不明確さと相即不離である。最初に,独立生産者の賃労働者への転化による剰余労働の生成がとかれないから,それに対応して,剰余労働の消滅が説明されないのである。剰余労働消滅がとかれない現況は,さかのぼって,剰余価値生成のしくみのあいまいさを回帰的にあらわす。

以上,本節で,社会主義における個人的所有の再建とは,全労働成果の労働者による取得をさすという含意をひきだした。資本主義的所有の否定が個人的所有の再建になる関係は,祖父母の性質が両親をとびこえ,こどもにあらわれる一種の先祖がえりである[2]。

> 1) エンゲルス説には,搾取の廃絶をもって,第一義的に資本主義にたいする社会主義の差別性としてつかむ『資本論』の基本認識の欠如がある。資本主義は

第9章 資本主義的所有と個人的所有の再建

本質的に剰余価値生産だとは、うらがえせば、社会主義の核心が搾取の廃絶にあるというにひとしい。資本主義で労働苦と生活苦をおしつける貧困の源泉が剰余労働支出にあるため、剰余労働消滅こそ、労働軽減と生活改善のみなもととして、社会主義を資本主義から決定的に区別する。

したがって、「各個人の十分な自由な発展」(*Kapital,* I, S.618) の社会的な前提が剰余労働消滅にあるとすれば、社会主義を資本主義との対比で問題にするさい、搾取の廃絶を跳躍して個人的消費をとりあげる仕方は、本末をあやまっている。生産条件の共有が労働者にもたらす最大のたまものは、各人の自由な発展の土台である搾取の廃絶にある。搾取の廃絶こそ、消費財獲得のたんなる手段に転落した労働をもって、それ自身「第一の生活欲求」(『ゴータ綱領批判』45ページ) に昇華せしめる根本前提である。エンゲルス説には、搾取の廃絶という社会主義の急所にかんする閑却がある。

2) 目をてんじていえば、平田清明氏の問題提起に発する対立説は、個人的所有の再建をもって、分離された直接生産者と生産手段の本来的な統一の回復として理解する。「個体的所有なるものは、共同の生産手段をもって産出する社会的富の、社会的所有の内容そのものである。」(平田清明『市民社会と社会主義』、119ページ) 個人的所有の再建によって、労働者と生産手段との分離が解消されれば、疎外された労働支出が生命の実現としてなりたつというのである。平田説は、社会的所有と再建される個人的所有とを分離するエンゲルス説の不条理に反発する一方、個人的所有をはじめとする三つの所有を生産手段の所有形態とみなす原点を共有する面で、エンゲルス説と同根のアンチ・テーゼである。個人的所有の再建をめぐるエンゲルス説と平田説とのあいだの相違は、社会的所有を生産手段の所有形態とみなすおおわくを共有したうえでの副次的な差異にすぎない。そのいみで、平田氏に代表される対立説は、個人的所有の再建を生産手段の社会的にして個人的な所有とみなすデューリング説の再版である。

むすび

以上でのべたとおり、資本主義的所有が剰余価値生産をあらわすとすれば、個人的所有をはじめとする三つの所有形態を生産手段のそれととらえるデューリングを嚆矢とする論争全体のパラダイムは、砂のうえにたつ積み木細工のようにくずれる。エンゲルス説には、その中軸にすわる資本主義的所有という概念に千慮の一失がある。

ふりかえっていえば、個人的所有は、剰余価値生産の消滅によって再生するから、個人的所有の再建という『資本論』第Ⅰ巻の最終命題は、剰余価値

生産にまつわる問題である。剰余価値論を核心とする『資本論』第Ⅰ巻には，それが搾取の廃絶をもって完結する点で，天衣無縫をおもわせる球体のようなうつくしさがある。

あとがき

　本書は，これまでに発表した論文をとりあえずご破算にし，ゼロの状態にもどってかんがえなおし，読者が平易にのみこめるよう，『資本論』第Ⅰ巻の基本的なすじみちをコンパクトに構成したものである。『資本論』は，資本主義がマルクスの手をかりて書かしめた自画像である。社会関係にかんする前人未到の独自な発見を豊潤にふくむ『資本論』と，くしくもわたしの波長がぴったりとあった。『資本論』とのであいは，三重苦の努力家で天才のヘレン・ケラーが，水をてのひらにうけ，ものには名前があることをはじめておそわったサリバン先生とのであいに相当する。『資本論』研究は，一生をつらぬくわたしの小さな天職になった。

　『資本論』研究を専門テーマにすえていらい，こころの底には，いつ論文がかけなくなるかという不安がつねにつきまとった。とりわけ，大学に職をえてから今日まで，まるで頭上にぶらさがるダモクレスの剣のように，アイデアの涸渇にたいするおびえがあたまをよぎらない寧日は一日もなかった。論文テーマ払底の心配は，研究者の職業上の宿命である。研究ゆきづまりの日をあんじつつ，およばずながら充電して研究の引きだしをつくるにつれ，アイデアができてきた。とりわけ，『資本論』やメガをはじめとする主要なマルクス文献を，原文でよむ息のながい根気のいる作業が，おおきな収穫をえる栄養分になった。アルミが電気のかんづめならば，論文は，濃密な時間のそれにたとえられるほど，膨大なエネルギーがかかり，研究成果は，ついやす時間と正の相関にたつ。木のかたまりにノミをふるってめざす作品をつくりあげる彫刻家とおなじように，研究者は，論文づくりに無心にはげむ職人である。一器多用ということばがあるが，あたらしくみつけた論点が『資本論』の論理構成のうえでベーシックであるほど，それがあらたな論点へとつながるいわばアイデアの連鎖をうみだした。たとえば，従来とは異なる絶対的剰余価値の生成メカニズムの構想は，貧困概念の提出につながり，さらに貧困の蓄積とはなにかの説明の形成を可能にした。一論文執筆のため悪戦

苦闘している最中，つぎの論文のテーマをみいだすばあいがすくなからずあった。直接マルクスに基礎をおく研究の蓄積そのものが，アイデアの源泉をふかくした。『資本論』は，まるで種子から自生的におおきくなった実生(みしょう)の天然木のように，しなやかで弾力性にとむ。「模様より模様を造るべからず」（陶芸家・富本憲吉）といういましめには，高僧の説法のように深遠なひびきがある。

　学問上の創造は，ゆずり葉のように，先行研究の継承と不可分の関係にたつ。ニュートンなくしてアインシュタインなく，マルクスの先行者にはスミスやリカードが存在する。しかし，それは，研究活動の成果がものがたる半面の事実にすぎない。研究活動のもう一つの半面は，既存のわくぐみをいったん白紙の状態にもどし，はじめからかんがえなおすいわば納得型の思考方法の必要性である。真空管を改良しつづけてもトランジスタの発明はうまれないように，常識をいくら延長しても常識はこえることはできない。人生には，逆境をバネにまえにすすむ反骨精神がかかせないように，研究には，消化したパラダイムにとらわれず，オリジナルを土台にして竹をわったようにまっすぐすすむ思考がかかせない。研究者は，日常も，通俗的でひくつなかんがえにとおい職業意識のしっかりした存在であることがもとめられる。

　そのいみで，学問の継承と創造とのあいだには，断層がよこたわる。とりわけ，マルクスに批判的にみえる議論に，いつも耳をかたむける真摯な姿勢が肝要である。貧困の蓄積とはなにかをとく前提が貧困の概念規定にあるという着眼は，ある研究会での報告にたいしてでたひとつたえきいた貧困とはなにかという質問に媒介されている。院生のときそのはなしをきいて，解答不能な質問の提出だと機械的な反発をおぼえた半面，一研究者からの問題提起は，意識の深層にうずみ火のように沈潜しつづけた。それから10数年後，貧困化論の妙案をめぐって苦心しつつあるおり，意識の底でねむっていた過去の問題提起は，貧困の蓄積説明の前提に貧困の概念規定があるという着想になって発火した。貧困とはなにかという一見いじわるにうつる論点こそ，100年にちかい論争問題へのアプローチの導火線であった。貧困概念の必要性の認識によって，絶対的剰余価値のしくみは，同時に貧困形成の説明に

あとがき

　なるという事実にあとから気がついた。先行研究にあっては，『資本論』の核心をなし貧困の概念規定をあたえる剰余価値の秘密そのものが，マルクスとは距離がある。大局的にみて，『資本論』研究は，とおくへだたった鼓動にこれからリアルにせまるべき揺籃期にある。

　最後に，わたしのような鈍重で愚直な非才が『資本論』という不朽の古典にかんしてまがりなりにも1冊の本をまとめえたのは，すべて，度量がおおきく心根のやさしい先生や同僚さらに友人とのであいのおかげである。ここまで研究をつづけてこられたのも，ひとえに，清濁あわせのむたいらでまるいひとのこころにもとづくものと感謝したい。とりわけ，おおきな思想ときよいこころをもとめ，士君子をめざすあらゆる領域の先達の書物とのめぐりあいは，研究生活を律する貴重な養分とはげみをあたえてくれた。収穫のおおいすぐれた本は，終生じぶんをみがいてくれる砥石である。

　　　2009年12月21日　　敬愛する松本清張生誕100年をむかえて

　　　　　　　　　　　　　　　　　　　　　　　　　　頭　川　　博

主要参考文献
（一般読者の学習の便宜を優先し，極力少数の文献に限定した）

内田義彦『増補経済学の生誕』未来社，1962 年
エンゲルス「国民経済学批判大綱」『マルクス・エンゲルス全集』第 1 巻，大月書店，原著 1844 年刊
エンゲルス『イギリスにおける労働者階級の状態』『マルクス・エンゲルス全集』第 2 巻，大月書店，原著 1845 年刊
エンゲルス『反デューリング論』(1・2) 国民文庫，村田陽一・寺沢恒信訳，原著 1878 年刊
エンゲルス『空想から科学へ』国民文庫，寺沢恒信・山本二三丸訳，原著 1880 年刊
エンゲルス『家族，私有財産および国家の起源』国民文庫，村井康男・村田陽一訳，原著 1884 年刊
エンゲルス『猿が人間になるについての労働の役割』国民文庫，1876 年執筆
大塚久雄『株式会社発生史論』『大塚久雄著作集』第 1 巻，岩波書店，1969 年
大塚久雄『近代欧州経済史序説』『大塚久雄著作集』第 2 巻，岩波書店，1969 年
久留間健『貨幣・信用論と現代』大月書店，1999 年
久留間鮫造・玉野井芳郎『経済学史』岩波全書，1954 年
久留間鮫造『価値形態論と交換過程論』岩波書店，1957 年
ケネー『経済表以前の諸論稿』春秋社，坂田太郎訳
ケネー『経済表』岩波文庫，戸田正雄・増井健一訳，原著 1758 年刊
スミス，アダム『諸国民の富』Ⅰ・Ⅱ，岩波書店，大内兵衛・松川七郎訳，原著 1776 年刊
セー，ジャン・バブティスト『恐慌に関する書簡』世界古典文庫（日本評論社），中野正訳
セー，ジャン・バブティスト『経済学問答』現代書館，堀経夫・橋本比登志訳
高島善哉『社会科学入門』岩波新書，1964 年
立花　隆『「知」のソフトウェア』講談社現代新書，1984 年
チュルゴオ『富に関する省察』岩波文庫，永田清訳，1766 年執筆
堂目卓生『アダム・スミス』中公新書，2008 年
長島伸一『大英帝国』講談社現代新書，1989 年
西岡常一『木に学べ』小学館，1988 年
服部之総『近代日本のなりたち』青木文庫，1961 年
林直道「第Ⅰ部門優先発展法則」横山正彦編『マルクス経済学論集』河出書房新

主要参考文献

社，1960 年
林直道「史的唯物論と『生産様式』の問題」『科学と思想』第 13 号，1974 年
林直道「『個人的所有の再建』とは何か」『経済』第 33 号，1998 年
林直道「資本主義的蓄積の一般的法則における一論争問題」『経済』第 61 号，2000 年
平田清明『市民社会と社会主義』岩波書店，1969 年
ヘーゲル『精神現象学』作品社，長谷川宏訳，原著 1807 年刊
ヘーゲル『小論理学』（上巻・下巻）岩波文庫，松村一人訳，原著 1817 年刊
ベーリ，サミュエル『リカアド価値論の批判』日本評論社，鈴木鴻一郎訳，原著 1825 年刊
堀江英一『改訂産業資本主義の構造理論』有斐閣，1962 年
本間要一郎『競争と独占』新評論，1974 年
マルクス『賃労働と資本』国民文庫，村田陽一訳，原著 1849 年刊
マルクス『賃金・価格・利潤』国民文庫，横山正彦訳，1865 年講演
マルクス『直接的生産過程の諸結果』国民文庫，岡崎次郎訳，1863-64 年執筆
マルクス『哲学の貧困』国民文庫，高木佑一郎訳，原著 1847 年刊
マルクス『経済学・哲学手稿』国民文庫，藤野渉訳，1844 年執筆
マルクス『経済学批判要綱』（『資本論草稿集』[1-2] 大月書店）1857-58 年執筆
マルクス『経済学批判』国民文庫，杉本俊朗訳，原著 1859 年刊
マルクス『経済学批判（1861-1863 年草稿）』（『資本論草稿集』[3・4・9] 大月書店）
マルクス『剰余価値学説史』（『資本論草稿集』[5-8] 大月書店）
マルクス『資本論』（Ⅰ─Ⅲ）『マルクス・エンゲルス全集』第 23-25 巻，大月書店
マルクス『フランス語版資本論』（上巻・下巻）法政大学出版局，江夏美千穂・上杉聡彦訳，原著 1872-75 年刊
マルクス『資本の流通過程』大月書店，中峯照悦・大谷禎之介他訳
マルクス『資本論第 1 巻初版』国民文庫，岡崎次郎訳
マルクス「ヴェ・イ・ザスーリチの手紙への回答の下書き」『マルクス・エンゲルス全集』第 19 巻，大月書店
マルクス・エンゲルス『ドイツ・イデオロギー』国民文庫，真下信一訳，1845-46 年執筆
マルクス・エンゲルス『共産党宣言』国民文庫，原著 1848 年刊
マルクス・エンゲルス『資本論書簡』(1-3) 国民文庫，岡崎次郎訳
マルクス・エンゲルス『ゴータ綱領批判』国民文庫，全集刊行委員会訳，1875 年執筆

マルサス『初版人口の原理』岩波文庫，高野岩三郎・大内兵衛訳，原著 1798 年刊
マン，トマス『外国貿易におけるイングランドの財宝』東京大学出版会，渡辺源
　　次郎訳，原著 1669 年刊
見田石介『資本論の方法』弘文堂，1962 年
ミル，ジェームズ『経済学綱要』渡辺輝雄訳，春秋社，原著 1821 年刊
湯川秀樹『旅人』角川文庫，1960 年
リカード，デービッド『経済学および課税の原理』『リカードウ全集』第 1 巻，
　　雄松堂書店，堀経夫訳，原著初版 1817 年刊
ルソー『人間不平等起源論』岩波文庫，本田喜代治訳，原著 1755 年刊
レーニン『カール・マルクス』国民文庫，全集刊行委員会訳，1914 年執筆
レーニン『いわゆる市場問題について』国民文庫，副島種典訳，1893 年執筆
レーニン『哲学ノート』(1・2) 国民文庫，全集刊行委員会訳
レーニン『帝国主義論』国民文庫，副島種典訳，原著 1917 年刊
ローゼンベルグ『資本論注解』(1-5) 青木書店，宇高基輔・副島種典訳
ロック，ジョン『市民政府論』岩波文庫，鵜飼信成訳，原著 1690 年刊

人名索引

あ 行

アークライト　168
アインシュタイン　270
アリストテレス　32, 183
ウィルキンソン　177
ウィルヒョウ　85
上杉聡彦　273
鵜飼信成　257, 274
宇高基輔　274
内田義彦　158, 160, 272
江夏美千穂　273
エンゲルス　3, 47, 76, 84, 110, 126, 151-152, 163, 166, 219, 221, 232, 253, 266-267, 272-273
大内兵衛　4, 126, 272, 274
オーエン　124
大谷禎之介　12, 273
大塚久雄　229, 272
岡崎次郎　10, 47, 273

か 行

カートライト　169
カウツキー　208
ガマ, ヴァスコ・ダ　4, 175
ガリレオ　235
久留間健　209, 272
久留間鮫造　49, 272
クロンプトン　169
ケイ　173
ケネー　92-94, 272
ケラー, ヘレン　269
コブデン　127
コペルニクス　235

コロンブス　4, 85

さ 行

坂田太郎　93, 272
サリバン　269
沢田痴陶人　16
シーニア　116-117
杉本俊朗　273
鈴木鴻一郎　37, 273
スミス, アダム　20, 28-29, 53, 58, 76, 93-94, 109, 128, 153-156, 158-160, 185-186, 189-192, 212, 225, 229, 237, 270, 272
セイヴァリ　176
セイント, トマス　167
セー, ジャン・バブティスト　60, 272
副島種典　174, 216, 274

た 行

ダーウィン　31
ダービー　176
高木佑一郎　96, 273
高島善哉　272
高野岩三郎　126, 274
玉野井芳郎　272
立花 隆　160, 272
田中一村　16
チュルゴオ　49, 92, 101, 158, 272
デューリング　252-253, 267
寺沢恒信　152, 272
堂目卓生　272
戸田正雄　92, 272
富本憲吉　270

な　行

長島伸一　272
永田　清　49, 272
中野　正　60, 272
中峯照悦　12, 273
西岡常一　166, 272
ニューコメン　176
ニュートン　214, 235, 270

は　行

ハーグリーブズ　168
バートン　229
橋本比登志　60, 272
パスツール　85
長谷川宏　184, 273
ハチャトゥリアン　133
服部之総　80, 272
林　直道　216, 272-273
平田清明　264, 267, 273
藤野　渉　109, 273
プトレマイオス　235
ブライト　127
フランクリン　20, 166
プルードン　142, 153
ブルーノ, ジョルダーノ　235
ヘーゲル　163, 184, 212, 273
ベーリ, サミュエル　37, 273
ペリー　80
ベルンシュタイン　208
ホイットニー　121, 174
堀　経夫　29, 60, 272, 274
堀江英一　133, 273
本田喜代治　257, 274
本間要一郎　177, 273

ま　行

真下信一　151, 273
増井健一　92, 272
松川七郎　4, 272
松村一人　184, 273
マルクス　2-3, 5-7, 9-10, 14, 23-24, 26, 28-33, 36-37, 47, 58, 65, 73, 76-79, 89, 95-105, 109-110, 119-122, 128, 130, 132, 134, 139-141, 143-146, 152-161, 163, 178-179, 184-187, 191-193, 197-198, 200-203, 205-206, 230-231, 233, 237, 249, 258, 261, 263, 265, 270, 273
マルサス　124, 126, 222, 274
マン, トマス　76, 274
見田石介　115, 274
ミル, ジェームズ　60, 274
村井康男　220, 272
村田陽一　21, 195, 220, 272-273

や　行

山本二三丸　153, 272
湯川秀樹　79, 274
横山正彦　56, 216, 272-273

ら　行

リカード, デービッド　20, 22, 25, 28-30, 84, 102, 128, 198, 229, 270, 274
ルソー　257, 274
レーニン　47, 106, 174, 197, 216, 274
ローゼンベルグ　274
ロック, ジョン　257, 274

わ　行

渡辺源次郎　76, 274
渡辺輝雄　60, 274
ワット　168, 176

事項索引

あ 行

生きた労働　19, 27, 161
一物一価の法則　20
一般的価値形態　38, 49, 54
一般的等価形態　53-55
一般的等価物　52, 88
一般と特殊　113, 115

か 行

価格　56
価格革命　245, 249
拡大再生産　79-80
掛売り　203
囲いこみ運動　4, 240
過去の労働　19, 111
価値　19
価値移転　111
価値形態　32
価値形態のぎゃくの関係　38
価値実体　23
価値尺度　55
価値増殖過程　102, 144, 162
価値と価格の背離の可能性　57
価値法則　58
株式会社　176, 229
貨幣形態　40, 49
貨幣としての貨幣　71
貨幣の資本への可能的な転化　68, 100
貨幣の資本への現実的な転化　100
可変資本　113
簡単な価値形態　33
監督労働　134
機械　163, 167

機械制大工業　163
協業　132-133, 140, 142, 147, 263
恐慌　172, 195
恐慌の抽象的な可能性　59
恐慌の発展した可能性　110
強制労働　102
具体的有用労働　23, 111
経済外強制　104
毛織物工業　4, 175, 247
結合生産様式　263, 265
原始共産制　105
交換価値　16, 34
交差点規定　179-180
工場　130, 132, 172
工場監督官制度　125, 127
工場内分業　148, 153
工場法　124
穀物法　244
個人的消費　102
個人的所有　148, 157, 253, 264
固定資本　115
古典派経済学　10, 20, 29, 60, 115, 128, 198, 225
個別的価値　136
孤立的労働　131, 144

さ 行

サービス　61
再生産表式　86, 106
作業機　167, 170
搾取　102, 107, 194, 257
搾取の廃絶　196, 261, 266
産業革命　121, 167, 170
産業資本　69, 172, 244
産業資本主義　174

277

自己労働にもとづく所有　12, 253
実質賃金　218
私的所有　12, 253
史的唯物論　142, 197
私的労働　46
支配従属関係　11, 104
支払手段　203
資本　2, 5, 72, 132, 146, 161
資本主義的取得法則　258
資本主義的所有　151, 258
資本主義的生産関係　95
資本蓄積　105, 136, 208, 210
資本の一般的定式　69
資本としての貨幣　71
資本による労働の形式的包摂と実質的包摂　143
資本の有機的構成　213
社会的価値　57, 136
社会的所有　262, 265
社会的必要労働時間　20, 57
社会的分業　148
社会的労働　44, 46
奢侈品　136, 139
修業費　139
集団的労働　130, 264
自由競争　93, 174
自由と平等　12
重商主義　28, 76, 92-94, 185, 191
重農主義　28, 49, 92-93, 115, 185
需要と供給の一致　21
植民制度　247
蒸気機関　171
商人資本　4, 134, 246-247
使用価値　15, 199
消費制限　110, 220
商品　15
商品生産の所有法則　254, 258

商品に内在する矛盾　49
商品の呪物的性格　41-42
上部構造　13, 197
剰余価値　6, 79, 99, 115
剰余価値法則　100
剰余価値率　115
剰余生産物　6, 74
剰余労働　6, 101, 196, 202
死んだ労働　19, 138, 162
スミスのドグマ　212
生活苦　107, 220, 230, 267
生産関係　86, 139
生産資本　209
生産条件　8, 87, 95, 131, 195
生産的消費　102
生産的労働　185
生産のための生産　162
生産の連続性　126, 209
生産様式　139
セー法則　61
世界市場　4
絶対王政　92, 242, 246
絶対的剰余価値　101, 128, 133, 143, 196, 270
前期的資本　92, 94, 134, 247
全体的価値形態　38
相対的過剰人口　213, 222, 230
相対的剰余価値　129, 135, 143, 145, 149, 196, 221
疎外　163, 212
粗暴　217
存在と意識　13, 197

た　行

第Ⅰ部門の優先的発展法則　216
大規模生産　132
大航海時代　4
大量生産　132

事項索引

単純流通　2, 5, 7, 68-69, 81, 253
地代の金納化　241
抽象的人間労働　19, 23, 36
昼夜交替制　126
賃金と利潤の相反関係　102
道具　165-166
同職組合　151, 246
道徳的堕落　217
独自に資本主義的な生産様式　132, 143, 194
独占　174
独占資本主義　174
特別剰余価値　136-137
独立自営農民　240-241
独立生産者　77, 149, 185, 239
独立生産者の両極分解　239, 248
土台　12-13, 197
富　15, 106
富の蓄積　211, 216, 228
奴隷　82, 202
奴隷状態　216
奴隷制　13, 105

な 行

南北戦争　175
農業革命　242-243, 246
農奴　13, 44, 105, 202

は 行

反射規定　96, 98
必要労働　79, 98, 181, 261
否定の否定　260
標準労働日　117, 121, 179
貧困　105-106, 194, 270
貧困の蓄積　105, 212, 217, 221
付加価値　19, 77, 107
不変資本　113-114, 177
分業　149

ヘーゲル哲学　184, 212, 265
弁証法　197
封建制　13, 43
本源的蓄積　11, 239

ま 行

マニュファクチュア　123, 150, 157, 164-165, 167, 242, 246, 250
無制限労働日　122, 126
無知　216
綿工業　167, 250
物の人間化と人間の物化　161

や 行

夜間労働　124, 126

ら 行

利潤　115, 229
流通手段　55
流動資本　115
量の質への転化　212
レッセ・フェール　93
労賃　198
労働過程　102, 130, 161
労働過程の社会的結合　130, 193
労働強化　139, 178, 181
労働強度　178
労働苦　107-108, 220, 230, 267
労働生産性　26, 103, 131, 135, 211
労働の価格　198
労働の社会的形態　131, 133, 144-145
労働の二重性　10, 22, 26, 48, 62, 65, 112
労働日の短縮　121, 125, 127, 179
労働力の価値　98, 198
労働力の価値分割　139, 183-184
労働力の使用価値　82, 118, 199
労働力の商品化　82

279

[著者略歴]

頭川　博
（ずかわ　ひろし）

1949年　富山県高岡市にうまれる
1979年　高知大学人文学部勤務
2013年　高知大学退職
専　攻　『資本論』研究

高知大学経済学会研究叢書　第7号

資本と貧困

2010年3月31日　第1刷発行
2014年3月31日　第2刷発行

著　者　　頭　川　　博
発行者　　片　倉　和　夫

発行所　株式会社　八朔社（はっさくしゃ）
東京都新宿区神楽坂 2-19　銀鈴会館内
振替口座・東京 00120-0-111135 番
Tel.03(3235)1553　Fax.03(3235)5910
E-mail：hassaku-sha@nifty.com

ⓒ頭川博, 2010　　　　組版・森健晃　印刷製本・厚徳社

ISBN978-4-86014-048-9

八朔社

大村泉／宮川彰・編
新MEGA第Ⅱ部関連内外研究文献
マルクス／エンゲルス著作邦訳史集成 六三〇〇円

大村泉著
新MEGAと《資本論》の成立 七二八二円

大村泉／宮川彰／大和田寛編著
『学説史』から始める経済学
剰余価値とは何か 二四〇〇円

宮川彰著
再生産論の基礎構造
理論発展史的接近 六〇〇〇円

市原健志著
再生産論史研究 六〇〇〇円

山内清著
コメンタール資本論
貨幣・資本転化章 四二〇〇円

定価は本体価格です